Barbara

Marjorie Wallace:
Die schweigsamen Zwillinge
»Eine von uns muß dran glauben«
Die Geschichte von June und Jennifer

Aus dem Englischen von
Margarete Längsfeld

Deutscher
Taschenbuch
Verlag

dtv

Die Taschenbuch-Ausgabe wurde erweitert
um den Nachtrag der Autorin, zuerst auf deutsch erschienen im ›Zeitmagazin‹ Nr. 35, vom 19. 8. 1994, in der Übersetzung von Gernot Kramper.

Ungekürzte Ausgabe
März 1996
Deutscher Taschenbuch Verlag GmbH & Co. KG,
München

Titel der englischen Originalausgabe:
The Silent Twins
Chatto & Windus, London 1986
ISBN 0-1400-9859-3

ISBN 3-922166-32-6
Umschlaggestaltung: Costanza Puglisi
Satz: Design-Typo-Print, Ismaning
Druck und Bindung: C. H. Beck'sche Buchdruckerei,
Nördlingen
Printed in Germany · ISBN 3-423-30523-1

Das Buch

Die »Gibbons-Twins« erregten weltweit Aufsehen: June und Jennifer, zwei englische Mädchen karibischer Herkunft, Zwillinge, die sich ganz in ihre Haßliebe zueinander eingesponnen und von der Außenwelt abgekapselt hatten. 1982, im Alter von zwanzig Jahren, wurden sie wegen Brandstiftung und Diebstahl in Englands berüchtigte psychiatrische Spezialklinik Broadmoor eingewiesen, am 9. März 1993 bestiegen sie gemeinsam den Bus, der sie endlich aus Broadmoor in die Freiheit brachte, am selben Nachmittag war Jennifer tot, gestorben an einer mysteriösen Herzmuskelentzündung ... Auf die Welt kamen sie 1963, und zuerst entwickelten sie sich völlig normal. Bis sie im Alter von vier Jahren verstummten, nur noch untereinander in einer Geheimsprache redeten und der Welt den Rücken zudrehten. Sie ignorierten selbst ihre Eltern. In extremer Symbiose hingen sie wie Kletten aneinander, um sich dann ohne erkennbaren Grund an den Haaren zu reißen oder die Gesichter zu zerkratzen, und sie füllten Berge von Notizbüchern mit ihren klitzekleinen Buchstaben. Die Journalistin Marjorie Wallace spürte diesem ganz und gar rätselhaften, extremen Zwillingsdasein nach, ihr Buch liest sich »spannend wie ein Krimi und so bizarr wie ein erschreckendes, böses Märchen« (Uta von Steen in der ›Zeit‹).

Die Autorin

Marjorie Wallace ist Journalistin bei der renommierten englischen ›Sunday Times‹ und arbeitet als Drehbuchautorin, Produzentin und Regisseurin. Nach diesem Buch entstand ihr TV-Film ›The silent Twins‹, der 1986 von der BBC gesendet wurde.

Inhalt

Für Doris Wallace Harwood –
eine ungewöhnliche Mutter

Danksagung

Zuallererst möchte ich Aubrey und Gloria Gibbons, den couragierten Eltern der Zwillinge, für ihr Vertrauen und ihre unermüdliche Hilfe danken, die sie mir gewährten, obwohl es für sie, ihre Familie und ihr Privatleben ein großes Opfer bedeutete. Ohne die Kraft, mit der sie den Beschluß durchhielten, die Geschichte ihrer Töchter müsse erzählt werden, wäre dieses Buch nie geschrieben worden.

Ferner möchte ich dem Psychologen Tim Thomas, der den Zwillingen als erster beistand, für seine Betreuung danken. Seine Sorge um ihre Zukunft hat mein Interesse für ihre Geschichte geweckt. Trotz der Mißbilligung seiner weniger imaginativen Kollegen und obwohl er dabei seine Stellung riskierte, ließ er mir und der Familie Gibbons jede mögliche Unterstützung zuteil werden. Seine Frau Susan und seine Kinder hatten viele Unannehmlichkeiten zu erdulden, aber sie haben ihn stets ermutigt.

Mein Dank gilt vielen Menschen in und um Haverfordwest, darunter Dr. Evan Davies, Cathleen Arthur, der Lehrerin der Zwillinge, die mir ihre Facharbeit zur Verfügung stellte, sowie der Polizei, die mir Einsicht in ihre Akten gewährte.

Ich danke dem Direktor sowie dem Personal der Untersuchungshaftanstalt Pucklechurch, die mir den Zugang gestatteten; dem Psychiater Dr. William Spry danke ich für die Verteidigung der Zwillinge; ich danke Dr. John Hamilton, dem Leiter der Spezialklinik Broadmoor, sowie einigen der dort beschäftigten Ärzte, Schwestern und Sozialarbeiter. Ganz besonders möchte ich Dr. Boyce Le Couteur danken, der mich einlud, June und Jennifer zu besuchen und mich ermutigte, die Verbindung zu ihnen aufrecht zu erhalten, sowie Mr. Douglas Hunter, der das Kapitel über Broadmoor überprüft hat.

Ich danke Mary Senechal und Frances Angliss für ihre unschätzbare Hilfe beim Kopieren der Tagebücher sowie Kim Bourne und Sally Baker.

Am allermeisten aber bin ich Tom Margerison zu Dank verpflichtet, der mich mit seinem ersten Urteil, seiner Geduld und Güte in den drei schwierigen Jahren, in denen ich mich mit den Zwillingen befaßte, unterstützt hat.

Marjorie Wallace

Vorwort

Als ich aus dem Fenster blickte,
sah ich den Vogel, er saß allein.
Seine Federn zerzaust dort im Schnee.
Sein Schnabel verschlossen der Welt.
Genauso wie ich, aber wer hat es geahnt.

June Gibbons

Haverfordwest ist eine unbedeutende Kleinstadt; die Häuser sitzen auf den Hügeln wie stachelige Verhornungen eines urzeitlichen Reptils. An der Westspitze der Halbinsel Pembroke gelegen, spiegelt sie Jahrhunderte lustloser Tage voll Wolken und Regen wider. Alte Straßen und neue Wohnsiedlungen vereinen sich mühelos im allgegenwärtigen Grau. Auch die Einwohner scheinen das Wetter in ihre Seelen aufgenommen zu haben, sie sprechen mit weichem, näselndem Akzent und halten ihr Inneres dicht verschlossen vor den Elementen. Auf dem Gipfel eines Hügels, zwischen der verlassenen Rennbahn und der Stadt, liegt eine von diesen Nachkriegswohnsiedlungen – nichtssagende Terrassenhäuser mit zwei bis vier Schlafzimmern, errichtet für die Familien der Angehörigen des nahegelegenen Stützpunktes der Royal Air Force. Wenngleich der Schmutz auf dem Rauhputz von vielen Wohnjahren zeugt, sehen die Häuser der Siedlung eher wie Behelfsunterkünfte aus. Fast jeder Garten ist nichts als eine fade Grünfläche. Nur wenige Bäume wurden gepflanzt, und noch weniger Blumen.

In Furzy Park Nr. 35, dem letzten Terrassenhaus, wohnte die Familie Gibbons, damals die einzige schwarze Familie in der Siedlung. Aubrey Gibbons, ein gutaussehender Mann von bemerkenswertem Charme, stets um Anerkennung bemüht, arbeitete als assistierender Luftverkehrskontrolleur auf dem Stützpunkt. Seit er Barbados vor zwanzig Jahren verlassen hatte, hat er bei der Royal Air Force eine sichere, wenn auch nicht glänzende Karriere gemacht. Seine Frau Gloria, fünf Jahre älter als er, hatte ihre fünf Kinder aufgezogen und war ihrem Mann an verschiedene Standorte der Royal Air Force gefolgt. Sie waren eine zurückgezogen lebende, angesehene Familie, angenehm im Umgang, aber eher zurückhaltend im Verkehr mit den Nachbarn. Die Kinder waren alle höflich und wohlerzogen. Es gab nichts Bemerkenswertes an den Gibbons; sie gingen ihrer täglichen Beschäftigung nach und störten niemanden. Nichts Bemerkenswertes – außer natürlich die Zwillinge.

June und Jennifer waren eineiige Zwillinge (obwohl Gloria immer das Gegenteil behauptet hatte). Sie waren hübsch und zierlich mit außergewöhnlich feinen Gesichtszügen. Sie verbrachten die meiste Zeit zusammen in ihrem Zimmer über dem Wohnraum, spielten mit Puppen, sogar noch mit sechzehn Jahren, unterhielten sich und hörten Radio oder Tonbänder mit Popmusik. Hin und wieder schminkten sie sich, machten sich schicke Frisuren und schlenderten in die Stadt. Sie holten ihre Arbeitslosenunterstützung ab und kehrten mit Briefmarken, Stiften, Notizblöcken und Schreibheften zurück. Täglich brachte der Briefträger für J. und J. Gibbons etwa ein Dutzend Briefe, große braune Umschläge und gefütterte Versandtaschen. Gloria nahm sie an der Tür entgegen; ihr Gesicht zeigte zunehmende Verwunderung. Was ging mit ihren Zwillingstöchtern vor?

Seit sie von der Schule abgegangen waren – sie hatten die mittlere Reife nur in einem einzigen Fach bestanden –, hatten sie sich in ihr Zimmer mit den Etagenbetten zurückgezogen. Sie kamen zu den Mahlzeiten nicht herunter, lächelten den anderen Familienmitgliedern nie zu, ja nahmen sie gar nicht zur Kenntnis. Obwohl die Mädchen sehr an ihrer Familie hingen und dies indirekt durch Dutzende von Kleinigkeiten zeigten, konnten sie das selten offen ausdrücken.

Zeitweise hielten sie so wenig Kontakt und waren dermaßen in ihre Heimlichkeiten vertieft, daß sie eher wie bei der Familie einquartierte feindliche Soldaten wirkten. Tag für Tag fand Gloria sie entweder in ihren Nachthemden auf den Betten liegend oder eifrig auf den zwei Schreibmaschinen tippend, die sie ihnen auf ihren Wunsch bei einem Versandhaus bestellt hatte.

Als Gloria ihnen eines Tages die Post vor die abgeschlossene Zimmertür legen wollte, wurde sie von ihrer Neugier überwältigt. Sie öffnete ein Päckchen und zog eine dicke, gelbe Broschüre mit dem Titel ›Die Kunst der Konversation‹ heraus. Den Tränen nahe, las sie die Worte, als wolle oder könne sie nicht glauben, was sie vor sich sah. Denn seit sie kleine Kinder waren, hatten June und Jennifer sich geweigert, mit irgendjemandem zu sprechen: weder mit Aubrey, noch mit dem älteren Bruder oder der älteren Schwester, und auch nicht mit Gloria. Sie dachte an diese Jahre der Enttäuschung und Sorge zurück. »Ach, Zwillinge«, sagte sie, »ihr gebt euch jetzt doch Mühe.«

Im April 1982 hörte ich erstmals von den schweigsamen Zwillingen, als ich als Reporterin bei der *Sunday Times* arbeitete und über ihre Gerichtsverhandlung berichtete. Sie waren wegen Brandstiftung und Diebstahl angeklagt. Die Gerichtsverhandlung war eine merkwürdige Angelegenheit. Die Zwillinge, klein und verletzlich, sprachen kein Wort, außer einem Grunzen ab und zu, das vom Gericht als Schuldbekenntnis ausgelegt wurde. Eine emotionslose Pantomime spielte sich rings um sie ab, ohne sie zu berühren: Ein Arzt trug Beweise vor, die Anwälte hielten ihre Plädoyers, der Richter verkündete das Urteil. Es schien einfach und klar, keineswegs bedrohlich zu sein, doch die ruhigen Stimmen der Obrigkeit verurteilten die verängstigten Kinder zur Unterbringung auf unbestimmte Zeit in der Spezialklinik Broadmoor.

Teils war es der Schock über das Urteil, der mich bewog, die Eltern der Zwillinge zu besuchen, um ihre Geschichte zu recherchieren. Es gab jedoch nicht viel zu sagen, bis Aubrey fragte, ob ich das Zimmer der Zwillinge sehen möchte. Er öffnete die Tür zu einem kleinen Zimmer, in dem sich überall schwarze Müllbeutel türmten: auf den Stockbetten, auf dem Boden, auf jedem Möbelstück. Aubrey öffnete einen Beutel, der Schriftstücke und Zeichnungen enthielt. »Die Polizei hat die Sachen mitgenommen, und wir haben sie eben erst zurückbekommen«, erklärte er. Es war eine außergewöhnliche Sammlung von Tagebüchern, getippten Manuskripten von Geschichten, Romanen und Gedichten, sowie Illustrationen und Zeichenblöcken. Aubrey gestattete mir, die schwarzen Beutel in den Kofferraum meines Wagens zu laden, und ich beförderte den wertvollen Fund nach London.

Aus diesen Tagebüchern erfuhr ich, daß June und Jennifer mit siebzehn Jahren ihre Arbeitslosenunterstützung zusammengespart hatten, um die Kosten von siebenhundert Pfund für den Druck von Junes erstem Roman *Der Pepsi-Cola-Süchtige* aufzubringen. Seitdem hatte sie ein Dutzend Kurzgeschichten und Gedichte verfaßt und drei neue Romane angefangen. Jennifer hatte drei kurze Romane und Dutzende Essays geschrieben. Die Geschichten der beiden waren stilistisch einfach, aber voller Kraft und Empfindsamkeit.

Einige Zeit später erhielt ich einen Anruf von Dr. Le Couteur, einem beratenden Psychiater in Broadmoor, der meinen Artikel über die Zwillinge gelesen hatte, und er bat mich, ihm bei dem Versuch zu helfen, sie wieder zum Schreiben zu bewegen. Wenn ich ihre kreativen Talente anregen könnte, meinte er, würden sie vielleicht anfangen, auch mit den Menschen in ihrer Umgebung zu kommunizieren. Ich war neugierig und erklärte mich bereit, sie zu besuchen. Ich kam an dem heruntergekommenen, mit Graffiti übersäten Bahnhof Crowthorne an und begab mich den Hügel hinauf zur Spezialklinik Broadmoor. Die zwölf Meter hohen Ziegelmauern erheben sich auf dem Hügel wie eine Festung, die nicht errichtet wurde, um Eindringlinge abzuwehren, sondern um die Bewohner festzuhalten. Dies war Englands berüchtigste geschlossene Anstalt.

Innerhalb der Mauern befinden sich Lichthöfe, Hütten in Fertigbauweise, massive Wachbaracken, Kesselhäuser und verfallende »Villen« mit eisernen Balkongeländern und vergitterten Fenstern. Selbst der Landschaftsgarten und die Gemüsebeete sind voneinander durch einschüchternde Mauern getrennt wie Hangterrassen. Überall

Schlösser und das Rasseln der Schlüssel an den Gürteln des Pflegepersonals. Vergewaltiger, Sittenstrolche, Giftmörder, Würger, Brandstifter und Massenmörder zählen zu den fünfhundert Insassen. Ich trug mich in die Besucherliste des Frauenflügels ein und wurde prompt ermahnt, weil ich es gewagt hatte, eine Seite zurückzublättern und einen Blick auf die Namen früherer Besucher zu werfen.

Folgsam stellte ich mich mit einer Handvoll anderer Besucher in eine Reihe. Am Empfangspult schrie ein kleiner Mann hysterisch und verlangte, seine Frau zu sehen. Man sagte ihm, sie sei nicht imstande, ihn zu sehen. Er erklärte der Pflegerin an der Tür verzweifelt, daß er den ganzen Tag unterwegs gewesen sei, um sie zu besuchen. Die Pflegerin wiederholte, es sei unmöglich. Der Streit war noch im Gange, als eine Frau in blauer Schwesterntracht ein Tor aufschloß und unsere bunt gewürfelte Gruppe in ein Besuchszimmer führte. Dort war etwa ein Dutzend niedriger Tische mit jeweils zwei Segeltuchstühlen aufgestellt. Der einzige Schmuck war ein Schaukasten mit Plüschbären und blaßrosafarbenen und blauen Schleifen, kuschligen Kaninchen, Koalabären mit erstaunten runden Augen sowie etlichen Stoffpuppen mit Röcken und Schutenhüten – eine groteske Zurschaustellung von Unschuld, angefertigt von den Händen der gewalttätigsten Männer und Frauen des Landes.

»June Gibbons«, verkündete eine Aufseherin. Ich sah auf. Zwei Pflegerinnen stützten die steife Gestalt eines Mädchens wie einen an ihre Schultern gelehnten Sarg. Das Mädchen rührte sich nicht. Sie hatte die Augen niedergeschlagen, die Arme hingen ihr schwer von den Schultern. Ihr Gesicht war ausdruckslos, alles Leben schien aus ihm gewichen. Man setzte sie vor mich an den Tisch. Etwa einen Meter entfernt zogen sich die Pflegerinnen Stühle heran, um unsere »Unterhaltung« zu überwachen.

Es gab nicht viel mitzuhören. In der ersten Viertelstunde glaubte ich, June sei außerstande aufzunehmen, was ich sagte. Ich redete einfach drauflos und wurde zunehmend unsicherer. Seit June vor einem Monat nach Broadmoor gekommen war, hatte sie weder mit Pflegerinnen, Ärzten, der Sprachtherapeutin noch mit Insassinnen gesprochen. Sie wollte ausschließlich mit ihrer Schwester Jennifer sprechen, die man von ihr getrennt hatte. Jennifer war in einem anderen Block untergebracht und wurde einer »Intensivbehandlung« unterzogen.

Während ich der leblosen June an dem nackten Tischchen gegenübersaß, erschien mir jede Fühlungnahme aussichtslos. Doch allmählich, als ich über ihre Schriftstellerei sprach, sah ich ihre Augen flackern, und ihr Mund verzog sich zu etwas wie zu einem Lächeln. Ihre Worte aber waren ein abgehacktes Flüstern, ihr ganzes Sein war hin- und hergerissen zwischen dem verzweifelten Wunsch zu sprechen und einem zerstörerischen inneren Befehl, der ihr eine derartige Offenheit untersagte. Sie fing an, mir etwas zu erzählen, dann würgte sie plötzlich, als habe sich eine unsichtbare Hand um ihren Hals gelegt. Wer oder was konnte eine solche Macht über einen Menschen ausüben und ihn zu lebenslanger Schweigsamkeit und Starrheit zwingen? Welcher innere Zwang verlieh ihr die Kraft, alles und alle zurückzuweisen, die ihr Hilfe oder Zuneigung anboten? Was war geschehen, das zuließ, daß ein womöglich anziehendes junges Mädchen seine Jugend nicht nur hinter den Mauern einer Gefängnisklinik, sondern zusätzlich hinter der eigenen Abwehr vergeudete?

Als die Aufseherinnen herbeikamen, um sie fortzubringen, sah June mich einen Moment lang an, halb flehend und halb amüsiert über die Würdeslosigkeit ihres Abgangs, und ich sah flüchtig ihre klugen, aufmerksamen Augen und ihr ironisches Lächeln. Ich kam mir vor wie ein Detektiv, der einer Mordgeschichte auf der Spur ist. Nur, daß in diesem Fall die »Leiche« noch lebte und der Mörder eine Person oder Kraft in ihrem Innern war.

Ich wurde über einen asphaltierten Hof zu dem damals »Haus Lancaster« genannten Block geführt, um Jennifer zu besuchen. Lancaster 1 ist die »Intensivstation« des Frauenflügels für Patientinnen, die sich nicht angepaßt haben oder auf offenen Stationen nicht zu bändigen sind. Die unteren Zellen sind kahl, bis auf eine Matratze am Boden, und oft abgeschlossen. Jennifer hatte eine Pflegerin attackiert, die einen Brief an ihre Schwester June abgefangen hatte. Sie stand nun unter Beobachtung. Zwei Türen wurden auf- und hinter uns wieder zugeschlossen. Dann führte man mich in ein anderes, kleines Besucherzimmer, da die in »Intensivbehandlung« befindlichen Patientinnen keinen Zugang zum Hauptblock haben.

Jennifer wurde von zwei Pflegerinnen eskortiert, die doppelt so groß waren wie sie. Sie setzte sich mir gegenüber an den Tisch. Die Pflegerinnen ließen sich in der Nähe nieder, um zuzusehen und zuzuhören. Ich holte die Broschüren über den Schriftstellerkurs aus meiner Aktentasche und zeigte sie ihr. Jennifer wurde aufmerksam. Anfangs sprach sie nicht, sondern machte kurze, abgehackte Geräusche und sah bedeutungsvoll zu den Pflegerinnen hin. Ich holte Bleistift und Papier hervor, und wir führten unsere Unterhaltung schriftlich. Dann fing sie an zu sprechen. Ihr Hauptproblem sei, erzählte sie mir, daß sie von ihrer Zwillingsschwester getrennt war und sich verzweifelt danach sehnte, wieder mit ihr zusammen zu sein.

Mit jedem Besuch faßten Jennifer und June mehr Vertrauen zu mir. Bei der angeregten Diskussion über ihre Arbeit tauten sie allmählich auf und sprachen offener mit mir. Sie redeten in nervösen, abgehackten Stößen wie Maschinengewehre, und allmählich lernte ich, das zu interpretieren.

Eine Freundschaft wuchs über die Gefängnismauern hinweg, kühl und distanziert wie unter Katzen, aber mit Vertrauen und Achtung auf beiden Seiten. Sie schrieben mir und erlaubten mir, ihre sämtlichen Tagebücher an mich zu nehmen – mehr als eine Million Wörter. Sie waren in Gefängnisschreibhefte geschrieben, jede Seite von vorne bis hinten angefüllt mit der winzigsten Handschrift, die ich je gesehen habe, fast zu klein, um sie mit bloßem Auge zu lesen. Es gab keinen leeren Platz auf einer Seite, nur eine dichtgedrängte Masse Worte, reinlich und sorgfältig ausgeführt wie eine winzige, schwarze Stickerei.

Ich betrachtete den Text näher, und allmählich erkannte ich Worte, dann Zeilen, dann Absätze. Jeder einzelne Satz war so fesselnd geschrieben, daß ich, wenn ich einmal angefangen hatte, unmöglich mit dem Lesen eines Eintrags aufhören konnte. Die Einzelheiten des Tagesablaufs der Zwillinge nahmen mich gefangen, ich vertiefte mich in ihre Gedanken, Träume, Betrachtungen und ihre oft erstaunliche Phantasie. Wenn sie sich kalt und erschöpft fühlten, erging es mir ebenso. Meine Stimmung schwankte in ihrem Rhythmus. Die Beschreibungen waren so genau und lebendig, daß ich ihre Erlebnisse nachvollziehen und ihre verstörten Gemüter ein wenig verstehen konnte. Allmählich gelang es mir, die traurige Geschichte ihres Lebens zu rekonstruieren.

Ich habe mit den Eltern und Angehörigen der Zwillinge über den Fall gesprochen, mit ihren Lehrern, den Psychologen, Psychiatern und Sozialarbeiterinnen, die ihnen zu helfen versuchten, mit den amerikanischen Jungen, die sie verführten, den Polizisten, die sie festnahmen und den Anwälten, die sie zu verteidigen suchten. Ich habe auch mit dem Personal im Untersuchungsgefängnis Pucklechurch sowie mit Ärzten und Personal in Broadmoor gesprochen. Meine Interviews haben die bis ins kleinste Deteail gehende beeindruckende Genauigkeit in den Tagebüchern der Zwillinge bestätigt. Ihre Berichte sind einwandfrei, ihre Urteile und Deutungen gründlich. Die wenigen Male, als eine Diskrepanz zwischen dem, was man mir erzählte, und den Tagebüchern bestand, mußten meine Informanten bei näherer Befragung zugeben, daß die Tagebücher stimmten und sie, die Informanten, sich geirrt hatten. Da sich die Teile der Geschichte von June und Jennifer, die ich anhand der Aussagen anderer überprüfen konnte, als völlig korrekt erwiesen, ist anzunehmen, daß die nicht überprüften Teile ebenso korrekt sind. Daher habe ich wiederholt auf sie zurückgegriffen, um diesem Buch Authentizität und Farbe zu verleihen.

Diese Tagebücher zeigen June und Jennifer als zwei Menschen, die sich mit solcher Heftigkeit lieben und hassen, daß sie weder zusammen noch getrennt leben können. Wie Zwillingssterne sind sie in einem Gravitationsfeld gefangen, verdammt dazu, einander auf ewig zu umkreisen. Wenn sie sich zu nahe kommen oder auseinandertreiben, werden sie vernichtet. Deswegen entwickelten die Mädchen Spiele, Strategien und Regeln zur Erhaltung dieses Gleichgewichts.

Das Geheimnis der Zwillinge ist in diesen Spielen der Kindheit zu suchen, von denen sie nicht lassen können, ohne den anderen Zwilling an die reale Welt zu verlieren. Derartige Spiele und Rituale beinhalten oft Unheimlichkeiten, welche die Spielerinnen in die dunkleren Seiten des Lebens führen können. Da gilt es dann Strafen zu verbüßen und Bußgelder zu zahlen. Versagen, Bestrafung, ja sogar der Tod erwartet diejenigen, die zu lange spielen.

Dies ist die Geschichte einer mystischen Bindung, durch welche die Extreme Gut und Böse, personifiziert in beiden, June wie Jennifer, zur Besessenheit einer Zwillingsschwester von der anderen geführt haben. Es ist die Geschichte eines stummen Krieges, den keine gewinnen konnte: des Kampfes um Individualität, um das Geburtsrecht, für welches Kain Abel erschlug, Jakob Esau betrog, des Machtkampfes, in welchem Romulus Remus tötete.

I. Glückliche Familien

> Familien sind so dramatisch, voll von katastrophalen Momenten ... Manchmal geht es um Liebe, meistens um Haß. So sah ich denn den Schein, den Schein einer Puzzle-Familie bei dem Versuch sich vorzuspiegeln, daß die Mitglieder ineinander paßten: daß sie sämtliche richtigen Teile besaßen.
>
> *June Gibbons*

June Alison Gibbons kam als erste auf die Welt, ein Umstand, der ihr, als sie älter wurde, zu schaffen machen sollte. Jennifer Lorraine Gibbons erschien zehn Minuten später. Es geschah am 11. April 1963 um 8.10 Uhr im Royal Air Force Krankenhaus Steam Point in Aden. Die Mutter, Gloria Gibbons, war hocherfreut, ihre Kinderschar mit einem Streich verdoppelt zu haben: zwei Schwestern für die siebenjährige Greta und den vierjährigen David. Es kam natürlich nicht überraschend. Die Ärzte hatten zwei Monate zuvor bei einer Ultraschalluntersuchung die gemeinsamen Herztöne von zwei Babys erkannt. Gloria legte sich zurück und ließ die routinemäßige Geschäftigkeit des Krankenhauses über sich ergehen.

Sie erinnerte sich an ihre Kindheit in Barbados, an die Ankunft des jüngsten ihrer fünf Geschwister. Sie dachte daran, wie ihre Mutter, die gute Bertha, in die Kirche eilte, um Orgel zu spielen. Ihr Vater war Buchhalter auf einer Zuckerrohrplantage gewesen und hatte später in St. Philips einen Lebensmittelladen betrieben. Er war ein strenger Vater mit dem Ehrgeiz, daß seine älteste Tochter Lehrerin werden sollte. Er wollte sie unbedingt davor bewahren, in »schlechte Gesellschaft zu geraten« und schickte sie mit dreizehn Jahren auf eine private gemischte Schule, die Industry High School.

Gloria war sensibel und intuitiv, interessierte sich aber nicht für die wissenschaftlichen Fächer. Mit achtzehn verließ sie die Schule ohne Abschlußprüfung und lernte Buchhaltung und Maschineschreiben. Eine Zeitlang hatte sie eine Stelle als Kindergärtnerin, aber die Arbeit gefiel ihr nicht. Mit zweiundzwanzig fand sie schließlich eine Stelle als Telefonistin am Seawell Airport in St. Philips. Dort lernte sie zwei Jahre später den Mann ihrer Träume kennen, den gutaussehenden, charmanten, neunzehn Jahre alten Aubrey Gibbons.

Aubrey war der Sohn eines Zimmermanns, das älteste von sechs Kindern. Sein Familienleben war unglücklich, seine Eltern stritten sich unentwegt. Aber Aubrey war klug. Er kam in der Grundschule gut mit und lernte zu Hause Klavier spielen; das Instrument war der kostbarste Besitz seines Vaters. Mit elf Jahren bekam er ein Stipendium am Harrison College, einer kostspieligen Schule, die exakt nach dem Modell der besten englischen Vorbilder aufgebaut war. Aubrey wohnte bei seiner Tante in St. Michael´s in der Nähe der Schule und erwies sich alsbald als guter Schüler. Er nahm außerdem Privatunterricht in Griechisch und Latein und bekam gute Noten in Latein, Chemie, Mathematik und modernen Sprachen. Er war sehr vielseitig, versessen auf Cricket, und mit fünfzehn spielte er sonntags die Orgel in der College-Kapelle. Er erlangte schließlich die mittlere Reife in neun Fächern.

Zu Hause aber wurden die Zustände immer schlimmer. Es gab endlose Auseinandersetzungen. Seine Mutter packte ein halbes dutzendmal ihre Sachen und ging weg, aber sie kam jedesmal zurück, elend und niedergeschlagen. Zwei seiner Brüder starben. Als er achtzehn war und sich aufs Abitur vorbereitete, starb seine Mutter nach der Geburt ihres siebten Kindes. Aubrey war verzweifelt, schuldbewußt, weil er fortgewesen war, und von bitterem Haß auf seinen Vater erfüllt, einem so tiefen Haß, daß er nahezu vierzig Jahre später immer noch nichts von ihm wissen will. Alle Vorsätze, die Träume seiner Familie zu erfüllen und Arzt oder Rechtsanwalt zu werden, waren verflogen. Er ging von der Schule ab. »Ich habe versagt«, bekennt er heute. »Ich war eine Enttäuschung für meine Familie. Ich bin nicht geworden, was sie sich von mir erwartete.«

Doch er fand wenigstens rasch eine Stelle als meteorologischer Assistent am Seawell Airport, wo er Gloria kennenlernte. Sie heirateten am 8. Dezember 1955. Er war einundzwanzig, sie fünfundzwanzig. Im Jahr darauf bekam Gloria ihr erstes Kind Frank, das als Baby starb. Ein Jahr später kam Greta und etwa zwei Jahre danach David.

Der Aufstieg in der meteorologischen Abteilung von Seawell ging unendlich langsam voran. Die Stelle schien ganz gut bezahlt, als er anfing, aber jetzt, mit Frau und zwei Kindern, brauchte Aubrey etwas Besseres. Nach langem Überlegen beschloß er, der Karibik Lebewohl zu sagen und nach England auszuwandern, zu Glorias Bruder in Coventry. Er kam im Januar 1960 an, bestand den Eignungstest für die Royal Air Force und wurde angenommen. Gloria und die Kinder folgten ihm im Juli ins Ausgangslager – und von dort aus von einem Standort zum anderen.

Das Familienleben eines Militärangehörigen ist niemals leicht, gezwungen zu ständigen Umzügen von einem vorübergehenden Heim zum anderen, muß man mit dem Besitz anderer Leute vorliebnehmen; bei jedem Umzug werden Freunde zurückgelassen und neue müssen gefunden werden; man erstickt in der gesellschaftlichen Klaustrophobie einer Militärbasis. Für Gloria war es um so schwerer, weil sie eine Schwarze war und es bei der Royal Air Force damals kaum schwarze Familien gab.

Für Aubrey war es anders. Das Harrison College hatte ihn die Ideale eines englischen Gentleman gelehrt. Und nun setzte er als Angehöriger der Royal Air Force alles daran zu beweisen, daß er mindestens so englisch war wie die anderen, wenn nicht mehr. Er trank und diskutierte gerne mit den Männern. Er spielte Cricket in der Mannschaft des Standorts. Er wollte, mußte geliebt und akzeptiert werden. Doch schon wirkte sich Aubreys Bestreben nach gesellschaftlicher Anerkennung auf die Familie aus, die ihn immer seltener zu Gesicht bekam. Er beschäftigte sich sehr wenig mit den Kindern. Wie viele westindische Männer fand er, sein Beitrag zum Familienleben erschöpfe sich darin, ihnen ein Dach über dem Kopf zu verschaffen. Alles andere war Glorias Sache.

Sie hatte es schwer, allein mit zwei Babys und zwei Kleinkindern in einer Dienstwohnung, mit wenigen Freunden und wenig Hilfe. June war, obwohl älter, der schwächere Zwilling, und in den ersten Monaten überflügelte Jennifer sie in der Entwicklung – sitzen, krabbeln, laufen. Schon als Babys, fiel Gloria auf, wollten sie alles zusammen tun. Sie stillte sie in den ersten Monaten, und sie erschöpften sie durch ihr Gerangel, gleichzeitig saugen zu wollen.

Kurz vor Weihnachten 1963 wurde Aubrey nach Linton am Ouse in Yorkshire versetzt. Die Zwillinge, unterdessen Krabbelkinder, entzückten die Familie mit Lächeln und Lachen. Gloria hatte es nun leichter, da Greta und David zur Schule gingen. Die Zwillinge waren sehr lebhaft und spielten fröhlich zusammen; sie hingen sehr aneinander, aber sie sprachen erst spät. Mit drei Jahren konnten sie lediglich einfache, aus zwei oder drei Wörtern bestehende Sätzchen bilden, und selbst die wenigen Wörter, die sie kannten, waren undeutlich artikuliert. Aber Gloria war nicht übermäßig besorgt. Sie wußte, daß Zwillinge häufig spät zu sprechen anfingen, und ansonsten waren sie kerngesund und munter.

1967 wurde sie wieder schwanger, und im Jahr darauf wurde Rosie, ihr fünftes Kind, geboren. June und Jennifer gingen unterdessen zur Schule, sprachen aber immer noch nicht viel. Am Ende des ersten Schuljahres notierte die Lehrerin in ihrem Report über June: »Anfangs ziemlich unsicher und unzertrennlich von ihrer Zwillingsschwester. Ist seitdem sicherer geworden. Ist etwas unabhängiger. Weint sehr lange, wenn sie sich aufregt. Mag nicht mit mir sprechen. Spricht mit anderen Kindern.« Ein Jahr später war der Report etwas besser. »June beginnt zu schreiben, traut sich aber noch nicht zu sprechen oder zu lesen.« Die Lehrerin fügte eine Bemerkung hinzu, die für den Fortschritt der Zwillinge während ihrer ganzen Schulzeit bezeichnend sein sollte: »Sie scheinen sich damit zu begnügen, sehr wenig zu tun. Sie zeigen sehr wenig Initiative und Phantasie.« Die Schule beschloß, die Mädchen einmal wöchentlich zu einer Sprachtherapie zu schicken, aber das half anscheinend nicht. Sie brachten Hefte voll mit Lauten und Worten mit nach Hause, die sie üben sollten, was sie aber nicht taten.

Gloria klammerte sich an ihren Glauben, daß sie bloß etwas zurück seien und es von selbst aufholen würden. Da sie fünf Kinder zu versorgen hatte, blieb ihr ohnehin kaum Zeit für logopädische Übungen. So kam es, daß die Zwillinge mit acht Jahren, obwohl in den Schulberichten vermerkt war, daß sie fließend lasen und schrieben, immer noch nicht sprachen. »Jennifer«, heißt es in dem Report über sie, »zeigt keine mündliche Reaktion, schreibt jedoch fleißig.« June ist »noch schweigsam und mag sich nicht mitteilen. Beide sind sehr schüchtern.«

Diese nachsichtige Erklärung wurde zur akzeptierten Entschuldigung für das eigenartige Verhalten der Zwillinge. Sie begleitete sie an ihre nächste Schule in Braunton, Devon, wohin sie zogen, als Aubrey 1971 zur Royal Air Force in Chivenor versetzt wurde. Die Zwillinge, damals achteinhalb Jahre alt, kamen in eine neue Umgebung ohne vertraute Gesichter. Die Mitschüler zeigten wenig Mitgefühl mit Kindern, die nicht richtig sprachen und obendrein von schwarzer Hautfarbe waren. In ihrer Klasse wurden sie ausgelacht und auf dem Schulhof schikaniert, somit gezwungen, sich noch enger aneinander zu klammern, die Mauern ihrer Zweisamkeit zu verstärken und sich dahinter zurückzuziehen. Sie stellten die Kommunikation mit Außenstehenden ein und waren auch in der Familie noch stärker isoliert. Gloria und Aubrey hörten sie unaufhörlich miteinander und mit ihren Puppen plappern, konnten aber nur gelegentlich ein Wort verstehen. Es war, als hätten sie ihre Sprache absichtlich zu einem Geheimcode verstümmelt, um zu verhindern, daß andere sie verstanden.

Bei Zwillingen sind Geheimsprachen keine Seltenheit. Ein französischer Regisseur drehte 1977 einen Film über die Geheimsprache eines Zwillingspaares in San Diego, Kalifornien. Seit ihrer frühen Kindheit hatten diese Zwillinge einen »Code« entwickelt, der sich so fremdartig anhörte, daß man zunächst dachte, sie hätten eine neue Sprache erfunden. Wie die Gibbons-Zwillinge sprachen diese beiden Mädchen, die sich Poto und Cabengo nannten, rasch in abgehackten Stößen. Als man die Tonbänder langsam abspielte und Wort für Wort analysierte, stellte sich die »Geheimsprache« als gewöhnliches, mit Deutsch durchsetztes Englisch heraus (die Familie war zweisprachig), aber so rasch gesprochen, mit zahlreichen Wiederholungen und veränderten Silbenbetonungen, daß die Worte ganz anomal akzentuiert waren. Als ihr Spielchen entdeckt war und sie getrennt und auf verschiedene Schulen geschickt wurden, gaben Poto und Cabengo ihre eigene Sprache auf und sprachen normal.

Bei June und Jennifer wurde kein solches Resultat erzielt. Ihre Sprachlosigkeit gegenüber Außenstehenden und ihr blitzschnelles »Patois« (Mundart) untereinander waren Symptome für einen ernsteren Konflikt, der alsbald ihr Leben bestimmte. Niemand weiß, wann es anfing, ob in der Kindheit, in ihrer ersten Schule oder in Braunton, aber als sie elf Jahre alt waren, standen die Fronten sowohl gegen die Außenwelt als auch zwischen Zwilling und Zwilling unverrückbar fest.

Nun machte sich Aubrey Sorgen wegen der Zwillinge. Abgesehen von wenigen einsilbigen Antworten hatten sie nie mit ihm oder ihren älteren Geschwistern gesprochen. Eine Zeitlang ließ er sich von Freunden, Verwandten und Lehrern beruhigen, es sei nur eine Frage der Zeit, und sie würden ihrer Schüchternheit »entwachsen«, aber er war nicht wirklich überzeugt und wollte seine Zwillingstöchter von einem Fachmann untersuchen lassen. Er war auch deswegen besorgt, weil wieder eine Veränderung in ihrem Leben bevorstand. Die Chivenor-Basis sollte nach Haverfordwest in West Wales verlegt werden. Viele Angehörige der Streitkräfte machten sich Sorgen wegen des Schulwechsels ihrer Kinder, und zu ihrer Beruhigung kam eine Abordnung von Lehrern und Erziehern aus Haverfordwest nach Braunton und hielt Vorträge vor den Eltern. Einer der Redner war Tim Thomas, der für Pembrokeshire zuständige Erziehungspsychologe. Aubrey Gibbons blieb nach seinem Vortrag da und besprach das Problem der Zwillinge mit Thomas, einem liebenswerten, fürsorglichen

Mann, damals Anfang Dreißig. Er meinte, sie sollten eine normale Schule besuchen, aber getrennt, und mit dem Älterwerden würden sich ihre Probleme von selbst lösen. Aubrey war beruhigt und überzeugt, daß sich die Mädchen in ihrer neuen Schule in den richtigen Händen befänden.

Die Gibbons gewöhnten sich allmählich in ihrer neuen Umgebung in Wales ein. Aubrey, inzwischen Korporal, pendelte täglich zum Standort Brawdy, wo er als Assistent bei der Luftfahrtkontrolle arbeitete. Die siebzehnjährige Greta, die unterdessen die mittlere Reife hatte, wurde in einen Sekretärinnenkurs im Haverfordwest Technical College aufgenommen. David und die Zwillinge gingen zusammen mit fünfzig oder sechzig anderen Kindern von Angehörigen der Royal Air Force und der nahegelegenen US Marine-Basis auf die Haverfordwest County Realschule. Rosie besuchte die Grundschule.

Zu Hause aber wuchsen die Spannungen. In Devon, als die Zwillinge acht Jahre alt waren, hatten sie noch, wenn auch lakonisch, manchmal auf Glorias direkte Fragen geantwortet. »Was habt ihr heute in der Schule gemacht, ihr zwei?« fragte sie. »Nicht viel«, flüsterte eine von beiden, dann sprangen sie kichernd fort. In Haverfordwest hätte diese Antwort als Wortschwall gelten können, denn die Mädchen ließen ihren Vorhang des Schweigens herab. Sie verwandelten die schwatzhafte Familientafel der Gibbons in ein Trappistenrefektorium. Auf direkte Fragen bei den Mahlzeiten erfolgte keine Antwort, höchstens gelegentlich ein Nicken. Die Zwillinge beteiligten sich nicht an Familiengesprächen, sondern senkten die Köpfe, die Augen auf ihre Teller gerichtet, die Gesichter ausdruckslos; sie waren verkniffen und angespannt in ihrer Ablehnung der Umwelt. Zu Aubrey, Greta und David äußerten sie nicht eine einzige Silbe, aber sie sprachen und spielten mit Rosie, dem Baby der Familie.

Aubrey hatte versucht, den Mädchen Damespielen beizubringen, worin er Meister des Bezirks Pembroke war. Es schien ihnen zu gefallen, aber wenn sie auch lachten, wenn jemand einen Fehler machte, so sprachen sie dennoch nicht. Aubrey wurde allmählich ungeduldig mit ihnen; sie störten das Familienleben und bedrohten seine Selbstachtung. Aber statt seinem Ärger Luft zu machen, zog er sich von dem stillen Bürgerkrieg, der seine Familie auseinanderriß, zurück und verbrachte mehr Zeit außer Haus.

In der Schule fiel die Schweigsamkeit der Zwillinge sogleich auf. Die Rektorin Beryl Davis, die sich viel auf ihren Umgang mit Kindern zugute hält, ließ sie in ihr Büro kommen, um sie für das Schulverzeichnis nach Namen und Alter zu fragen. »Sie standen hintereinander wie in einer Schlange«, berichtet sie. »Sie sahen einem auf die Brust, ja durch einen hindurch, und antworteten nicht. Es war äußerst entnervend. Dann flüsterte June eine kaum verständliche Antwort. Ich dachte, wenn man ihnen etwas Zeit ließe, würden sie auftauen.« Aber die Zwillinge blieben verstockt. Kein Lehrer oder Schüler hörte sie jemals sprechen. Man sah sie nie auf die Toilette gehen, sie aßen nicht in der Schule und waren immer zusammen.

Sie hatten keine Freundinnen, teils wegen ihres befremdlichen Verhaltens, teils weil sie die einzigen Schwarzen in der Schule waren. »Es waren hübsche kleine Mädchen«, erinnert sich der Lehrer Michael John, »die Haare zu Zöpfen geflochten, die Haut schimmernd vor Sauberkeit. Sie waren gleich angezogen, sie trugen die Schuluniform – grauer Faltenrock, weiße Bluse und marineblauer Schlips. Ich fragte eine nach ihrem Namen. Sie sagte nichts. Ein Junge sagte: ›Sie ist blöd. Sie spricht mit keinem.‹« Dieses Verhalten machte die Zwillinge bei Lehrern oder Schülern nicht beliebt. Die anderen Kinder bezichtigten sie stummer Überheblichkeit und schikanierten sie.

Wegen dieser Schikanen durften die Zwillinge die Schule immer fünf Minuten früher verlassen. »Eines Tages war ich im Zimmer der Sekretärin, dessen Fenster auf den Schulhof geht«, sagt Cyril Davis, der Schulleiter, »und ich sah die Zwillinge, die in einer Art Gänsemarsch im Abstand von zehn Metern hintereinander gingen, ganz langsam, wie in einer seltsamen feierlichen Prozession. ›Gehen sie immer so?‹ fragte ich die Sekretärin. ›Ja‹, sagte sie. Ich konnte es nicht glauben und sprang in meinen Wagen, um zu sehen, wie lange sie das durchhielten. Ich folgte ihnen durch die Stadt, und die ganze Zeit gingen sie in ihrem Gänsemarsch, eine hinter der anderen.«

Die Zwillinge gewannen nur eine einzige Freundin, Diane Williams, ein asthmatisches, frommes Mädchen, das jüngste von acht Kindern einer Familie, die der Pfingstbewegung angehörte. Diane und die Zwillinge gingen samstags in der Stadt einkaufen und spazieren, und manchmal kamen sie zum Tee zu den Williams. »Sie waren hübsch angezogen, stets sauber und adrett«, sagt Mrs. Williams. »Sie waren brave kleine Mädchen. Aber immer, wenn ich ins Zimmer trat, verstummten sie. Sie sprachen nie mit mir, und wenn jemand zu Besuch kam, verschwanden sie.« Aber sie sprachen mit Diane. »Bei mir waren sie ganz normal«, erinnert sie sich, »doch sah ich sie nie mit ihren Eltern sprechen. Ihre Redeweise war etwas rasch und eigenartig, aber ich gewöhnte mich bald daran, und wir plauderten drauflos. Sie waren nicht glücklich. Sie taten mir leid.«

Es war vorauszusehen, daß June und Jennifer ohne zu sprechen in der Schule nicht gut mitkamen. Beide besuchten die Förderklasse, aber 1976 besserte sich June so weit, daß sie in die zweite Klasse versetzt wurde, wo sie den 13. Platz in Englisch, den dritten von fünfundsiebzig in Geschichte und den 14. von zweiundsiebzig in Erdkunde belegte. Ihre Leistungen in Mathematik waren sehr schwach. Jennifer war weniger erfolgreich und blieb in der Förderstufe, wo sie eine der schlechtesten der Klasse war. Die Schule unterhielt ein Schema zur Bewertung der sozialen Fähigkeiten der Kinder, wobei jeder Lehrer bestimmte persönliche Eigenschaften benotete. June galt als die ausgeglichenere und liebenswertere sowie auch intelligentere der Zwillinge, aber man bescheinigte ihr einen »betrüblichen Mangel an Selbstvertrauen und Umgänglichkeit.« Jennifer wurde als miserabel in Mitarbeit eingestuft, besaß jedoch eine überraschende Eigenschaft, die allen Lehrern auffiel – Führungskraft.

Das Verhalten der Zwillinge, ihre Schweigsamkeit, ihre Unfähigkeit zu reagieren trieb das Kollegium zur Verzweiflung. Wurden sie kritisiert, stellten sie sich einander gegenüber, einen Arm auf der Schulter der anderen, aneinandergeschmiegt, um sich gegenseitig zu schützen und zu stärken. »Sie waren wie Strohhalme im Strudel eines Stromes«, sagt Michael John, »man fand sie aneinandergeschmiegt in den hintersten Winkeln des Lebensstromes. Sie waren immer abseits von allen anderen, wollten unsichtbar sein, und erregten dennoch auf eine Weise Aufmerksamkeit, die mir mißfiel. Sechstausend Kinder sind in dreißig Jahren durch meine Hände gegangen, und mir sind nur vier begegnet, die ich als bösartig empfand. Einer war ein Junge, der später die Tochter eines Freundes vergewaltigte, ein anderer erschoß einen Jungen, ein dritter wurde wegen Vergewaltigung und Überfall verurteilt. Das vierte Kind war Jennifer. Ich fand, man dürfe nicht zulassen, daß June sich mit ihr verbündete oder unter ihren Einfluß geriet. Die Bösartigere von beiden wäre nicht so schlimm gewesen, hätte sie nicht die Möglichkeit gehabt, Stärke aus ihrer Zwillingsschwester zu ziehen, und die andere hätte normal werden können.«

Welcher Ansicht die einzelnen Lehrer auch immer waren, war es doch erstaunlich, daß die Schule nichts unternahm. »Sie tanzten nie aus der Reihe«, sagt Cyril Davis, der Schulleiter. »Sie verstießen nicht gegen Regeln, und es gab keine Probleme mit der Disziplin.« Die Schule wurde auch nicht aufgerüttelt durch Berichte oder Untersuchungen seitens Tim Thomas, des Erziehungspsychologen, mit dem Aubrey in Braunton gesprochen hatte. Davis erzählt, daß das Kollegium, nachdem zwei Jahre lang von den Zwillingen keine menschliche Reaktion erfolgte, verzweifelt war und er die Eltern zu sich bestellte. Gloria verteidigte ihre Zwillinge mit dem üblichen Argument: »Sie sind bloß ein bißchen schüchtern.« Davis sagt, er erhielt keinen Hinweis von Gloria, daß die Zwillinge auch zu Hause nicht sprachen, und er nahm an, daß sie sich dort normal verhielten. »Die Eltern konnten für die Schweigsamkeit der Zwillinge in der Schule nicht verantwortlich gemacht werden«, sagt er. »Ihre Einstellung war: ›Was macht es schon, wenn sie ordentlich lernen?‹«

Damit hätte es sein Bewenden haben können, wäre da nicht ein aufmerksamer Schularzt gewesen, Dr. John Rees, der die obligatorischen Tuberkuloseimpfungen vornahm. June und Jennifer stellten sich mit den anderen Kindern an, sie bewegten sich vorsichtig, ängstlich darauf bedacht, nichts zu tun, was Aufmerksamkeit erregen könnte.

»Es ist ein bißchen wie auf einem Viehmarkt, Hunderte von Kindern, die sich an einem vorbeischieben. ›Tut es weh, Herr Doktor?‹ Kichern. Alle möglichen Reaktionen. Ich erinnere mich noch an den Tag, als ich den Gibbons zum erstenmal begegnete«, berichtet John Rees. »Lauter weiße Arme, und plötzlich ein schwarzer. Das war ungewöhnlich. Es gab nur wenig Farbige in der Gegend. Ich packte auf meine übliche freundliche Art den Arm mit einer Hand, die Nadel in der anderen, und wollte mein übliches ablenkendes Witzchen machen, als ich aufblickte und das Kind gerade vor sich hin starren sah.« Der Witz erstarb ihm auf den Lippen. Er impfte sie, doch selbst während der Prozedur entdeckte er keinerlei Reaktion. »Es war nicht wie bei den Verwundeten, die ich in der Armee gesehen hatte; so etwas hatte ich noch nie erlebt. Es war einfach nichts da. Damals wie heute kam mir das Wort ›Zombie‹ in den Sinn. Die kleine Negerin sah durch mich hindurch wie in Trance.« Zwei oder drei Kinder weiter in der Reihe sah er wieder einen schwarzen Arm. Er blickte auf: dasselbe unbeteiligte Gesicht, dasselbe tranceähnliche Starren. Seine übliche Überschwenglichkeit wich dem Unbehagen, mit dem die Zwillinge ihn erfüllten.

Dr. Rees war so alarmiert durch den Eindruck ihrer »toten« Arme, daß er um eine Unterredung mit Cyril Davis, dem Schulleiter, bat. »Er hatte etwa eintausendfünfhundert Kinder an der Schule und wußte offenbar nicht viel über die Zwillinge«, sagt Rees. »Jedenfalls nicht das, was mich interessierte. Er sagte mir, sie seien ein ›komisches Paar‹ und würden nicht viel reden und nicht mit den Lehrern sprechen. Sie waren dem Sozialberater der Schule nicht gemeldet worden, weil sie sich gut betrügen und unter sich blieben. Der Schulleiter sagte, daß sie ordentlich arbeiteten. Ich bat, die Eltern aufsuchen zu dürfen, und mein Büro traf eine Verabredung mit ihnen.«

Rees fuhr zu den Gibbons und war von der Unterredung angenehm überrascht. Aubrey und Gloria waren intelligent und hilfsbereit. Beide drückten sich gut aus und beteiligten sich lebhaft an dem Gespräch. Sie erzählten ihm, daß die Zwillinge selten sprachen, daß sie aber, wenn sie von der Schule kamen, in ihr Zimmer hinaufliefen, wo sie so geschwind drauflosschnatterten, daß Gloria nichts verstehen konnte. Was ihn erstaunte war, daß ansonsten so scharfsichtige Eltern über ihre Töchter nicht »über Gebühr beunruhigt« waren. Später erfuhr er, daß für westindische Familien seltsames Verhalten bei Zwillingen ganz normal ist; und er meinte, ihre Unbesorgtheit sei vermutlich kulturell bedingt. Er bat sie um Erlaubnis, die Zwillinge an Dr. Evan Davies zu überweisen. »Ich habe ihm den Brocken zugeschoben«, sagt Rees. Er schrieb an Davies:

> Die gegenwärtige häusliche Situation ist so, daß die Zwillinge sich kaum ihrer Familie anschließen, ausgenommen bei den Mahlzeiten, sondern lieber in ihr Zimmer gehen, wo sie lesen und spielen. Ganz selten besuchen sie Freundinnen, gehen aber nicht auf Partys, und ein gleichaltriges Mädchen kommt ab und zu zu ihnen nach Hause. Wenn die Mädchen miteinander sprechen, können die Eltern gelegentlich ein Wort verstehen, aber keinen Zusammenhang erkennen. Wenn sie von der Schule nach Hause kommen, sagen sie von sich aus nichts, antworten jedoch mehr oder weniger verständlich auf Fragen.

Gloria war offensichtlich nicht imstande gewesen, Dr. Rees das ganze Ausmaß der »Sprachlosigkeit« der Mädchen zu schildern. Aber sie teilte ihm mit, daß ihr Hausarzt, Dr. James Bowen, die Mädchen untersucht und vermutet hatte, sie könnten an Zungenlähmung leiden. Zungenlähmung ist ein Geburtsfehler, bei dem das Gewebe, das die Zunge mit dem Boden der Mundhöhle verbindet, »überwuchert« ist, was eine vollständige Bewegung und Beherrschung der Zunge erschwert und somit Sprachstörungen verursacht. Durch eine relativ einfache Operation kann überschüssiges Gewebe entfernt und der Zunge mehr Bewegungsspielraum verschafft werden. Vermutlich lag bei den Zwillingen eine Form von Zungenlähmung vor, da sie ihre Zungen nicht weiter als bis an die Lippen herausstrecken konnten. Dr. Bowen hatte sie, sechs Monate bevor Dr. Rees auf sie aufmerksam wurde, an die chirurgische Ambulanz des Withybush-Krankenhauses in Haverfordwest überwiesen, aber bisher war nichts geschehen.

Der Gedanke, das Verhalten der Zwillinge habe eine physische Ursache, war für Gloria und Aubrey ein Trost und weit weniger bedrohlich als die andere Hypothese, daß die Mädchen einfach beschlossen hatten, nicht zu sprechen. Doch John Rees bemerkte: »Beide Babys wurden mühelos gestillt, und das dürfte eine ernste, Störungen der Sprechfähigkeit bewirkende Zungenlähmung ausschließen.«

Rees schickte seine Beobachtungen an Dr. Evan Davies, den für Dyfed zuständigen Kinderpsychiater, der die Familie in seine Praxis im Bezirksgesundheitsamt in Haverfordwest bestellte. Dr. Davies ist ein zurückhaltender Waliser, hochqualifiziert und von Hause aus vorsichtig. Er ist 1933 geboren, studierte in Cardiff an der Welsh National Medical School Medizin, leistete seinen Wehrdienst in der Armee ab und widmete sich dann der Psychiatrie. 1966 wurde er beratender Kinderpsychiater in Haverfordwest und war für 56.000 Kinder im Bezirk zuständig.

Dr. Davies war mit dem Problem des Mutismus vertraut, denn er hatte etwa alle zwei Jahre einen derartigen Fall, aber er war nicht erpicht darauf, hinzugezogen zu werden. Mutismus ist ein selten vorkommendes Phänomen, wenn eine Person nicht spricht, obwohl sie organisch dazu fähig ist. Dieses sogenannte willentliche Schweigen kommt gewöhnlich nur bei Kindern von überfürsorglichen Müttern vor oder folgt auf ein emotionelles Trauma, häufig nur für eine kurze Zeitspanne. Obgleich Zwillinge oft erst spät zu sprechen anfangen, gibt es nur eine Handvoll bekannter Fälle von Mutismus bei Zwillingen.

Ende November kamen Gloria, June und Jennifer Gibbons, dick vermummt in Winterkleidung, in Dr. Davies' Praxis. Es dauerte ein Weilchen, bis sie ihre Mäntel ausgezogen und sich hingesetzt hatten. Die Mädchen schienen sich nur zu bewegen, wenn er ihnen den Rücken zukehrte oder das Zimmer verließ. Er konnte rasches Schlurfen hören, das in dem Moment aufhörte, wenn er sich umdrehte. Dann saßen sie da mit sittsamer Miene und niedergeschlagenen Augen. Er hatte nicht die Absicht, das seltsame Spielchen mitzumachen, das sie mit ihm trieben, und vermied es sorgsam, sich von ihnen abzuwenden. Er las die Krankengeschichte der Mädchen durch und stellte die entsprechenden Fragen. Nicht ein Funke von Interesse oder Verständnis flackerte in den Gesichtern der Mädchen auf. Es fand keinerlei Kommunikation statt.

Weil das Schweigen sie verlegen machte und sie darauf bedacht war, sich für ihre Töchter einzusetzen, beantwortete Gloria alle Fragen mit immer lauter werdender Stimme und übertönte Davies, sodaß er den Zwillingen nichts entlocken und sich nicht einmal vergewissern konnte, ob sie fließend sprachen, wenn niemand zuhörte, wie ihre Mutter behauptete. Davies beschrieb die Unterredung in einem Brief an Rees:

Wenngleich ich nicht imstande war, irgendeine Art von Gespräch mit ihnen zu führen, beantworteten sie Fragen mit einem fast unmerklichen Nicken. Nach einigem Zuspruch zeichneten sie etwas für mich. Jennifer scheint ein gewisses Maß an künstlerischem Talent zu besitzen. Obwohl June die kleinere Zwillingsschwester ist, scheint sie die dominierende zu sein, und gewöhnlich ist sie es, die Aktivitäten initiiert.

Evan Davies sah die Situation offenbar verkehrt herum. Jeder andere Beobachter der Zwillinge beurteilte Jennifer als die Führende. »Das Dumme war, daß ich sie nie unterscheiden konnte«, gibt Davies heute zu. »Ich hatte das Gefühl, mit einer Schwierigkeit konfrontiert zu sein, die sich teils daraus ergab, daß sie anders als alle Kinder waren, die ich je gesehen hatte. Ich schrieb mein Versagen der kulturellen Kluft zu.«

Davies war überzeugt, daß die Gibbons-Zwillinge an Mutismus litten, den vermutlich ein Sprachfehler, der sie hinderte, fließend zu sprechen, ausgelöst hatte. Der Fall, erkannte er, sei schwieriger als der gewöhnliche Mutismus, weil die Zwillinge sich gegenseitig bestärkten. »Eine Behandlung unter diesen Umständen«, schrieb er an Rees, »stellt eine beträchtliche Herausforderung dar, der ich mich nur ungern stelle.« Er zog es vor, den Fall Miss Ann Treharne vorzutragen, der bekanntesten Sprachtherapeutin in Haverfordwest.

Bis zu diesem Tag war niemand ganz sicher, ob die Zwillinge physisch unfähig waren zu sprechen oder ob sie, wie Dr. Rees und Dr. Davies glaubten, vollkommen dazu imstande waren (wenngleich vermutlich mit einer gewissen Behinderung), jedoch aus psychologischen Gründen von ihrer Sprechfähigkeit keinen Gebrauch machten. Fest stand jedenfalls, daß sie ein wenig gesprochen hatten, bevor sie ins Schulalter kamen. Sie sprachen weder mit ihrem Vater noch mit ihrem älteren Bruder, und in der Schule hatte man sie nie sprechen gehört. Gloria behauptete, sie sprächen mit ihr, wenn sie allein sei, und mit der kleinen Rosie, aber sie trat dermaßen energisch für die Mädchen ein, daß sie nicht unbedingt glaubwürdig war. Eine qualifizierte Sprachtherapeutin würde hoffentlich imstande sein, den Zustand der Zwillinge zu beurteilen.

Ann Treharne arbeitet am Withybush-Krankenhaus und ist gewissermaßen Expertin für Mutismus, da sie sechs oder sieben Kinder aus dem Bezirk Haverfordwest behandelt hatte, bevor sie mit den Zwillingen Kontakt aufnahm. Sie war auch einigen Fällen in Indien und Kanada begegnet, darunter einem kleinen Jungen, bei dem sie die Methode der Tonband-Kommunikation entwickelte.

Junes und Jennifers Behandlung begann im Februar 1977. Ihr grundlegendes Sprachproblem war schwer zu diagnostizieren, weil es beinahe unmöglich war, sie zum Sprechen zu bringen. Ann Treharne beschloß, es mit dem »Sprechen auf Band« zu versuchen, einer erprobten Methode, und die Zwillinge mit einem Tonbandgerät allein im Zimmer zu lassen. Beim Mitlaufen eines Bandes hatte ein mutistisches Kind nicht so viel Angst, »abgehört« zu werden. Die Zwillinge waren auch mit dieser Methode nicht sehr gesprächig, aber gelegentlich gaben sie einsilbige Antworten auf direkte Fragen wie »Was macht dein Vater?« oder »Wo wohnst du?« und zu Ann Treharnes Überraschung waren sie bereit, ja geradezu begierig, Gedichte oder Passagen aus einem Buch vorzulesen. »Sie lasen sehr schnell mit sogenannten ›palatalen Frikativen‹ (Reibelauten), also statt ›ss‹ sagten sie ›sch‹, was das Sprechen ziemlich ›dicht‹ machte«, erklärt sie. »Es war zu schnell und ›verzerrt‹, aber ansonsten fehlte nichts. Sie stotterten nicht. Lediglich ihr westindischer Akzent erschwerte das Verständnis.«

Die Zwillinge sprachen nie von Angesicht zu Angesicht mit Ann Treharne. »Von June bekam ich vielleicht ein ›ja‹ oder ›nein‹ oder ›danke‹ zu hören. Von Jennifer nichts. Es war eine Art Spiel im Gange. Ich sah, daß June darauf brannte, mir etwas mitzuteilen. Dann geschah etwas: Jennifer schien June zurückzuhalten. Sie machte keine Bewegung. Ich beobachtete sie genau und konnte kaum die leiseste Augenbewegung entdecken, aber ich wußte, daß sie June zurückhielt. Es war merkwürdig. Wie außersinnliche Wahrnehmung. Sie saß da mit ausdruckslosem Blick, aber ich spürte ihre Macht. Sie traf die Entscheidungen. Mir kam der Gedanke, daß June von ihrer Zwillingsschwester besessen war.«

Im März 1977, wenige Wochen nach Beginn der Sprachtherapie, wurden die Zwillinge ins Withybush-Krankenhaus zur Operation ihrer Zungenlähmung, lateinisch *Frenulum linguae*, bestellt. Weder Dr. Rees noch Ann Treharne hielten den Eingriff für notwenig, aber Peter Wilson, der Chirurg, war überzeugt, daß er Abhilfe schaffen würde. »Als ich sie danach zu Hause besuchte«, sagt Ann Treharne, »saßen sie aneinandergeschmiegt und unglücklich da. Ich glaube, niemand hatte sie davor gewarnt, daß ihre Münder schmerzen würden. Ihre Aussprache wurde etwas besser, aber ich spürte, daß sie die Operation sehr übelnahmen.«

Unterdessen kam die schwerfällige Erziehungsbürokratie in Gang. Die Schule war von Dr. Rees aufgerüttelt worden. Dr. Evan Davies hatte sich die Kinder angesehen. Tim Thomas, der Erziehungspsychologe, der geraten hatte, die

Zwillinge in eine normale Schule zu schicken, wurde nun hinzugezogen. Man beschloß, die Zwillinge von der Realschule zu nehmen und in das dreizehn Kilometer entfernte Eastgate Centre for Special Education in Pembroke zu schicken, also auf eine Sonderschule. Cathy Arthur, die Lehrerin, die dort für sie zuständig sein würde, suchte die Gibbons auf und setzte sie ins Bild. Aubrey war froh, daß seinen Töchtern nun endlich professionelle Behandlung zuteil würde, und Gloria, wenngleich etwas mißtrauisch, ließ sie gerne gehen.

Die Mädchen besuchten das Eastgate Centre, um zu sehen, ob es ihnen gefiel. Evan Davies erinnert sich, wie er sie Seite an Seite Tee trinkend auf einem Sofa sitzen sah. Vollkommen synchron schlugen sie die Beine übereinander und hoben die Teetassen an die Lippen. »Das ist meine lebhafteste Erinnerung an sie«, sagt er. »Es erfordert eine ungeheure persönliche Verbundenheit, um dieses exakte zeitliche Gleichmaß zu erspüren.Ich dachte, es müsse eine Art intuitives Verbindungsglied geben, das sie dazu befähigte. Nun ja, sie taten es sehr langsam. Bei schnellerem Tempo wäre es viel schwieriger gewesen. Ich denke, es war vielleicht die Absicht, möglichst wenig Bewegung auszulösen, die sie alles so langsam machen ließ.«

II. Spottdrosseln

> Es war bequemer, einfach zu nicken.
> Worte schienen zuviel; wenn wir
> plötzlich gesprochen hätten, wäre die
> Überraschung zu groß gewesen.
>
> *June Gibbons*

Acht Tage nach ihrem vierzehnten Geburtstag, am 19. April 1977, kamen die Zwillinge in ihrer neuen Schule in Pembroke an. Das Eastgate Centre ist ein verrußtes viktorianisches, einer gotischen Kirche nachempfundenes Schulgebäude, gleich neben einem Mammutkreisverkehr im Osten der Stadt, erschüttert von Lastzügen auf dem Weg zu den Pembroke Docks. Hinter der Schule fällt der Hof, der von einer Steinmauer umgrenzt ist, die dem Verlauf der alten Stadtmauer folgt, steil ab hin zu grünen Sportplätzen. Die Schule wurde 1972 zur Sonderschule zur Betreuung von Kindern, deren Verhalten für jede andere Anstalt zu auffällig war, umgebaut.

Das innere des Hauptgebäudes wurde verändert. Alles ist zwanglos und weiträumig. Es gibt zwei aneinandergrenzende Klassenzimmer, der Bereich hinter dem größeren dient als Bibliothek, eine kostspielige Investition für das gute Dutzend gestörter Kinder, denen das Centre dient.

Während die Zwillinge in Eastgate waren, fungierte als verantwortlicher Lehrer John Harry, ein ehemaliger Kunst- und Töpfereilehrer, ein freundlicher, entgegenkommender Mann Mitte Dreißig. Die für die Zwillinge zuständige Lehrerin war Cathleen Arthur, damals Ende Zwanzig. Sie hatte einen ganz anderen Charakter als John Harry, war ehrgeizig, energisch und enthusiastisch, ein »feuriges Weib«, wie ein Kollege sie beschreibt, mit »kohlschwarzen Haaren und glühenden Augen.« Sie war die Tochter einer erfolgreichen Landwirtsfamilie. Ihre Eltern hatten sie auf eine angesehene private höhere Internatsschule für Mädchen geschickt. Sie war eine hervorragende

Schülerin und wurde Schulsprecherin. Danach besuchte sie die Central School of Speech and Drama in London, wo sie ihren Mann, Tim Arthur, kennenlernte und heiratete. Tim Arthur trat eine Stelle in Exeter an, wo Cathy in der Dryden Children's Unit am Exvale-Krankenhaus unterrichtete, einer von Dr. Christopher Wardell geleiteten Spezialabteilung für gestörte Jugendliche. Hier kam ihr Talent im Umgang mit schwierigen Teenagern zum Vorschein, und sie beschloß, Sonderschullehrerin zu werden. 1972 fanden die Arthurs in der Nähe von Haverfordwest ein altes Bauernhaus und beschlossen, es zu renovieren. Zu dieser Zeit wurde Eastgate gegründet, und Cathy, die nach ihren Erfahrungen in Exeter voller Ideen steckte, wurde zu einer der drei Lehrkräfte ernannt.

Die Lehrkräfte in Eastgate arbeiteten eng mit der Erziehungsbehörde und den Sozialarbeitern zusammen und koordinierten alle Dienste zum Wohle der Schüler. Die ganze Arbeitsgruppe war bei Fallkonferenzen zugegen, um über den Fortschritt einzelner Kinder zu diskutieren und die nächsten Schritte zu beschließen. Von dem Zeitpunkt an, als sie nach Eastgate kamen, wurden die Fortschritte der Zwillinge von einer Gruppe aufgezeichnet, zu der auch der Kinderpsychiater Dr. Evan Davies und der Erziehungspsychologe Tim Thomas gehörten.

Cathy Arthur hatte das Ausmaß des Problems der Zwillinge bald entdeckt. In der ersten Woche sprachen sie mit niemandem, auch nicht mit den anderen Kindern in ihrer Gruppe. Bei den Mahlzeiten waren sie quälend langsam. Sie gingen im Schneckentempo zu der Durchreiche, und dann saßen sie da und starrten auf ihr Essen ohne etwas anzurühren. »Ihre physische Langsamkeit schien die übrigen Kinder in Eastgate weit mehr zu reizen als ihre Schweigsamkeit«, erinnert sich Cathy Arthur.

Um sie zum Sprechen zu bringen, stellte Cathy ihnen Fragen auf einem Tonbandgerät, ließ sie mit dem Apparat allein, so daß sie sich gelegentlich auch bequemten zu antworten. Der Durchbruch erfolgte, als sie einem westindischen Lehrer vorschlug, auf Band mit den Mädchen zu plaudern. »Bin ich verheiratet?« fragte er. »Habe ich Kinder? Na los«, forderte er sie auf, »fragt *mich* was.« Als er und Cathy das Band abspielten, dachten sie zuerst, es sei leer. Aber kurz bevor das Band zu Ende war, hörten sie ein Kichern, gefolgt von einer deutlichen Stimme: »Was können wir sagen?« Wieder folgte eine lange Pause. »Weiß der Himmel, weiß der Himmel«, kam die Antwort. »Weiß der Himmel« wurde in Eastgate zu einem Schlagwort.

Cathy Arthur hatte bewiesen, daß die schweigsamen Zwillinge sprechen konnten, wenn sie nur wollten, und daß sie nur eine leichte Sprachstörung hatten. In den nächsten Monaten arbeitete sie hart daran, ihre Verstocktheit aufzubrechen, sie redete ihnen gut zu, belohnte sie mit Lob und Ermunterung. June reagierte nicht nennenswert, aber Jennifer machte allmählich Fortschritte. Im Mai besuchte Cathy Gloria Gibbons in ihrer Wohnung in Furzy Park. »Sie stellte eine merkliche Veränderung bei den Zwillingen fest. Sie kamen von Eastgate fröhlich und lächelnd nach Hause und erzählten ihr, was sie in der Schule gemacht hatten.«

Cathy hatte ihnen geholfen, zwei Stoffpuppen anzufertigen, Dorothy und Demelza, die rot-weißen Kleider zu nähen und ihnen die schwarzen Haare über den weißen Stoffgesichtern aufzustecken. »Die Zwillinge konnten nicht gut nähen«, sagt sie, »aber es machte ihnen große Freude, mit mir zu basteln.« Sie beobachtete die Zwillinge in jeder möglichen Situation.

Jeden Morgen um 8.45 Uhr holte Cathy sie in ihrem weißen Kleinwagen an einer Bushaltestelle, achthundert Meter von ihrer Wohnung entfernt, ab. Sie stellten sich nie in das Wartehäuschen, sondern warteten sogar im Regen draußen, um Tuchfühlung mit anderen Menschen zu vermeiden. Sie waren immer pünktlich, aber wenn sie ankam, wollte keine zuerst einsteigen. Oft blieben die Mädchen stocksteif auf dem Bürgersteig stehen. Cathy mußte aussteigen, einen Zwilling an den Schultern packen, von hinten die Knie abknicken und sie dann in den Wagen schieben. Die andere folgte, nachdem Cathy auf den Fahrersitz zurückgekehrt war. Sobald sie auf der Rückbank saßen, gab es eine weitere Verzögerung, weil keins der Mädchen die Tür zumachen wollte. »Hätte es zwei Türen gegeben, wäre es in Ordnung gewesen«, erklärt Cathy. »Ich hatte immer das Gefühl, es hing davon ab, was auf dem Weg vom Haus den Hügel hinunter geschehen war. Wenn zwischen den Mädchen etwas schiefgegangen war, wollten sie die Tür nicht schließen.« Oft mußte Cathy wieder aussteigen und sie selbst zumachen. Zwanzig bis dreißig Minuten nachdem sie vorgefahren war, konnten sie endlich nach Eastgate aufbrechen.

Die Fahrt von Haverfordwest nach Pembroke war alles andere als lustig. Die Zwillinge saßen gleichmütig auf der Rückbank, als führen sie in einem Leichenwagen, während Cathy drauflos schwätzte, um die düstere Stimmung zu mildern. »Seht mal, das Pferd dort«, forderte sie sie auf, aber es erfolgte keine Reaktion. Es dauerte mehrere Minuten, bis sie sich stumm geeinigt hatten, wie sie reagieren sollten. Dann sah Cathy im Rückspiegel zwei dunkle Köpfe sich gleichzeitig in die Richtung drehen, wohin sie gezeigt hatte – fast anderthalb Kilometer zu spät.

In der Schule war es dasselbe. Als ihr klar wurde, daß die »Synchronität« der Zwillinge auf der ständigen Beobachtung der gegenseitigen Bewegungen beruhte, versuchte Cathy zu verhindern, daß sie sich gegenseitig beobachteten, indem sie sie gymnastische Übungen machen ließ. »Sie sollten versuchen, ihre Zehen zu berühren«, berichtet sie. »Mit den Köpfen nach unten konnten sie sich gegenseitig nicht sehen. Ich dachte, sie müßten sich dann voneinander unabhängig bewegen, aber statt dessen bewegten sie sich überhaupt nicht, oder sie bewegten sich so langsam, daß sie mittendrin steckenblieben und ich sie aufrichten mußte.«

Reiten gehörte zu den wenigen Betätigungen, bei denen die Zwillinge zeigten, daß sie sich mit spontaner Behendigkeit bewegen konnten, bei Heben und Senken im Sattel, und wenn sie Zweigen auswichen. Dies barg jedoch seine Tücken für die Lehrerin. Wenn sie irgendeine Kritik äußerte, ließen beide die Zügel fahren und zogen sich vollkommen in sich zurück. Wenn dann eine herunterfiel, fiel die andere gleich hinterher.

Cathy Arthur versuchte es nun mit weniger körperlichen Betätigungen. Sie wußte, daß die Mädchen von allem begeistert waren, was mit Amerika zu tun hatte. Deshalb bat sie einen amerikanischen Studenten, einen Diavortrag zu halten. Die Zwillinge aber saßen während des Vortrags so, daß ihre Stühle sich gegenüberstanden. Keine warf auch nur einen Blick auf die Leinwand.

Dann versuchte Cathy, sie fürs Theater zu interessieren. Sie nahm sie mit in eine Vorstellung von ›Die Schneekönigin‹ und in die Pantomime ›Humpty Dumpty‹ nach Milford Haven. Sie kaufte vorsichtshalber für jede ein Programm, aber ihre Bemühungen wurden nicht belohnt. June und Jennifer lasen die Programme nicht und schienen blind für die Bühne. Als die Darsteller durch das Publikum eilten, drehten sich alle anderen Kinder lachend um. Aber die Zwillinge saßen nur da und starrten vor sich hin, die Kapuzen ihrer Dufflecoats noch aufgesetzt, wie Abgesandte eines mittelalterlichen Mönchsordens.

Im Frühjahr und Sommer 1977 arbeiteten Cathy Arthur und Tim Thomas zusammen an der Erstellung psychologischer Gutachten der Zwillinge – mit unterschiedlichen und widersprüchlichen Ergebnissen. Cathy versuchte es zuerst mit dem »Bene-Anthony-Familien-Beziehungs-Test«, der unabhängig mit jedem Zwilling durchgeführt wurde. Dabei sitzt das Kind an einem Tisch, auf dem eine Reihe Zettelkästen steht, auf denen jeweils eine Pappfigur, die ein Familienmitglied darstellt, befestigt ist. Die Lehrerin oder der Lehrer am anderen Ende des Tisches liest dem Kind jeweils eine Karte vor und reicht sie ihm. Auf jeder Karte steht eine Frage: »Wer tröstet dich, wenn du krank bist?«, »Wer nimmt dich gerne in den Arm?«, »Wem erzählst du deine Geheimnisse?«. Die Versuchsperson beantwortet die Frage, indem sie die Karte in den entsprechenden Kasten steckt. Wenn sie die Frage nicht beantworten kann oder die Antwort »Niemand« lautet, steckt sie die Karte in einen besonderen Kasten namens »Niemand«. Die Karten aus allen Kästen werden ausgewertet, um die Struktur der Familienbeziehungen zu analysieren.

June gab sich zwar Mühe, die Karten in die Familienkästen zu stecken, aber achtunddreißig von fünfundachtzig wanderten in »Niemand«, was als Anzeichen für eine grundsätzliche Abneigung gegen Gefühlsäußerungen interpretiert werden mußte. Nachdem Jennifer jede Karte sorgfältig gelesen und betrachtet hatte, steckte sie zweiundfünfzig Stück in »Niemand«, womit sie eine noch dürftigere Beziehung zu ihrer Familie bewies.

Beide Mädchen schnitten beim Wechsler-Intelligenztest unterdurchschnittlich ab, June etwas besser als Jennifer. Beide bewiesen eine gute Auffassungsgabe, einen dürftigen Wortschatz und weigerten sich, den Rechentest auch nur zu versuchen. Die Persönlichkeitstests lieferten verwirrende Ergebnisse, einige zeigten sie als milieugeschädigt, deprimiert und in sich gekehrt, andere bewerteten sie als ausgeglichen, »unabhängig, ohne das Bedürfnis nach Mitgefühl oder Rat von außen.« Die Projektionstests, bei denen sie eine Geschichte um ein Bild herum erfinden sollten, bewiesen »unzureichende Erfassung der Situation und dürftig ausgeprägte Charaktere.« Jegliche Art von Konflikt, Zorn oder Sexualität in den Bildern wurde von beiden Mädchen ignoriert, ebenso alles, was nach Wettstreit aussah. Sie beschrieben »unbedeutende Erlebnisse«, stellte Cathy Arthur fest, »ohne zwischenmenschliche Beziehungen, mit unbeschwertem, oberflächlichem Ausgang.« Dies waren dieselben Mädchen, die zwei Jahre später Novellen und Kurzgeschichten schrieben, strotzend von Sex, qualvollen Konflikten und emotionalen Verstrickungen, die häufig zum Tod oder Selbstmord des Protagonisten führten.

Tim Thomas, der mit den Mädchen einmal wöchentlich eine Therapiesitzung durchführte, sellte fest, daß sie ihn mehr deprimierten, als daß er ihnen half. Thomas, damals zweiunddreißig Jahre alt, 1,82 Meter groß, mit blassem Teint, braunen Haaren und einem Bart mit einem Anflug von keltischem Rot, meint es mit allen Menschen gut. Er überdeckt jegliche Verlegenheit mit Seufzern und Händereiben, als wolle er sich selbst gut zureden. »Ah, ausgezeichnet ...« wiederholt er während jeder Gesprächspause, um anzudeuten, daß trotz aller gegenteiligen Beweise alles gut verlaufe. Tim wuchs in Newton, Montgomery auf, wo sein Vater Angestellter in der National Provincial Bank war. Er promovierte an der Universität Bristol in Psychologie, betrieb fünf Jahre wissenschaftliche Studien und wurde zum Erziehungspsychologen für Pembrokeshire ernannt, ein Posten, den er heute noch bekleidet. Er lebt mit seiner Frau, die Sprachlehrerin ist, drei reizenden Kindern und zwei treuen Hunden in einem verschachtelten mittelalterlichen Kaufmannshaus in der Nähe des Zentrums von Haverfordwest.

Tim Thomas erkannte klar, daß die Zwillinge im Begriff waren, den Kampf in Eastgate zu gewinnen. In seinen wöchentlichen Sitzungen hatte er anfangs versucht, ihr Vertrauen zu erringen, indem er selbst die ganze Zeit redete und nichts von ihnen verlangte. Er erklärte ihnen nur geduldig, wie wichtig es für sie sei, sich Mühe zu geben und zu sprechen. Die Mädchen saßen ernsthaft da und betrachteten ihn, ganz still, und gaben keine Antwort. Er redete auf das unheimliche Paar ein, seine Stimme hämmerte gegen die Mauer ihres Schweigens, bis er fast hysterisch wurde.

Er beschloß, seine Taktik zu ändern und die Spielregeln der Mädchen zu übernehmen. In der nächsten Sitzung saß er nur da, tat nichs und wartete auf eine Reaktion. Die Zwillinge blieben in sich gekehrt und still. Tim rutschte in der unerträglichen Stille unruhig hin und her und wünschte verzweifelt etwas zu sagen. »Sie gewannen spielend«, erzählte er später der Gruppe. »Ich wartete, daß sie etwas sagten, aber sie hielten länger durch als ich. Ich ertrage das nicht. Zusehen, wie sie nicken, die Beine übereinanderschlagen und wieder nebeneinanderstellen. Sie haben ihre zeitliche Übereinstimmung regelrecht zu einer Kunst verfeinert; mir ist, als sähe ich einem verrückten Varieté-Duo zu.«

Es war schwer zu glauben, daß diese Mädchen zu einer normalen kindlichen Beziehung fähig waren. Aber Cathy Arthur erinnerte sich, daß Gloria ihr erzählt hatte, die Zwillinge spielten stundenlang vergnügt mit ihrem Schwesterchen Rosie. Cathy versprach sich Hinweise auf das Verhalten der Zwillinge, wenn sie die Mädchen beobachten könnte, wenn sie miteinander oder mit einem jüngeren Kind spielten und sich unbeobachtet glaubten. Sie traf Vorkehrungen für die Benutzung des Therapieraumes in Eastgate, in dem es einen Spionspiegel und zwei Videokameras gibt, und machte eine bemerkenswerte Filmaufzeichnung von den spielenden Zwillingen.

Cathy filmte sich selbst bei dem Bemühen, die Zwillinge zu ermutigen, auf Schlaginstrumenten zu musizieren. »Ich wollte sehen, ob sie sich trauten, Lärm zu machen. Sie waren immer so ängstlich«, sagt sie. Es kam, wie sie vorausgesehen hatte. Sie zeigte ihnen geduldig, wie man die Trommel in verschiedenen Rhythmen schlug, aber keine von beiden reagierte. Sie verließ den Raum und schickte Alison hinein, ein lebhaftes kleines Mädchen, das die Zwillinge gern mochten. Sie griff sich sogleich einen Trommelschlegel und begann lachend drauflos zu schlagen. Die Kamera erfaßte June, als ihre Gesichtsmuskeln sich entspannten und hinter der Maske ein reizendes spitzbübisches Lächeln erschien. Auch Jennifers starre Miene löste sich langsam in Lachen auf. Um sich blickend, als sei sie sich halbwegs der hinter dem Glas verborgenen Kameras bewußt, nahm June eine Stock und ließ ihn krachend auf das Becken sausen. Es gab einen spannungsvollen Augenblick, als beide Mädchen den Lärm durchs Zimmer vibrieren hörten, von einem entzückten Schrei Alisons unterbrochen. Die Zwillinge stimmten in die Ausgelassenheit mit ein.

Dann kehrte Cathy zurück, neugierig, was geschähe, wenn ein Erwachsener den Raum betrat. Wie erwartet verschwanden die blitzenden Augen, als hätten sich stählerne Visiere über den Gesichtern der Zwillinge geschlossen. Ihre Arme wurden steif. Sie standen da wie Spielzeugsoldaten, die darauf warteten, daß sie hinausgehe und daß Alison den Schlüssel finde, um sie wieder aufzuziehen.

Cathy machte auch Tonbandaufnahmen von den Gesprächen der Zwillinge, wenn sie sich unbeobachtet glaubten. Sie war neugierig, ob sie – wie so viele Zwillinge – eine eigene Geheimsprache entwickelt hatten. Junes und Jennifers Unterhaltung hörte sich mehr wie Vogelgezwitscher als die Stimmen von Menschenkindern an. Selbst Gloria konnte es nicht verstehen, abgesehen von einigen Worten. Es klang, als sprächen sie sehr schnell, deshalb ließ Cathy die Bänder in verschiedenen Geschwindigkeiten ablaufen. Sie entdeckte, daß die Geheimsprache der Zwillinge, ähnlich der Sprache der Zwillinge aus San Diego, ganz alltägliches Englisch war, mit enormem Tempo und geschickt veränderter Betonung vieler Wörter gesprochen.

Obgleich Cathy Arthur einen gewissen Zugang zu den Problemen der Zwillinge erlangt hatte, waren die anderen Mitglieder des Kollegiums von Eastgate zunehmend verärgert. Sie mutmaßten, daß sich die zwei »Spottdrosseln« über sie lustig machten und daß die Mädchen, wie durch einen übernatürlichen Einfluß, allmählich das Spiel gewannen. Das Verhalten der Zwillinge hatte ein Netz von Konflikten und Rivalitäten unter der einst fest zusammenhaltenden Gruppe geschaffen. Cathy Arthur und Tim Thomas erkannten, daß die Situation sich verschlechterte und die Zwillinge kaum Fortschritte machten. Sie besprachen das Offensichtliche: Die Mädchen bezogen ihre Kraft voneinander. Jennifer schien die Dominierende zu sein und June wie einen Roboter durch kurze Signale mit den Augen zu lenken. Solange sie zusammen waren, konnte dieser Schaltkreis nicht unterbrochen werden. Deshalb war der einzige Weg weiterzukommen, sie zu trennen – eine Theorie, die durch die Literatur über Zwillinge gestützt wurde.

Cathy Arthur wollte die Einstellung der Zwillinge dazu herausfinden und ließ sie einen Aufsatz über eine Trennung schreiben. Erstaunlicherweise schienen beide dafür zu sein. June schrieb am 6. Oktober 1977: »Die Leute sagen uns dauernd, wir sollen uns ändern, uns bessern, aber wir warten, wer zuerst anfängt, und wenn wir uns trennen, weiß keine, ob wir angefangen haben, uns zu ändern ... wenn wir uns jetzt trennen, wird die Zukunft für uns beide gut sein.« Jennifer war derselben Ansicht: »Wir halten es für das beste, wenn wir getrennt werden. Wir erwarten beide von der anderen, daß sie spricht und sich ändert. Wenn wir uns trennen, wissen wir nicht, ob eine von uns zuerst angefangen hat. Wir kämpfen beide um das Beste. Wir wollen beide unser eigenes Leben leben, aber wenn wir zusammen sind, sind wir einfach zu sehr voneinander abhängig.«

Als Tim Thomas seinen Kollegen den Gedanken einer Trennung unterbreitete, stieß er auf gewaltigen Widerstand. Um zu prüfen, wie stark dieser war, beriefen er und Cathy Arthur am 5. Dezember 1977 eine Fallkonferenz ein. Dr. Evan Davies führte den Vorsitz. Das Eastgate-Kollegium war vollzählig versammelt, außerdem nahmen zwei Sozialarbeiter, zwei Leute vom Jugendheim in Carmarthen sowie Brian Wilcox, der Bezirksbevollmächtigte für Sonderschulen, an der Besprechung teil.

Es wurde vorgeschlagen, daß eine von den Zwillingen ins Jugendheim nach Carmarthen geschickt werden sollte, das Evan Davies unterstand. Er war mit der Trennung nicht einverstanden. Aber Cathy Arthur und Tim Thomas waren auf Widerspruch vorbereitet. Sie führten den Besuchern aus dem Jugendheim die Video-Aufnahme von den Zwillingen vor. Sie zeigten ihnen die Aufsätze der Zwillinge, worin sie baten, getrennt zu werden, und versuchten zugleich, den Argumenten ihrer Gegener die Schärfe zu nehmen, indem sie betonten, dies sei nur ein Versuch, ein »erster Trennungsschritt« für die Zwillinge. »Wir müssen ihrer Vorstellung von Trennung Realität verleihen«, sagte Tim Thomas, der immer beredter wurde. »Sie sterben in ihrer gegenseitigen Umarmung, und wir müssen eine retten, und sei es um den Preis der anderen.«

»Ich bin damit nicht einverstanden. Es ist unmenschlich, es ist zu grausam«, sagte Mary Garrett, die bei der Geburt eine Zwillingsschwester verloren hatte. Plötzlich kamen die wahren Gesinnungen zum Vorschein. Es war ein Kleinstadt-Schlachtfeld, auf dem Ehrgeiz und Ideale tobten. Alle Frustrationen und Bestrebungen der Provinzexperten konzentrierten sich auf die zwei Mädchen. Die Gruppe von Carmarthen fand den Trennungsgedanken abwegig und verkündete, sie werde keinen von beiden

Zwillingen nehmen. Dann griff der Sonderschulbevollmächtigte Brian Wilcox ein. Wenn beide Mädchen Eastgate verließen, könne er nicht garantieren, daß sie später dort wieder Aufnahme fänden. Davies und seine Leute waren in die Enge gedrängt. Cathy Arthur nutzte ihren Vorteil und schlug vor, daß eine Zwillingsschwester in Eastgate bleiben sollte, während die andere für eine Versuchszeit ins Jugendheim käme. Auf dieser Basis erklärte sich Evan Davies bereit, am kommenden Montag, dem 12. Dezember 1977, eines der Mädchen in seine Abteilung aufzunehmen.

Doch der Triumph war von kurzer Dauer. Evan besprach in seiner Abteilung in Carmarthen die Trennung der Zwillinge mit seinen Leuten. Er war verblüfft über ihren Widerstand: vielleicht spürten sie seine eigenen Befürchtungen, daß die Trennung den einen oder anderen Zwilling zerstören würde. Davies glaubt an demokratische Entscheidungen und ließ abstimmen. Zum ersten Mal stimmten seine Kollegen gegen seinen Vorschlag. Am späten Freitagnachmittag fuhr er wieder nach Haverfordwest, stürmte in Mary Garretts Büro, gerade als sie nach Hause gehen wollte, und verkündete, aus der Trennung werde nichts.

Cathy Arthur und Tim Thomas gaben nicht auf. In den folgenden zwei Monaten setzten sie ihren Kampf für die Trennung fort. Sie überredeten Evan Davies, mit seinen Leuten zu sprechen und sie umzustimmen. Unterdessen baute Cathy ihre Beziehung zu den Zwillingen weiter aus, hauptsächlich mittels der »Bandsprech-Methode«. Sie zeichnete Fragen und Mitteilungen auf und überließ den Zwillingen das Gerät. Über ihre geisterhaften Botschaften war Cathy imstande, einen bescheidenen Zugang zu ihren Gemütern zu finden. Ihre Energie und Vitalität sprach die Mädchen an, und sie waren allmählich ganz vernarrt in sie; eine jede wetteiferte mit der anderen um Cathys Zuwendung. Als sie sah, wie sie auf Lob reagierten, führte Cathy ein Sternchen-System ein, mit dem die Mädchen für gutes Benehmen belohnt wurden. Sie konnten ein Sternchen für so bescheidene Verbesserungen wie ein Lächeln oder ein

»Guten Morgen« verdienen, dafür, daß sie »nicht warteten, daß die andere den ersten Schritt tat, wenn sie gebeten wurden, eine Arbeit zu tun«, dafür, daß »ihr euch nicht die Hand vors Gesicht haltet, wenn ihr am Pult sitzt«. »Für jedes Sprechen gibt es einen Punkt.« Unter Cathys Einfluß gewöhnten sie sich an den Gedanken einer Trennung und besprachen sie sogar mit ihr auf Band.

Aber es war nur die Vorstellung von der Trennung, die den Zwillingen gefiel. Die Realität erschreckte sie, und sobald sie merkten, daß die Bedrohung ernst wurde, leisteten sie mit allen Mitteln Widerstand. Sie entdeckten eine neue Protestwaffe – das Telefon. Eines Abends, als Thomas zu Hause in seinem mit Papieren übersäten Arbeitszimmer nach einem verlegten Brief suchte und seine Frau Sue ihren Töchtern etwas auf dem Klavier vorspielte, läutete das Telefon. Tim nahm ab. Nachdem die Münze durchgefallen war, folgte ein Knacken und eine unbekannte Stimme, die sehr schnell mit westindischem Tonfall sprach. »Guten Abend, Mr. Thomas. Hier sprechen die Zwillinge. Es tut uns wirklich leid, was heute passiert ist. Wir wollen Ihnen mitteilen, wenn Sie uns nicht t-t-t-trennen, fangen wir nächste Woche an zu sp-sp-sprechen.«

Waren es wirklich die Zwillinge? Welche war es? Seine Nummer stand nicht im Telefonbuch. Wie hatten sie sie herausbekommen? Er rief Cathy Arthur an, aber die Leitung war besetzt. Am nächsten Tag erfuhr er, warum. Cathy hatte einen ähnlichen Anruf erhalten, und andere Mitglieder des Kollegiums ebenfalls. Es war der erste einer Reihe von Rundrufen, in denen die Mädchen versuchten, um Kooperation gegen Nichtgetrenntwerden zu feilschen. Aber sie waren unfähig, ihr Versprechen einzulösen.

Anfang März 1978 zeigte Cathys Druck Wirkung. Evan Davies rief sie an, um ihr mitzuteilen, daß er einen Zwilling in seine Abteilung aufnehmen wolle. Tim Thomas unterbreitete den Zwillingen die Neuigkeit. Er war nervös, wußte nicht recht, was er sagen sollte, und platzte schließlich heraus: »Ich komme gleich zur Sache. Hier klappt es nicht richtig mit euch, und wir haben beschlossen, euch zu trennen. Eine muß in Dr. Davies' Heim in Carmarthen ziehen. Die andere kann bei uns bleiben. Ihr könnt euch aussuchen, welche was macht.«

Zuerst verhielten die Mädchen sich still. Dann begannen sie langsam, sich zu rühren. Jennifer warf June einen drohenden Blick zu. Die Muskeln in ihren Händen strafften sich. Beide Körper begannen sich zu biegen und zu spannen, ihre Augen fixierten sich gegenseitig. Ihre Haltung hatte etwas Boshaftes, wie Katzen, die im Begriff sind, zuzuschlagen. Es folgte ein Schrei, dann eine Reihe unverständlicher Rufe, worauf Jennifer vorwärts stürzte und ihre langen Nägel in Junes Gesicht unmittelbar unterhalb des Auges grub und sie blutig kratzte. Darauf packte June den Kopf ihrer Schwester mit solcher Wucht, daß Büschel von drahtigen schwarzen Haaren auf den Fußboden fielen. Ehe Tim Thomas eingreifen konnte, waren sie aus dem Zimmer und jagten sich. Ihre Schreie wurden lauter und verkündeten Qual. Tim Thomas rannte hinaus und riß die Mädchen auseinander. Die Macht, die die zwei aneinanderpreßte, beunruhigte ihn. Im Kampf besaßen die Mädchen bemerkenswerte Kraft, aber sobald sie auseinander waren, fiel die Kraft von ihnen ab und ließ sie schlaff wie zwei Stoffpuppen in seinen Händen zurück.

Die Nachricht von der beabsichtigten Trennung löste eine neue Welle von Telefonanrufen aus. Mitglieder des Eastgate-Kollegiums erhielten Anrufe aus Telefonzellen und hörten wieder und wieder die jämmerliche gestotterte Botschaft: »Wir v-v-v-versprechen, daß wir reden, wenn wir beide in Eastgate bleiben k-k-k-können.« (Der Ursprung des Stotterns ist interessant. Ann Treharne hatte kein Stottern bemerkt, als sie mit der Behandlung der Kinder begann. Sie glaubt, daß sie es von anderen Kindern »übernommen« hatten, als sie in der Klinik für Sprachtherapie auf sie warteten, und es später der Wirkung halber verwendeten.)

Am 13. März 1978 wurde der Trennungsplan verwirklicht. Tim Thomas holte Jennifer ab und brachte sie nach Eastgate, und kurze Zeit später holte Cathy Arthur June ab und fuhr sie nach Carmarthen ins St. Davids Jugendheim. Cathys Tagebuch verzeichnet, daß June »sehr verängstigt« war und weinte.

Der Zeitpunkt der Trennung hätte nicht ungünstiger sein können, den vier Tage nach Junes Aufnahme begannen die Osterferien, und sie war wieder zu Hause. Die Zwillinge verbrachten die ganzen Ferien damit, das Eastgate-Kollegium zu bedrohen und zu beschwören, daß es die Trennung beende. Aber niemand half ihnen, und am 10. April, einen Tag vor ihrem Geburtstag, wurden sie wieder getrennt. June zog sich ganz in ihren Schmerz zurück, aus der niemand im Heim sie erretten konnte. »Alle versuchten, ihr Wärme und Verständnis zu geben, aber sie blieb für sich, eine einsame, tragische Gestalt«, sagt Vivian Hughes, die verantwortliche Lehrerin. Junes fünfzehnter Geburtstag war der schlimmste ihres Lebens. Sie ignorierte die Glückwunschkarten und Geschenke. Sie hörte fast ganz auf, sich zu bewegen, sie hielt sich steif wie ein kleines bedrohtes Tier. Wenn Evan Davies morgens ins Heim kam, traf er sie noch im Bett liegend an. »Ich versuchte, sie aufzuheitern, indem ich sagte, ich müsse sie eigenhändig herausheben und sie dann wie ein Brett an die Wand lehnen.«

»Ich teilte ein Zimmer mit zwei anderen Mädchen«, erinnert sich June in einem Tagebuch, das sie einige Jahre später schrieb:

> Ach, diese Einsamkeit. Nur weil ich nicht sprechen wollte. Innerlich allein ... Hungrig. Verbittert. Zornig. J. war in Eastgate. Freute sich ihres Lebens. Die Freude, nach Hause in ihr eigenes Bett zu gehen, die Familie zu sehen. Vertrautes Essen zu essen. Ich mußte die Tortur erdulden, fremden Gesprächen zuhören, fremdes Essen essen. Es bereitete mir Qualen, es zu verzehren. Denn ich mochte nicht mit anderen Leuten an einem Tisch essen.

June besuchte die Sonderschule für gestörte Jugendliche, ein ramponiertes altes Gebäude am Eingang zum Krankenhaus. Sie ging täglich vom Wohnheim zur Schule, blieb aber in der Tür stehen, wenn sie ankam. Vivian Hughes oder einer der Jungen, die beschützende Gefühle für sie entwickelten, mußte ihre Arme packen und sie über die Schwelle heben. Sie zogen ihr den Mantel aus, dann ließ sie sich ganz langsam, während sie gerade vor sich hinstarrte, auf einem Stuhl nieder, wo sie bis zum Ende des Vormittagsunterrichts bewegungslos saß. Was alle in St. Davids bekümmerte, waren die Tränen, die ihr still über die Wangen liefen. Sie weinte lautlos und wischte die Tränen nicht fort. Kollegium und Schulkinder trugen stets Kleenexschachteln bei sich, um ihr Wangen und Nase abzuwischen, aber sie schien ihre Gesten nicht wahrzunehmen.

June wurde zur Mittagszeit lebendig, wenn Cathy Arthur Jennifer erlaubte, sie anzurufen. Dann schwätzte sie in ihrer abgehackten Sprechweise drauflos, lächelte und kicherte. Nach dem Telefongespräch nahm sie ihre leblose Haltung wieder ein. »Was mich in Erstaunen versetzte, war die Willenskraft, die hinter ihrer Stille steckte«, sagt Vivian Hughes, die ihr ganzes Arbeitsleben mit gestörten Kindern verbracht hat. »Es schien, als hätte Jennifer sie an der Leine. Ihre Beziehung hatte beinahe etwas Mystisches, wie schwarze Magie. Ich hatte das Gefühl, June hätte ein normales, beliebtes junges Mädchen sein können, wenn sie von ihrer Schwester befreit gewesen wäre.«

Während der folgenden Wochen hielt Junes Kummer unvermindert an. Sie begann jegliche Nahrung zu verweigern. Nach der fünften Woche erschien sie nach einem zu Hause verbrachten Wochenende nicht im Heim. Am selben Tag riß Jennifer in Eastgate aus. Zu Evan Davies' Erleichterung wurde die Trennung am Montag, dem 8. Mai 1978, amtlich aufgehoben. Er war nicht gewillt, June zwangszuernähren oder solchem Leid zuzusehen. June kehrte für den Rest des Schuljahres nach Eastgate zurück.

Unterdessen war die äußere Erscheinung der Mädchen heruntergekommen und spiegelte ihre innere Düsternis wider. Sie waren nun keine rundlichen, gleich angezogenen Schulmädchen mehr, sondern erschienen täglich, die Gesichter freudlos und finster, in formlosen, vergilbten Khakipullovern, die an ihren vorstehenden Schulterblättern hingen wie Lumpen auf einer Wäscheleine. Gloria hatte ihre allmorgendliche halbstündige Mühe aufgegeben, ihnen die Haare zu flechten, die nun in unordentlichen Büscheln mit allen möglichen Utensilien, von Lockenwicklern bis zu Büroklammern, zurückgesteckt waren. Auch ihre Unterwäsche war der reinste Gemischtwarenladen, von Metall-, Schnur- und Drahtstückchen zusammengehalten.

Cathy Arthur verließ Eastgate im Sommer, um an der Universität von Swansea ihr Bakkalaureat in Sonderschulerziehung zu machen. Als Forschungsprojekt wählte sie eine Studie über die Zwillinge. Sie führte mit Jennifer über vierundzwanzig Wochen ein Verhaltensänderungs-Programm durch, um zu sehen, ob ein Zwilling, getrennt vom anderen, lernen konnte, sich erträglicher zu verhalten. Jeden zweiten Freitag verbrachte sie mit Jennifer. Sie unternahm mit ihr lange Spaziergänge auf dem Land, dann ging sie dazu über, sie mit in die Bibliothek und zum Einkaufen zu nehmen. Jennifer ging sechs Meter hinter ihrer Lehrerin her, immer den gleichen Abstand wahrend, ungeachtet Cathys Tempos, des Verkehrs oder der Passanten. Immer, wenn Cathy sich umdrehte, um zu sehen, ob Jennifer ihr folgte, erstarrte diese wie eine moderne Eurydike und bewegte sich nur, wenn die Lehrerin ihr den Rücken zukehrte. Peinlich war es im Supermarkt, wo Jennifer an der Kasse starr stehenblieb und sich hinter ihr eine ärgerliche Schlange bildete. »Besichtigungen von Schlössern, Docks oder anderen interessanten Orten schienen erfolglos, teils, weil sie nicht zu den Sehenswürdigkeiten hinsah, auf die man sie aufmerksam machte, und teils, weil sie so langsam ging, daß wir beide fast bis zur Leblosigkeit erstarrten«, berichtet Cathy Arthur.

Noch mehr sträubte sich Jennifer gegen jede Form von Hausarbeit. Es war Cathys Ziel, ihr beizubringen, eine einfache Mahlzeit zuzubereiten und zu servieren. Aber wenn es nach Jennifer ging, blieben sie hungrig. Selbst wenn Cathy ihr eine Kartoffel und ein Messer in die Hand drückte, ließ sie sie fallen. Das einzig Erfolgreiche an dem Programm war das Entleihen und Lesen von Büchern. Cathy ermunterte Jennifer außerdem anhand von Bildern, die sie ihr zeigte, eigene Geschichten zu schreiben. Nachdem sie ein Foto von zwei Papageien gesehen hatte, schrieb Jennifer dieses kleine Gleichnis:

Es waren einmal zwei Papageien, die wuchsen in einem Zoo auf. Jeden Tag kamen Leute in den Zoo und guckten sich die Papageien an. Manchmal machten die Papageien die sprechenden Leute nach, und manchmal führten sie richtige Gespräche miteinander.

Die Leute blieben fast den ganzen Tag stehen und hörten dem Gespräch der Papageien zu. Die Leute fanden es ein bißchen komisch, daß zwei Papageien richtig sprachen wie Menschen.

Die Papageien, die »Polly« und »Perkins« hießen, sprachen oft davon, wie sehr sie sich nach ihrer Heimat sehnten. Manchmal baten sie die Wärter, die Käfigtür zu öffnen und sie herauszulassen. Dann lachten die Leute und dachten, die Papageien machten Spaß. Manche Kinder, die ihnen zusahen, fragten ihre Eltern, ob sie die Papageien mit nach Hause nehmen könnten. Manchmal sagte ein Papagei, bevor die Eltern Zeit zum Antworten hatten, freundlich: »Wir sind nicht zu verkaufen.« Dann sagte der andere Papagei dasselbe.

»In diesem Stadium«, sagt Cathy Arthur, »war ich nicht so sehr an ihrer zukünftigen schriftstellerischen Fähigkeit interessiert, sondern wollte ihre einzige Form der Kommunikation entwickeln und ausbauen: Ich sah dieses Interesse am Schreiben und Lesen als Ventil einer inneren Reserve und als Mittel zur Verminderung ihrer Isolation.«

Cathy Arthur konnte nicht wissen, ob sie eine Wirkung auf Jennifer ausübte, doch auf jeden Fall wirkte Jennifer auf *sie* ein. Sie mußte hart dagegen ankämpfen, ihre schlechten Manieren zu »übernehmen«. Als die vierundzwanzig Wochen zu Ende waren, testete sie beide Zwillinge abermals, mit überraschenden, nahezu erschütternden Resultaten. Im Familien-Beziehungstest steckten beide Zwillinge 85 % der Karten in den »Niemand« Kasten, etwa zweimal so viel wie beim vorangegangenen Test, was auf eine massive Abnahme ihrer häuslichen Beziehungen hinwies. Und obwohl die Zwillinge im Verlauf der vierundzwanzig Wochen verschiedene Erlebnisse hatten, waren sie sich seltsamerweise im Persönlichkeitsprofil ähnlicher geworden. »Die Behandlung hatte keinerlei Einfluß auf ihren geistigen Horizont«, schloß sie. »Man darf vermuten, daß das Programm in seiner Wirkung begrenzt war.«

Von da an hatte Cathy Arthur kaum mehr mit den Zwillingen zu tun. Ihr Forschungsprojekt war abgeschlossen, und sie gab die Vollzeitarbeit als Lehrerin auf, um eine Familie zu gründen. Sie wußte, die Zukunftsprognose für die Zwillinge war dürftig, und sie hatte ein schlechtes Gewissen, weil sie sie im Stich ließ. Sie übertrug Ann Brown, einer sympathischen Frau Anfang Dreißig, die keine Sonderschulausbildung besaß, die Verantwortung in Eastgate. Die Zwillinge leisteten dem Kollegium offenen Widerstand und ihre Kommunikationsbereitschaft ließ nach. Ihre Botschaften auf Band waren unpersönlich und lakonisch, aber der aggressive Ton ihrer schriftlichen Antworten auf Fragen enthüllt ihre paradoxe Einstellung. June schrieb:

Als erstes wollen wir eins klarstellen: Niemand kennt uns wirklich. Alles, was ihr über uns sagt, ist falsch. Keiner weiß wirklich, was zwischen uns beiden vorgeht. Wir wissen beide, daß wir Individuen sind. Wir versuchen auch nicht, uns gegenseitig zu binden. Wir sind nicht voneinander abhängig. Deshalb sollen die Leute lieber alles für sich behalten, was sie über uns reden. Es ist besser, uns nicht zu sagen, was ihr denkt.

Keiner kennt uns besser als wir selbst. Wir sind zwar Zwillinge, aber wir sind besondere Zwillinge. Wir sind genau gleich in allem, was wir tun. Aber manche Leute denken, eine von uns ist der Störenfried, und sie ist der Boß. Boß, ausgerechnet! Keine von uns beiden ist der Boß oder die Tonangebende. Ihr glaubt vielleicht, wir sind verschieden, aber wir denken trotzdem dasselbe, und wir sind beide einverstanden mit dem, was ich schreibe.

Genau das aber war ihr Problem. In ihren letzten Monaten in Eastgate nahm der Kampf zwischen ihnen eine neue Dimension an. Jennifer suchte den Konflikt zu lösen, indem sie versuchte, jegliche sichtbaren Unterschiede zu beseitigen, so daß sie tatsächlich *ein* Mensch würden. Es war, als wolle sie June mit sich zurück in den Mutterleib nehmen, bevor ihr Ei sich geteilt hatte. Sie fühlte sich stets als der unterlegene Zwilling, zehn Minuten jünger, weniger geliebt von den Eltern, weniger beliebt bei den Lehrern und mit weniger anerkannten Begabungen. Wenn June nicht mehr unterscheidbar war, waren die Zwillinge tatsächlich gleich, und Jennifer fühlte sich sicher.

June dagegen wollte unbedingt anders sein, wollte die hübschere, klügere Zwillingsschwester sein, die von den

Menschen geliebt und bewundert wurde. Das Kollegium beschloß, die Spaltung zu unterstützen, und man faßte abermals einen Trennungsversuch ins Auge. Unter dieser Bedrohung wuchs das Bedürfnis, ihre Zwillingswelt intakt zu halten. Sie wurde von diesen wohlmeinenden, aufdringlichen Lehrern und Psychologen bedroht, und Jennifer wußte, dies war ihre letzte Chance, June für sich zu behalten. »Du bist Jennifer. Du bist ich«, beschwor sie sie wieder und wieder. Junes Lage war unerträglich. Allein konnte sie nicht überleben, aber der Preis war, sich *Jennifers* Identität einzuverleiben. Tim Thomas erinnert sich an ihren schrecklichen Aufschrei: »Ich bin June. Ich bin June«, als Jennifer sie zwang, sich zu unterwerfen.

Die Heftigkeit ihres Kampfes erschreckte das Kollegium in Eastgate. Es war fortan keine Rede mehr von Trennung, es wurden keine Pläne mehr für ihre Zukunft gemacht. Den Zwillingen war es den Rest ihres letzten Schuljahres weitgehend selbst überlassen, was sie tun wollten. Niemand befaßte sich mit ihnen außer einem Jungen, der in den nächsten zwei Jahren ihr gemeinsamer Schwarm wurde – und ihr Verderben.

Lance Kennedy war Amerikaner und mit sechzehn der älteste Junge der Schule. Er war groß, blond und besaß den typischen Yankee-Charme. Er brüstete sich stolz mit seiner kriminellen Vergangenheit: wie er von sämtlichen Schulen geflogen war, wie man ihn »high« von Rauschgift im Geräteraum erwischt hatte, wie es ihn freute, die Polizei hinters Licht zu führen. Die Zwillinge schauten ihn an und hörten ihm zu.

Sie taten ihm leid, vor allem, weil ein paar von den größeren Jungen sie verdroschen. Wenn sie von einem Außenstehenden angegriffen wurden, vergruben die Mädchen die Köpfe jeweils in den Armen der anderen, wie ein verletztes Vogelpaar. Wenn sie sich gegenseitig angriffen, standen sie sich gegenüber und teilten abwechselnd ihre Hiebe aus. So ein seltsames Verhalten hatte Lance noch nie erlebt. Er übernahm es, sie zu beschützen. »Manchmal habe ich ihnen ins Gesicht geschlagen, bloß um sie zu einer Reaktion zu bewegen. Sie waren Außenseiter wie ich in dieser kleinen Horrorfilmstadt. Ich wäre ihr Freund geworden, wenn sie nur mit mir gesprochen hätten.«

Aber das war das einzige, was sie nicht konnten. Es schmeichelte ihm, als er eines Tages auf jeder einzelnen Zigarette in seinem Päckchen eine Liebesbotschaft geschrieben fand. Ähnliche Botschaften erwarteten ihn überall, wohin er auch ging. Er hatte keine Ahnung, daß seine Verehrerinnen die zwei »dürren schwarzen Kaninchen« waren, wie er sie später beschrieb.

III. Das Puppenhaus

> Mit sechzehn war ich noch Jungfrau und spielte mit Puppen. Wir hatten keine Freundinnen. Jennifer und ich widmeten unser ganzes Leben dem Glück dieser kleinen Menschenkinder.
>
> *June Gibbons*

Die Sonne schob sich soeben aus einer Wolkenwand, als June und Jennifer auf St. Mary, die älteste Kirche in Haverfordwest, zustrebten. Die durchbrechende Sonne war ein gutes Omen für die Zwillinge, die unter dem Zwang von Aberglauben und Sternzeichen lebten. Sie waren im Zeichen des Widders geboren, und heute sollte laut Horoskop alles glatt verlaufen.

Junes Aufgabe war es, sich zu vergewissern, daß die Luft rein war. Jeder Mensch, selbst ein harmloser Passant, war eine Bedrohung für sie, und sie bewegten sich nicht, bevor sie nicht sicher waren, daß keine neugierigen Augen sie beobachteten. Jennifer blieb zurück, sie drückte sich an das überdachte Kirchenportal. Dann, wie auf ein unsichtbares Kommando, folgte Jennifer June über die Straße. Sie lasen die Inschrift auf dem blauen Schild. »Arbeitsamt. Büro für Arbeitslosenunterstützung.« Jennifers Aufgabe war es, sich zu vergewissern, daß keine Schlange da war, keine prüfend starrenden Augen. Sie hatten Glück. Sie gingen schnurstracks zum Schalter, und June trat vor die Beamtin. »Schreiben Sie hier Ihre Versicherungsnummer, Namen und Adresse hin.« Die Frau zeigte auf eine punktierte Linie auf dem Formular. June blieb eine Demütigung erspart. Sprechen war nicht erforderlich in der hastigen bürokratischen Welt.

Seit sie Eastgate zum Ende des Sommerhalbjahres 1979 verlassen hatten, waren für die Zwillinge keine Zukunftspläne gemacht worden. Weil Eastgate vollkommen versagt hatte und weil sie schwierig und zersetzend und für die internen Machtkämpfe innerhalb der Schule benutzt worden waren, wurde befunden, daß sie von einer weiteren Sonderschulerziehung nicht profitieren würden. Aubrey und Gloria Gibbons erhielten einen kurzen Brief von John Harry, dem verantwortlichen Lehrer, worin ihnen mitgeteilt wurde, wie sie bei der Beantragung von Arbeitslosenunterstützung für die Mädchen vorgehen sollten. Er fügte hinzu, wenn sie noch Hilfe brauchten, könnten sie sich an Dr. Evan Davies im Kinderberatungszentrum wenden. »Ich hoffe aufrichtig, daß die gegenwärtigen Schwierigkeiten sich in naher Zukunft bessern werden«, schrieb John Harry abschließend.

Jeder Gedanke an einen Job für zwei sprachlose Mädchen mit einem schlechten Schulabschluß, in einer bereits von stellungslosen Schulabgängern übervölkerten Stadt, war schlicht unrealistisch. Aubrey und Gloria fanden sich damit ab, daß June und Jennifer den ganzen Tag zu Hause sein würden, aber sie hatten keine Ahnung, wie sie ihnen helfen sollten: Sie hatten nicht die leiseste Idee, warum ihre Zwillingstöchter nicht sprachen, und warum sie sich so merkwürdig benahmen. Sie klammerten sich nach wie vor an den Glauben, daß sie eines Tages »ihrem Schneckenhaus entwachsen« würden. Aber sie waren gekränkt durch die Barrieren, die die Zwillinge aufstellten, und verloren allmählich die Geduld.

Nachdem sie die Schule verlassen hatten, sprachen June und Jennifer mit niemandem außer mit Rosie. Selbst Gloria, mit der sie bis dahin ab und zu ein paar karge Worte gewechselt hatten, wurde auf die Schweigeliste gesetzt. Sie wurden zu Einsiedlerinnen, die ihr Schlafzimmer selten verließen, schon gar nicht, wenn jemand in der Nähe war, ausgenommen ihren wöchentlichen Ausflug am Dienstag, wenn sie das Stempelgeld abholten. Sie ließen Rosie und ihre Mutter Botengänge für sie erledigen, Briefmarken kaufen, Umschläge, Schreibpapier und persönliche Kleinigkeiten. Gloria erhielt die Aufträge mit gekritzelten Zetteln, die oben auf der Treppe hinterlegt wurden. »Mama, könntest du uns *heute* ein liniertes Heft besorgen. Jenny«, schrieben sie. Oder: »Bring das Mittagessen nicht vor 16 Uhr. Wir sind beschäftigt. Danke, June.«

Das Verhalten der Zwillinge kränkte Gloria. Sie war verzweifelt über die Kluft, die sie in die Familie brachten. Aber sie warf ihnen ihr Benehmen nicht vor, fragte auch nicht, was sie den ganzen Tag im Zimmer machten, noch warum sie von ihr erwarteten, daß sie ihnen die Mahlzeiten hinaufbrachte und vor ihrer Tür abstellte. Gloria war eine Frau, die daran glaubte, daß die Zeit alles heilen würde. Sie war dazu erzogen, die Bedürfnisse ihres Mannes und ihrer Familie über alles andere zu stellen und wartete geduldig, bis ihre Töchter aus dieser schwierigen Phase herauswachsen würden.

Vor einiger Zeit hatten die Zwillinge beschlossen, sich nicht mehr zu den anderen Familienmitgliedern zu setzen. Wenn sie eine Fernsehsendung sehen wollten, hinterließen sie eine Nachricht. »Wir wollen heute abend um sieben Uhr die Hitparade sehen. Bitte laßt die Wohnzimmertüre offen.« Dann saßen sie zusammengekauert auf der Treppe und blickten durch die Tür auf den Bildschirm. Wenn jemand herauskam, um auf die Toilette oder in die Küche zu gehen, verschwanden sie und kamen erst zurück, wenn die Luft wieder rein war.

Als die jungverheiratete Greta mit ihrem Mann zu Besuch kam, oder in den seltenen Fällen, wenn die Gibbons einen Gast hatten, kamen die Zwillinge herunter und lauschten an der Tür. Sie beobachteten scharf und waren über jedes kleine Familienereignis im Bilde: die geplanten Fahrten zum Supermarkt, den Beschluß, einen neuen Wasserkessel zu kaufen, die Gespräche über Gretas neue Vorhänge oder Davids Jobs. Sie saßen auf der Treppe oder spähten oben aus dem Fenster, wenn die Autos kamen und abfuhren. Nichts entging ihnen. Wie die »Lauscher« in Walter Delamares Gedicht hörten und beobachteten sie, aber reagierten nicht. Sie waren unsichtbare Wesen, die in dem kleinen Reihenhaus spukten, fordernd und befehlend durch ihre Schweigsamkeit und ihre geisterhaften Botschaften.

Familienfeiern mit den Zwillingen mußten vermieden werden. Im Vorjahr hatte die Teilnahmslosigkeit der Zwillinge Gretas Hochzeitsfest völlig ruiniert. Stundenlang standen sie, die Augen zu Boden gerichtet, die Arme linkisch baumeln lassend. Sie weigerten sich, die Braut, den Bräutigam oder die Gäste wahrzunehmen. Sie wurden von allen zukünftigen Ereignissen ausgeschlossen.

Das Leben unter der Tyrannei der Zwillinge wurde unerträglich. Aubrey und Gloria verbrachten immer mehr Zeit bei Graet in Milford Haven und ließen June und Jennifer allein in dem verlassenen Haus zurück. Dadurch wurden sie noch einsiedlerischer – und fordernder. »Ich hätte ihnen gesagt, sie sollen unten essen oder gar nicht«, sagt David, der für seine unmöglichen Schwestern wenig übrig hatte. Er wollte sobald wie möglich ausziehen. Auch Greta war ungeduldig. »Als sie sich einmal oben prügelten, habe ich ihre Köpfe zusammengeknallt und eine die Treppe runtergeworfen«, erinnert er sich stolz. Aber Gloria hielt es für ihre Pflicht, für sie zu sorgen. Ein Leben unter Aubreys Knechtschaft, der ebenfalls seine Mahlzeiten gebracht bekommen mußte, sei es ins Bett oder vor den Fernsehapparat, hatte sie gelehrt, daß es die einzige Möglichkeit war, nichts zu sagen und zu gehorchen. Sie bemühte sich, eine fröhliche Fassade zu bewahren, um ihre merkwürdigen Töchter zu schützen, aber sie hatte kaum eine Ahnung, was in ihren Köpfen vorging. »Ach, das sind bloß die Zwillinge«, erklärte sie jedem Gast, der das seltsame Schlurfen oben hörte oder die ans Fenster gedrückten Schatten bemerkte. »Sie sind nämlich etwas schüchtern.«

June und Jennifer wiesen ihre Familie nicht aus Bosheit zurück. Die Tragödie der Zwillinge ist, daß sie, mehr als die anderen Kinder der Gibbons, ihre Mutter und Geschwister liebten und sich an das Ideal eines glücklichen Familienlebens klammerten. Sie teilten diese Gefühle allerdings niemals mit, denn das hätte gegen ihre Spielregeln verstoßen. Wie traurig, daß in den Jahren nach ihrem Schulabgang niemand die Trennungslinie überschreiten konnte, die die Zwillinge gezogen hatten. Welche Ironie, daß ihnen so viel am Familienleben lag, während die Angehörigen dachten, sie lehnten sie ab. Insbesondere June wollte ihre Familie wissen lassen, wie sehr sie an ihr hing.

Mir fehlt etwas, aber es ist nicht Liebe. Ich liebe Rosie, Greta, David, Phil, Mom und Dad. Ich sorge mich um meine Mutter. Ich sehe den Kummer all der Jahre in ihren Augen. Sie ist nicht jung, aber sie ist romantisch, im Herzen ein Kind. Ich kann es nicht ertragen, vor meinen Eltern zu sterben. Ich kann es nicht ertragen, an die Gräber meiner Eltern zu gehen, Blumen niederzulegen und mich einsam zu fühlen. Und angenommen, ich bin eine Mutter? Ich weiß, daß ich an Krebs sterbe, und ich habe drei kleine Töchter und einen kleinen Sohn. Ich werde um sie weinen, um die behagliche Welt ihrer Kindheit, die zum Stillstand kommt, wie ein Telegramm von Nirgendwo. »Warum wir?« werden sie weinen. »Warum ich? Warum nicht eine andere Familie?«

Aber für June und Jennifer gab es diese behagliche Welt der Kindheit nicht. Die Gibbons hatten kein intensives Familienleben. Fern ihrer Heimat, ohne ihre Verwandten, waren Aubrey und Gloria isoliert und unsicher. Das Leben in der Reihenhaussiedlung für Angehörige der Royal Air Force war kein Ersatz für das fehlende Kolorit ihrer heimischen Kultur. Aubrey behauptete seine Stellung als Oberhaupt der Familie, als Patriarch; Gloria hatte zu dienen. Dies alles hätte wohl in der Karibik funktioniert, wo Großmütter, Tanten und Onkel einspringen konnten. Aber in dieser düsteren, entlegenen Gegend von England, mit wenigen Freunden und ohne nahe Verwandte (die nächsten waren Glorias Bruder in Coventry und eine Schwester von Aubrey in London), wuchsen die Kinder der Gibbons in einem sozialen und emotionalen Vakuum auf. Keins von ihnen kann sich erinnern, daß ihre Eltern mal einen Ausflug mit ihnen gemacht hätten, auch nicht, als Gloria Autofahren lernte und Aubrey einen Wagen kaufte. Nur bei seltenen Anlässen, etwa wenn jemand zu Besuch kam, verfrachtete Aubrey seine Familie ins Auto und ließ Gloria sie ans Meer fahren.

Am ersten Abend, als sie von Chivenor nach Haverfordwest gezogen waren, hatte Gloria nicht kochen können, und Aubrey war mit der Familie in der Kantine der Royal Air Force essen gegangen. Aber das blieb das einzige Mal. Ansonsten kam er nach seinem Dienst nach Hause, zog seinen blauen Uniformpullover aus, schaltete den Fernsehapparat ein und wartete, daß Gloria oder eins von den Kindern ihm sein Essen auf einem Tablett brachte. Wie David berichtet, sah Aubrey sich nie ihre Hausaufgaben an und ging nie hin, wenn sie in Konzerten sangen oder sich an Wettspielen beteiligten; nicht, weil er seine Kinder nicht gemocht hätte – er liebte sie sehr –, sondern weil er glaubte, es sei nicht die Aufgabe des Mannes, sich um ihre alltägliche Erziehung zu kümmern. Manchmal verbrachte Aubrey den Abend mit seinem Kollegen und Nachbarn Peter Martin. Sie spielten Dame, diskutierten über Politik oder gesellten sich zu den »Jungs«.

Gloria hatte mit dem Haus und den fünf Kindern genug zu tun. Gelegentlich unternahm sie einen Versuch, Aubrey für die Kinder zu interessieren, aber die »Weiberarbeit« blieb ihr allein überlassen. Sie suchte Befriedigung in den öden Tupperware-Partys, die sie veranstaltete, wenn Aubrey auf dem Stützpunkt war. Ausflüge ins Museum oder den Zoo fanden ebensowenig statt wie Geburtstagspartys für die Kinder, Wochenendpicknicks oder Urlaubsreisen. Auch die Familientradition, sonntags zur Kirche zu gehen, war ihnen abhanden gekommen, und Aubrey hörte sich den Gottesdienst nur noch im Radio an.

So schufen sich die Zwillinge im Alter von sechzehn Jahren, gemeinsam mit Rosie, die das Zimmer mit ihnen teilte und mit der sie nach wie vor sprechen konnten, ihre eigenen glücklichen Familien. Sie verschafften den Puppen all die Wärme und Freude, die Partys, Ausflüge und Freunde, die sie nie gekannt hatten. Sie waren ihren imaginären Kindern aufrechte Eltern, und die »unerziehbaren« Zwillinge hielten sich beharrlich an die Grundfesten von Erziehung und Disziplin, die sie in ihrem eigenen Leben so entbehrt hatten.

Junes Puppe spielte stets den Pfarrer. Jennifer und Rosie, die den Familien Stackhouse, Winter und Miller vorstanden, hatten dafür zu sorgen, daß alle ihre zahlreichen Kinder, die meisten davon Zwillinge, ordentlich angezogen waren und den endlosen Predigten des Pfarrers zuhörten. »Und nun stimmt alle mit mir ein zum Lobe des Namens des Herrn«, wiederholte der Pfarrer mit näselnder Wiedergeborenenstimme. Der Fußboden vor Junes Stockbett war in eine Kirche verwandelt worden. Die Tür war eine halb aufgeschlagene Bibel, die Bänke waren schmalere Bücher, und der Altar war ein Stück roter Stoff aus einem Kleid von Gloria. Orgelmusik kam von einem Tonbandgerät, das unter dem Bett versteckt war und von June bedient wurde. Die Puppenfamilien umfaßten mehrere Generationen, und alle, ausgenommen die zwei Babys, waren mit Gesang- und Gebetbüchern ausgestattet, wunderschön geschrieben und illustriert wie mittelalterliche Handschriften.

Claudia Norma und Robert Samuel Stackhouse leiteten den Chor. Sie waren dreiundvierzig beziehungsweise sechsundzwanzig Jahre alt, dreißig Zentimeter groß und Eltern oder Pflegeeltern von sechs zehnjährigen Kindern, darunter die Zwillinge Johnny Joshua Kingston und Annemarie Esther Kingston sowie Thelma Kra-Zee, ein Waisenkind. Die Familienverbindungen waren kompliziert. Es gab Neuzugänge durch Tausch oder Adoption, und es gab viele Verwandtschaftsheiraten unter den weitläufigen Familien. Mrs. Nancy Ethel Winters (siebenundzwanzig Jahre alt, geborene Miss Kuawn) und ihr Mann Mr. Stanwych Waiter Wilkins (dreißig Jahre alt) adoptierten ein drei Monate altes Baby der Stackhouses mit dem ungewöhnlichen Namen Carrot Cabbage (Karotte Kohlkopf) Winters. Mrs. Tressy Sandy Miller und Oma Winters (Mr. Miller schienen sie verloren oder beseitigt zu haben) kümmerten sich unterdessen um die zwölfjährigen Zwillinge Alma und Billy Joe Haines. Viele schreckliche Dinge widerfuhren den Millers, Stackhouses, Winters, Kingstons und natürlich den Gibbons, was die meiste Zeit des Pfarrers beanspruchte.

Bei der medizinischen Versorgung der Familien tauschten die Mädchen die Rollen: Das Puppenhaus wurde in eine Krankenstation verwandelt, die so überfüllt war wie ein Dritte-Welt-Hospital. Bereitschaftsdienst hatten Frau Doktor Gibbons (June) und die Krankenschwestern Nina Tywong und Ruth Kaleski (Jennifer und Rosie). Nach der Qualität – und Fatalität – der chirurgischen Eingriffe zu urteilen, waren sie keine besonders tüchtige Mannschaft. Rosie, die Standesbeamtin für Geburten, Sterbefälle und Eheschließungen, führte in ihrem Personenregister Buch über sie; es war ein harmlos aussehendes Notizheft, das jedoch schauerliche Ereignisse enthielt.

Samantha Miller. 6 Jahre. Gesichtsoperation. Nicht gelungen. Anne Miller. 6 Jahre. Operation an beiden Augen. Nicht gelungen. Trug eine Brille.

Tabatha Taylor und Charlotte Miller, beide einen Monat alt, erlitten eine ebenso mißlungene Augenoperation. Frau »Doktor« Gibbons behandelte die unglücklichen Kinder ihrer eigenen umfangreichen Familie mit der Sorgfalt und dem Geschick eines Jack the Ripper.

June Gibbons. 9 Jahre. Gestorben an Beinverletzung.
George Gibbons. 4 Jahre. Gestorben an Ekzem.
Bluey Gibbons. Zweieinhalb Jahre. Gestorben an Blinddarm.
George Gibbons. Rückenverletzung mit tödlichem Ausgang.
Peter Gibbons. 5 Jahre. Adoptiert. Verschollen.
Julie Gibbons. 2 1/2 Jahre. Gestorben an Magendrücken.
Polly Morgan-Gibbons. 4 Jahre. Gestorben an einem Gesichtsschnitt, und Susie Pope-Gibbons starb zur selben Zeit an Schädelbruch.

Die Aufzeichnungen werden immer beunruhigender. Wesley Miller, eine kleine Puppe, starb an Schlägen, und Randy und Rebecca (ehemals bekannt als Louise und Jody Miller), zehnjährige Zwillinge, starben »im Feuer einer Feuerbestattung«.

Die Puppenfamilien beanspruchten eine Menge von der Zeit der Zwillinge. Wenn Rosie zur Schule aufbrach, mußten sie die Familien aufstehen lassen, die Kinder waschen und anziehen und dann den Unterricht beaufsichtigen, insbesondere das Aufsatzschreiben. Sie mußten ihnen Kleider nähen und schickten Rosie zu Ramschverkäufen, um Reste zu erstehen, die June dann zuschnitt und nähte. Diese Scheinwelt war – aus einem Grund, der seine Wurzeln in den Tagen von Eastgate haben mußte, als sie dem angeberischen Lance Kennedy zuhörten – in Mittelamerika angesiedelt. Die Puppenfamilien, sogar ihre Namen, waren typische Vorstadtamerikaner mit High-School-Kindern, die Diskos und Autokinos besuchten, in Greyhound-Bussen fuhren und an Eislauf- oder Rollschuhwettbewerben teilnahmen. Es war die Welt wohlhabender, bürgerlicher Eltern und rebellischer Jugendbanden. Die Zwillinge interessierten sich brennend für alles Amerikanische. Sie ließen sich sogar einen Sprachkurs für amerikanische Aussprache schicken. Ihre Puppen gehörten Dynastien à la ›Dallas‹ an, angefüllt mit den Konflikten und Aufregungen, die ihnen ihre eigene eintönige Umgebung nicht lieferte.

Die Puppen waren auch die Mittler, über die June und Jennifer reden konnten, indem sie als Bauchrednerinnen durch sie sprachen. June schrieb alle Texte, dann schnitt sie Jennifers und Rosies Rollen aus und gab sie ihnen. Es waren gut verfaßte, wenn auch überaus sentimentale kleine Stücke, in denen immer die eine oder andere Puppe die Hauptrolle spielte. Die Puppen waren auch die Helden oder Heldinnen der zahlreichen Kurzgeschichten, die June und Jennifer neuerdings schrieben, und die Gegenstände von Karikaturen, Bildergeschichten und Bilderbüchern. Aber wie die Kinderstubengeschichten des 19. Jahrhunderts, mit denen die Kinder samt ihren Kindermädchen eingesperrt wurden, strotzten sie von moralischen Lehren.

Dies ist die traurige, einsame Geschichte von einem Jungen namens Wesley Gavin Miller. Er wurde in Philadelphia geboren, als Sohn von Mr. und Mrs. Miller, die sich später scheiden ließen und den kleinen Wesley zur Adoption weggaben. Ihr müßt wissen, daß Wesley es sehr gut hatte, bevor er zu seinen neuen Eltern, Mr. Danny Miller und seiner Frau Tressy, kam. Die Tragödie brach über den kleinen Wesley herein, der den weiten Weg von Philadelphia gekommen ist, um den Rest seines kurzen Lebens in Angst zu leben.

Warum ließ der Herrgott es zu, daß ein kleiner unschuldiger Junge langsam vernichtet und ihm das Leben zur Hölle gemacht wurde? Warum, ach warum? Es war an einem heißen Sommertag im Juni 1975, als Tressy und Danny Miller vor ihrem Heim im amerikanischen Stil warteten, um ihr neues Kind zu begrüßen, das mit einer Sozialarbeiterin, Mrs. McKay aus Washington, von Amerika herübergeflogen war. Nach zwei Minuten fuhr ein Wagen vor, eine schlanke Frau stieg aus, und ein kleiner Junge, kaum einen Meter groß, wurde herausgezogen. Er hatte einen Haufen dicke braune Haare, Sommersprossen auf der Nase und ein freches, lustiges Gesicht.

»Guck, Wesley, das sind deine neuen Eltern.«

»Guten Tag«, sagte Tressy Miller und sah den Jungen an.

Mr. Miller sagte nichts, aber man konnte es seinen Augen ansehen, daß er Wesley von Anfang an haßte.

Solche Geschichten, meistens von June verfaßt, bildeten einen Teil des Programms von »Radio Gibbons«, einem exakt geplanten Aktualitäten- und Musiksender mit eigenen Nachrichten, Wettervorhersagen und Kommentaren. Er brachte Tagesrezepte, Haushaltstips und Ratschläge für alles, von der Scheidung bis zur Haustierhaltung. »Lebendiges Leben« war eine Lieblingssendung, in der June und Jennifer darüber diskutierten, wie man jung und gesund bleibt, wie man mit schwierigen Kindern verfährt und wie man Diät hält. Die »stummen« Zwillinge wechselten sich ab als Nachrichtensprecherinnen, Briefkastentanten und Kommentatorinnen, und sie rasselten ihre Texte in einem Tempo herunter, um das sie so mancher routinierte Discjockey beneidet hätte.

Wenn sie nicht in ihrem Puppenhaus unter den Stockbetten waren oder die Puppen in ihre »Schule« im Gartenschuppen brachten, bereiteten sich June und Jennifer auf die jährlichen Feste vor, die für sie, wie für ans Haus gefesselte Kranke, von besonderer Bedeutung waren. Sie verwendeten Wochen darauf, sich für Halloween zu verkleiden. Bei einem Versandhaus bestellten sie ein halbes Dutzend schauerliche Masken, zwei schwarze Langhaarperücken und eine Taschenlampe. Sie verbrachten Tage damit, Schauergeschichten zu erfinden und auf Band zu sprechen, und schrieben sorgsam Rätsel und makabre Botschaften auf.

Eines Tages, als niemand im Haus war, schlichen sie hinaus und steckten die Rätsel und Botschaften in Briefkästen, insbesondere in den Wohnquartieren der verheirateten Angehörigen der US Marine, und hofften, dabei zufällig zu erfahren, wo Lance Kennedy wohnte. Doch die anderen Pläne für Halloween gingen schief. Die Taschenlampe und Perücken trafen ein, aber die Perücken waren kurzhaarig und braun. »Trotzdem ganz brauchbar«, schrieb die stets optimistische Jennifer. Dann bekam Rosie einen Asthmaanfall. Die Zwillinge hatten vorgehabt, sich mit Bettüchern, Masken und Perücken zu verkleiden, um auf dem Gelände herumzugeistern, und Rosie sollte ihre Sprecherin sein. Schleunigst warfen sie ihre Pläne um und zeichneten die Geisterbotschaft auf. Eine wollte den Kassettenrekorder unter ihrem Bettuch tragen und ihn für sie sprechen lassen. Es funktionierte. Am Ende des Abends hatten sie genug Bonbons und Plätzchen für die Puppenparty gesammelt, die am folgenden Tag stattfinden sollte.

Die Zwillinge hatten Rosie losgeschickt, um zwei Dutzend Luftballons und eine Schachtel Kerzen zu kaufen. Sie bliesen die Luftballons auf, stellten Unterteller mit den gesammelten Süßigkeiten und Schokoladen auf und zündeten die im Kreis aufgestellten Kerzen an. Die Mädchen setzten ihre Masken auf. Sie spielten geisterhafte Musik, sangen Beschwörungsformeln zu ihrer Gitarre, die nur eine Saite hatte, und erzählten makabre Geschichten. Gloria, die unten in der Küche das Abendessen kochte, wunderte sich über die Dunkelheit und das Gejaule in dem Zimmer oben. Es war ihr auch ein Rätsel, wieso zwei Bettücher fehlten, aber solche Geheimnisse gehörten zu ihrem Leben mit den Zwillingen.

June und Jennifer hatten weder Wunsch noch Neigung, erwachsen zu werden. Sie umwickelten ihre schwellenden Brüste mit festen Bandagen, um sie flach zu halten. Eine Regel ihres Peter-Pan-Daseins lautete, daß keine von ihnen Röcke tragen durfte. Röcke waren, wie das Sprechen, ein Symbol der Freiheit voneinander und von ihrer verschlossenen Kindheit. Es war wesentlich, daß keine zuerst aus ihrer gemeinsamen Verpuppung ausbrechen durfte, um eine Frau zu werden. Sie sehnten sich ohnehin nicht nach Weiblichkeit: Sie bedauerten die sklavische Unterwerfung ihrer Mutter unter Aubreys Befehle, und sie wußten, daß es ihm lieber gewesen wäre, wenn seine Zwillingstöchter Jungen wären. June schrieb:

Während meiner ganzen Schulzeit dachte und sagte ich mir oft, ich sei ein Junge. Ich hatte das seltsame Gefühl, unter all meinen weiblichen Attributen ein Junge zu sein. Es war, als sei ich in meinem Leben zuerst ein Junge gewesen. Es hatte nichts mit Masturbation zu tun, ich behielt zunächst alle meine Kleider an. Aber es mußte in aller Heimlichkeit geschehen. Ich konnte es auf meinem Stuhl machen. Einfach im Sitzen. Aber auf dem Fußboden war es bequemer, nicht richtig im Liegen, sondern auf den Ellenbogen gestützt. Manchmal kam dieses schmutzige Buch meiner Phantasie zu Hilfe. Ich holte mir den Katalog von meiner Mama und blätterte bis zu den Seiten mit den Frauen in Unterwäsche. Ich weiß nicht, was mich erfüllte. Es war nicht Begierde oder Liebe. Es war Ärger und Wut und Eifersucht, daß ein Mann von einer nackten Frau richtig angemacht wurde. Ich war von einem mächtigen Haß auf diese Models erfüllt; diese dummen, femininen, wehrlosen Frauen. Ich hatte das Gefühl, daß sie die Sexualität herabsetzten. Ich haßte mich aus tiefster Seele, weil ich eine Frau war. Und ich war tatsächlich so beschaffen, daß ich dachte, ich hätte das wilde, sex-besessene Gemüt eines Jungen, aber den Körper eines Mädchens. Die Demütigungen, die ich als Frau zu erdulden hätte! Und das alles wegen Eva und der verbotenen Frucht. Frauen wurden ihr Leben lang erniedrigt durch ...

Man konnte es eigentlich nicht Besessenheit nennen. Ich wartete damit, bis ich abends im Bett war. Nachdem ich mir einen schönen erotischen Film angesehen hatte, verzog ich mich ins Bett. Ich bewahrte sorgsam ein bestimmtes Bild im Kopf, eine Frau oder ein Mädchen oder einen Triebverbrecher. Ich ging ins Bett und dachte mir eine Geschichte aus, bewahrte dieses Bild, erträumte eine Szene, an der ich nicht beteiligt war. Es war ganz phantastisch, ich schwitzte und keuchte und all das. Es war genau wie richtiger Sex. Das sollte es ja auch, aber das wußte ich nicht. Ich schrie nicht etwa regelrecht nach Sex. Keineswegs. Ich wußte ja nicht mal, was es war. Deswegen war ich so verwirrt. So beunruhigt. Sollte ich ein Heilmittel suchen? Aber niemand sucht ein Heilmittel für ein heißes Sexleben, oder?

Arme June und Jennifer. Von den Eltern und ihresgleichen sich selbst überlassen, quälten sie sich mit der Angst, daß diese Teenager-Regungen sündig und anomal seien. Sie sühnten ihre »Verbrechen« durch tägliches Studium der Bibel und mit dem Verfassen von moralischen Geschichten, und indem sie mit ihren streng bürgerlichen Puppenfamilien spielten.

Der »heilen Puppenwelt« lagen ernstere Prozesse zugrunde. June und Jennifer erlebten nicht nur eine immerwährende Kindheit, sondern wiederholten auch seltsame urväterliche Mythen. Bei den westafrikanischen Stämmen der Yoruba-Neger, von denen Aubreys Familie, wie viele westindische Familien, höchstwahrscheinlich abstammte, besteht die Sitte, kleine Figürchen oder Statuetten von etwa 17 Zentimeter Höhe zu schnitzen, welche die Geburt von Zwillingen symbolisieren. Professor Amram Scheinfeld schreibt in seinem Buch über Zwillinge, daß diese Statuette, wenn ein Zwilling stirbt, von dem überlebenden Zwilling gehegt wird, er füttert sie, zieht sie an und behandelt sie wie einen lebendigen Bruder oder eine Schwester. Wenn beide Zwillinge sterben, schenkt man der Mutter zum Trost Zwillingspuppen, die durch Generationen im Familienschrein aufbewahrt werden.

In ihren Tagebüchern sehen June und Jennifer den Tod des anderen Zwillings sowohl als Tragödie als auch Erlösung an – als die einzig mögliche Lösung ihres Konfliktes. Ihre Puppen, die sie verstümmelten und gleichzeitig liebten, spielten die Rolle von »toten Zwillingen«. Sie überschütteten sie mit der Zuwendung und Zärtlichkeit, die sie sich gegenseitig nicht zeigen konnten. Doch ihr Spiel hatte etwas Makabres. Zwischen dem Waschen, Anziehen und Erziehen der Puppengab es dunklere Momente, wenn ein Körper »ausgewechselt«, ein Arm oder Bein gebrochen oder ein Kopf entfernt wurde. Auch die Puppenkinder stritten und bekämpften sich ständig. June schrieb:

Es lag immer eine Spannung in der Luft, auch wenn wir alle mit Puppen spielten. Jennifers Puppen waren beliebter als meine. Ich und meine kleine Puppe lebten abseits. Das Püppchen tat mir leid. Sie litt genau wie ich, immer übergangen, einsam im Herzen. Rosie und J. liefen vor mir fort. Ich kam mir vor wie ein Ungeheuer. Ich fühlte mich nackt und bloßgestellt. Ich fühlte mich häßlich und alt, wie eine große Schwester dieser Kinder. Deshalb suchte ich wie immer Zuflucht im Badezimmer.

»June, June.« Gloria klopfte an die Badezimmertür. »Du bist schon zwei Stunden da drin. Willst du nicht rauskommen und Tee trinken?«

Zuallererst weinte ich zu Gott. Dann zielte ich mit dem kleinen blauen Taschenmesser auf mein Herz, und die ganze Zeit stellte ich mir vor, wie traurig alle sein würden, wenn sie an die Badezimmertür klopften (sie war abgeschlossen). Wenn keine Antwort käme, würden sie nach unten blicken und Blut unter der Tür hervorsickern sehen. Ich sah die Verzweiflung in J.'s Gesicht, Rosies Gesicht, sogar bei meinen Eltern.

»Hör mal, Greta kommt gleich, und wenn dein Dad dich noch da drin antrifft, gibt es ein Donnerwetter ...« Gloria wurde langsam unruhig.

Manchmal denke ich, sie wußten, wie ich innerlich litt, aber wenn ich an dem Abend gestorben wäre, so wäre es umsonst gewesen. Ich hatte Angst, sie würden froh sein, daß sie mich los waren. Ich hatte Angst, ich würde als Geist zurückkommen und zusehen, wie sie sich amüsierten (ohne mich). Ihre Trauer würde nicht lange dauern. Ich wäre bald vergessen.

Langsam wurde die Badezimmertür aufgeschlossen. June kam heraus, die Augen auf den Fußboden gerichtet, die Hände hinter dem Rücken, denn sie hatte sich mit einem Taschenmesser kleine Schnitte an den Handgelenken zugefügt. Im Waschbecken war eine Blutspur. Gloria, erleichtert, daß nichts Schlimmeres passiert war, legte ihren Arm um ihre unglückliche Tochter. Ausnahmsweise ließ June es zu, daß Gloria ihr die Tränen abwischte. Von der Treppe her kam ein Scharren, gefolgt von Geflüster und Gekicher. Rosie und Jennifer lachten ihre Schwester aus. Sie hatten kein Mitleid. Warum sollten sie? Sie waren die herrschsüchtige Art leid, mit der sie ihnen befahl, die Rollen zu lesen, die sie geschrieben hatte, und sie hatten ihre Geschichten und Belehrungen satt.

June sah das Drohende in Jennifers Augen, als sie dasaß und die Arme des kleinen Pfarrers verrenkte, Junes Liebling, aber – kein Wunder – die bei Jennifer und Rosie am wenigsten beliebte Puppe.

»An diesem Abend fing ich an, mich an J. zu rächen, eine listige, stille Rache, die nie richtig verwirklicht wurde. Ich hätte sie damals angreifen sollen, aber ich schluckte meine Wut, meinen Groll hinunter. Das war meine Schwäche.

Während ihre Phantasiewelt den Herbst 1979 hindurch fortbestand, griffen die Zwillinge zu einem System der Selbstfortbildung. Da niemand anders es unternahm, sie zu bilden, wollten sie sich selbst bilden. Mittels Postversand suchten sie Möglichkeiten, ihre Talente zu fördern, insbesondere ihren Wunsch, Schriftstellerinnen zu werden. Sie fanden eine Anzeige für eine »Schriftstellerschule«, einen Fernkurs für kreatives Schreiben, der ihnen Hoffnung machte, nicht nur ihren Schreibstil zu verbessern, sondern auch ihre Geschichten zu verkaufen. Es dauerte einige Wochen, bis die Schriftstellerschule antwortete. »Schriftstellerschule meldet sich nicht«, notieren sie in ihren Tagebüchern – Tag für Tag, den ganzen nieseligen November. Endlich erhalten sie Antwort, sind aber wegen der Teilnahmegebühr von 89 Pfund beunruhigt. Es gelingt ihnen, einen Nachlaß von 33 % auf den Kurs auszuhandeln.

Während der Wartezeit ersannen sie neue Geschichten rund um ihre Puppen. ›Lisa Fords Tagebuch‹ wurde von June begonnen, die auch auf das Bestseller-Thema vom unbeschwerten Tagebuch eines Teenagers verfiel. Leider hat sie es nie beendet. Geblieben sind nur wenige Fragmente.

Während sie darauf warteten, daß ihre neue Karriere etwas einbrachte, nahmen die Zwillinge immer weniger am Leben in der unteren Etage in Furzy Park teil. Gloria mußte merkwürdige, voluminöse Päckchen oben in ihrem Zimmer abliefern; sie baten aufs neue um Postanweisungen, Briefmarken, Versandtaschen. Sie traten in einen Buchclub ein und begannen die klasischen Schriftstellerinnen von Jane Austen bis Emily Brontë zu lesen. Aubrey und Gloria ahnten nichts von all diesen Betätigungen: den Geschichten, den Bandaufnahmen und den Anstrengungen, Frieden und Ordnung in den Puppenfamilien zu bewahren. Auch wußten oder mutmaßten sie nichts von den Bestrebungen der Zwillinge, Schriftstellerinnen zu werden. Für sie waren ihre Töchter einfach in eine andere Welt entschwunden. Aber wie Poltergeister taten sie nicht immer ganz, was man von ihnen erwartete.

Es war der 6. Dezember 1979, Aubreys und Glorias Hochzeitstag. Sie lagen noch im Bett in dem kleinen, nach vorne heraus gelegenen Zimmer im Haus Nr. 35, weil Aubrey erst am späteren Vormittag zum Dienst mußte. Auf einmal klopfte es an der Tür. Sie sahen ihre Zwillingstöchter mit einem Tablett hereinkommen. Darauf standen zwei Tassen Tee und ein teils verbranntes Omelett. Auf einer Seite des Tabletts war eine Kristallvase mit einer roten Rose, daneben eine Glückwunschkarte. Die Mädchen sprachen und lächelten nicht, sondern stellten ihre Gabe auf die Kommode und verließen das Zimmer.

Den weiteren Dezember verbrachten die Zwillinge mit Weihnachtsvorbereitungen. In die Versandhauskataloge vertieft, beratschlagten sie stundenlang, was sie ihrer Familie schenken sollten. Ihre Gaben waren alle großzügig: Für Greta und ihren Mann bestellten sie einen kleinen Staubsauger, für ihren Bruder eine elektrische Bohrmaschine. Alles war ganz normal, außer daß sie ihr Leben lag mit keinem von ihnen gesprochen hatten.

In ihrer anderen Welt bereiteten sie sich ebenso geschäftig auf das Fest vor. Sie nähten T-Shirts und Jeans für die amerikanischen »Kinder«, verpackten und beschrifteten Geschenke, hauptsächlich Kleidung, und schrieben »Liliput«-Bücher voll von viktorianischer Sentimentalität, wunderschön ausgestattet und in glitzerndes Weihnachtspapier eingewickelt. ›Kleine Bücher für kleine Engel‹ war der ungewöhnliche Titel dieser Serie, mit dem Vermerk »Printed in USA« und mit Preisen um etwa 35 Cents ausgezeichnet. Sie waren von vielen verschiedenen Autorinnen verfaßt – alles Pseudonyme der Zwillinge. Unter den Titeln befanden sich ›Ich bin nur ein süßes Lämmchen‹ von Ruth Collings und Polly Smith, sowie ›Wir glauben an Engel‹ von Monica Goldberg. Diese Geschichte beginnt so:

Am Heiligen Abend vor ungefähr zehn Jahren, als der Himmel schwarz war und die Sterne leuchteten, fuhren vier kleine Kinder von der Party bei Freunden nach Hause. Ihre Eltern saßen vorne im Auto, sie redeten und lachten. Der Vater saß am Steuer und achtete anscheinend nicht auf die Straße vor ihm …

Der Fahrer des Lieferwagens war ein großer Mann mit Glatze und Schnurrbart. Die vier Kinder hinten im Wagen waren sofort tot, und die Eltern müssen immer mit Reue und Kummer leben, besonders der Vater, der glaubte, seine Unachtsamkeit hätte seine vier blondhaarigen, haselnußäugigen Engel getötet. Die Eltern legen jedes Jahr Strümpfe auf die Betten ihrer vier toten Kinder. Die Geschenke sind am nächsten Tag noch da, eingewickelt, und die Namen in leuchtenden Goldbuchstaben sind noch sichtbar ...

Das Buch ist den »Eltern der Verstorbenen« gewidmet.

Die Vorbereitungen, das Schreiben, Einpacken und Kleidernähen erreichte seinen Höhepunkt am Heiligen Abend, als die Puppen ihre Party feierten. Alle Familien waren anwesend, prachtvoll anzusehen in ihren neuen Kleidern. June, Jennifer und Rosie stellten Kerzen auf und zündeten sie an, dann feierten sie mit der kleinen Gesellschaft. Es gab Hackfleischpastetchen, von den Zwillingen gemacht und deshalb ziemlich angebrannt. Dann folgte das große Finale. Alle versammelten sich um den Miniaturweihnachtsbaum, um Weihnachtslieder zu singen. Es war eine unmelodische, aber sehr rührende Veranstaltung, auf Band festgehalten. Die Zwillinge, die in zehn Schuljahren nie den Mund aufgemacht hatten, sangen aus vollem Herzen, ihre Gesichter strahlten im Kerzenschein.

June und Jennifer hatten beschlossen, sich Weihnachten ihrer richtigen Familie zu widmen und als Zugeständnis eine Ausnahme von ihrer Regel zu machen, nicht mit einem älteren Familienmitglied im selben Zimmer zu sitzen. Sie schlichen am frühen Morgen nach unten und packten ihre Geschenke aus: Hosen, Pullover, Slipper, Seife in Form von Zwillingsengeln von Greta (hatte sie Sinn für Humor?) und zwei ledergebundene Fünfjahres-Tagebücher von Gloria. Bald glänzte das kleine Wohnzimmer von hingeworfenem Geschenkpapier. Rosie und die Zwillinge saßen mittendrin auf dem Fußboden und plapperten drauflos, während sie jedes Päckchen befühlten, den Inhalt rieten, dann langsam das Papier entfernten und jauchzten und kicherten, wenn das Geheimnis ans Licht kam.

Sie arrangierten die Geschenke für die Familie immer wieder neu um den Weihnachtsbaum, als Gloria hereinkam. »Frohe Weihnachten. Frohe Weihnachten, meine Liebsten, Rosie ... Zwillinge.« Rosie lief zu ihr und umarmte ihre Mutter. »Frohe Weihnachten, Mutter. Vielen Dank. Es ist genau, was ich mir gewünscht habe.« Die

Zwillinge standen nebeneinander mit dem Rücken zum Weihnachtsbaum. Sie freuten sich. Ein dünnes halbmondförmiges Lächeln breitete sich gleichzeitig auf ihren Gesichtern aus. Jeder Zwilling reichte Gloria ein Päckchen. »Vielen Dank, Zwillinge«, sagte sie, sorgsam darauf bedacht, beide Geschenke gleichzeitig entgegenzunehmen. War dies ein Durchbruch? Würden die Zwillinge endlich ein Teil der Familie werden, ein normaleres Leben führen? Sie hörte oben eine Tür schlagen. »Schnell, räumt das Papier auf, Kinder!«

Sie waren alle auf den Knien, als Aubrey hereinkam. Sie standen auf, das Papier umklammernd. »Frohe Weihnachten, Mädchen«, sagte Aubrey. Er schaltete den Fernsehapparat ein.

Aubreys ewiges Fernsehen und die Sprachlosigkeit der Zwillinge setzten allem einen Dämpfer auf. Als David kam, ließ ihn die Atmosphäre in unbehaglichem Schweigen erstarren. Die ganze Familie setzte sich zum Mittagessen, zündete Kracher, setzte lustige Hüte auf, aß Truthahn und Pudding, trank Bier und vollführte sämtliche Weihnachtsrituale. Die Stunden krochen qualvoll dahin, unterstützt von ›Lassie‹ und der ›Hitparade‹. Die Zwillinge saßen nebeneinander auf dem Sofa; pflichtbewußt blieben sie gemäß der Abmachung, die sie miteinander getroffen hatten, bei der Familie.

Für die Zwillinge war der Weihnachtstag ein Erfolg gewesen. Die Gibbons wollten am nächsten Morgen Greta und Phil besuchen, somit blieben die Zwillinge von allzuviel Familienleben verschont. Jennifer schrieb in ihr Tagebuch »Wenigstens haben wir es geschafft, uns nach zwei Jahren ins Wohnzimmer zu setzen. Könnte so weitergehen. Es ist ein Wunder, daß wir den Weihnachtstag tatsächlich überlebt haben. Alles lief ganz gut.«

Es sollte das letzte Mal sein, daß die Zwillinge mit ihrer eigenen Familie zusammen waren. Als die Prüfung vorüber war, schlichen die Mädchen sich davon zu ihren anderen Familien, die noch schliefen nach dem Trubel, der am Abend zuvor oben im Puppenhaus geherrscht hatte.

IV. Die gläserne Stadt

> Es war der turbulenteste Abschnitt meiner Jugend. J. und ich stritten unaufhörlich, verloren, gelangweilt, enttäuscht, zornig. Ach, dachten wir, unsere Jugend geht an uns vorbei.
>
> *Jennifer Gibbons*

Die verschließbaren roten Tagebücher, die die Zwillinge zu Weihnachten bekommen hatten, wurden ihre neue Leidenschaft: Täglich trugen sie mit akribischer Genauigkeit jedes noch so schlichte Detail ihres Daseins ein. Mit wachsender Ausführlichkeit vertrauten sie ihnen ihre Geheimnisse und Hoffnungen an. Je mehr die Tagebücher die Funktion von Freunden und Beichtvätern annahmen, um so mehr nahm die Bedeutung der Puppen ab. Und noch ein Ereignis veränderte das Leben der Zwillinge: Der Schriftstellerkurs, auf den sie wochenlang gewartet hatten, traf kurz vor Weihnachten ein; gemeinsam wurden sie »Schüler Nr. 8201«. Sogleich nahmen die Mädchen die ersten Übungen und Aufgaben in Angriff. In Jennifers Tagebuch ist der ganze Vorgang aufgezeichnet:

2. Januar 1980. Die Sonne scheint hell, als ich aufwache. Kein besonderes Vorkommnis, außer daß ich den Schriftstellerkurs zu lesen begann. Ich hoffe, eine erfolgreiche Schriftstellerin zu werden.
6. Januar 1980. Interessanter Tag. Habe die erste Aufgabe für den Schriftstellerkurs geschrieben. Habe mich sehr angestrengt. Rosie und wir zwei können uns nicht mehr verständigen. Sie will wieder in Davids Zimmer ziehen. Fast zwölf Jahre alt und wird recht schnell erwachsen ...
7. Januar 1980. Sinnloser Tag. Sonnig und eiskalt. Bin heute um 1.45 Uhr aufgewacht: Scheint keinen Sinn zu haben, überhaupt aufzustehen. Rosie wieder zur Schule. Wir haben tatsächlich alle drei die Puppen aufgegeben ...

Sie hatten aufgehört, mit ihren Puppen zu spielen, und die Welt, die sie um sich herum erschaffen hatten, nahm neue Dimensionen an. Die Puppen wurden die Helden und

Heldinnen einer Reihe Stücke, Bildergeschichten, Zeichnungen und Kurzgeschichten; sie wurden Charaktere, die man nicht einfach hervorholen oder wegstecken konnte. Sie entwickelten eigene Bedürfnisse und Wünsche, zwangen die Zwillinge zu ungeheuren Anstrengungen. Es war, als wären Dutzende von Pinocchios zum Leben erwacht und verlangten ganztägig die Zuwendung ihrer Schöpferinnen.

Das Zimmer oben in Furzy Park wurde ein Kraftwerk dieser Phantasien, reich und lebendig, während die Mädchen aus ihrem schmutzigen Fenster auf Wäscheleinen und öde, regendurchweichte Grasflecken sahen. Die Straßen und Reihenhäuser der Siedlung waren ein Friedhof geworden, aus dem sie ausbrechen mußten. Dies taten sie, indem sie ihre eigenen Phantasiewelten schufen, wie es einst die Schwestern Brontë taten, die sich aneinanderschmiegten gegen die Grabsteine außerhalb des Pfarrhauses und die Verschrobenheit ihres Vaters im Innern.

Die Schriftstellerei der Brontës war ebenfalls unmittelbar ihrer Spielzeugbesessenheit entsprungen. Charlotte Brontë schrieb in ihr Tagebuch: »All unsere Spiele sind eigenartig. Das ›Spiel der jungen Männer‹ (Juni 1826) hatte seinen Ursprung in Branwells Holzsoldaten ...« Die Brontës gaben eine Zeitschrift für die Spielzeugsoldaten heraus, in winziger Schrift verfaßt, um Erwachsene vom Entziffern abzuschrecken und um dem Heft eine handliche Größe zu geben, damit die Spielsachen es lesen konnten. Diese Miniaturhefte enthielten die Erzählungen vom ›Bund der gläsernen Stadt‹, einer mythischen Stadtgemeinde irgendwo in Afrika, regiert von den vier Genies Branwell, Charlotte, Emily und Anne.

Wie die Schwestern Brontë waren die Zwillinge von ihrer Umwelt abgeschnitten, angetrieben von Jugendsehnsucht und dem Wunsch, ihrer trostlosen Umgebung zu entrinnen. Die Phantasie der Zwillinge war nicht die verwegene Welt napoleonischer Schlachten, noch die imperialistisch beherrschte, gläserne Stadt: Es war ein ›Uhrwerk-Orange‹-Land im gewaltigen Vorstadt-Amerika. Ihre Traumstadt war Malibu, der Ort, wo Teenager ständig »breit« sind von Rauschgift und Alkohol, wo Eltern geschieden werden und wieder heiraten und wieder geschieden werden. Die »Puppen« beteiligten sich an Bandenkriegen; sie wurden in Greyhound-Bussen überfallen; sie wurden Terroristen, die in Mordanschläge verwickelt waren, sie raubten Geschäfte aus und ermordeten ihre Eltern. Sie waren die Teenager-Helden und -Heldinnen des 20. Jahrhunderts – unreif, linkisch und oft komisch.

June und Jennifer setzten alles daran, das Handwerk des Schreibens professionell zu erlernen. Sie gaben sich redliche Mühe. Sie verfertigten Hunderte von Listen mit »langen Wörtern« und ihrer Bedeutung. Wörtern, die sich reimten, Synonymen und Antonymen, rhetorischen Figuren und Metaphern. Sie skizzierten Dutzende von Geschichten, schrieben sie immer wieder um, um die Charaktere zu verfeinern oder die Handlung zu verbessern.

Jennifers Leben drehte sich um den Schriftstellerkurs; sie lernte die Lektionen, schrieb die Übungen, wartete ungeduldig, daß der anonyme Lehrer sie, bedeckt mit seinem spinnwebartigen roten Gekritzel, zurückschickte. June erledigte die Übungen weniger eifrig, aber beide Mädchen lernten etwas über Schlüsselcharaktere und Handlungen, wie man Konfliktsituationen schafft, einen ersten und zweiten Höhepunkt herbeiführt, welche Motivation man den Hauptcharakteren verleiht. Sie brachten sich Grammatik und Interpunktion bei und vertieften sich stundenlang in das ›Shorter Oxford Dictionary‹ und Rogets ›Thesaurus‹, die sie sich per Post hatten kommen lassen. Sie analysierten die Handlungen der Klassiker aus dem Buchclub und sammelten aus jeder verfügbaren Quelle Redensarten und ihre Bedeutung.

Just als sie mit dieser intensiven Selbstschulung begannen, stattete ihre frühere Lehrerin Cathy Arthur dem Haus ihren ersten Besuch ab, seit sie die Schule verlassen hatten, und teilte ihnen ihre Abschlußnoten in Englisch mit (June erhielt ein ›mangelhaft‹, Jennifer ein ›genügend‹), ihre einzigen akademischen Errungenschaften nach elf Schuljahren. Kein vorteilhafter Start für eine Schriftstellerkarriere.

Sie liehen sich von Greta eine alte Schreibmaschine, und von da an gab es ein neues Geräusch im Haus. Die Zwillinge kamen jetzt nie mehr herunter, wenn irgendwer anwesend war. Kein Besucher bekam sie jemals zu sehen, nicht einmal nahe Verwandte. David brachte seine Freundin Vivienne mit nach Hause, die er später heiratete. Sie verbrachte Stunden, ja Tage im Haus, ohne die Zwillinge ein einziges Mal zu sehen. Sie hat sie bis heute nicht zu Gesicht bekommen.

Sie schlichen nur nach unten um zu essen, wenn das Haus leer war. Sie machten sich Butterbrote und füllten Flaschen mit Kaffee, die sie mit in ihr Zimmer nahmen. Während David und Vivienne Heiratspläne machten oder Gloria unten ihre Tupperware-Partys organisierte, tippten sie oben drauflos wie ein lautes Geisterpaar. Das Geklapper der Tasten dauerte bis in die frühen Morgenstunden. In manchen Nächten arbeiteten die Mädchen bis zum Morgengrauen und schliefen dann am nächsten Tag bis mittags, bevor sie wieder anfingen. Sie hielten ihre Nachtwachen am liebsten bei Kerzenlicht; so fühlten sie sich romantischer.

Thelma Kra-Zee, eine Antiheldin aus einer von Jennifers frühen Kurzgeschichten, begann ihr Leben als Puppencharakter. Sie war eine exzentrische, dreizehnjährige Schülerin der St. Michael's High School, New Jersey, für die Jennifer einen Verehrer namens Cricket Harvey-White erfand. »Sie ist meine beste Freundin, meine Seelengefährtin und eine aufrichtige und geschickte Partnerin«, beginnt die Geschichte. »Das dachte ich jedenfalls bis zu dem Tag, als meine liebe, aufrichtige Freundin begann, unmißverständlich ihrem Namen entsprechend zu leben. Thelmas Eltern könnte man nicht gerade als gütig und liebevoll beschreiben ...« Mr. Kra-Zee, ein Diplomat und polnischer Emigrant, und seine überpenible Hausfrau haben wenig Zeit für ihre Teenager-Tochter. Der anmaßende Cricket meint, sie retten zu können:

Für mein Alter bin ich ganz schön in Form. Ich bin dreizehn, trinke eine Menge Milch, bin 1,58 groß und wiege 145 Pfund. Ich spiele Baseball und Basketball. Im Zeichen der Jungfrau geboren, bin ich etwas anspruchsvoll im Essen. Mein Lieblingsgericht ist Lasagne. Thelma schaufelt das Zeug auch in sich rein. Sie ist ebenfalls dreizehn, trinkt eine Menge Milch, hat eine wilde Phantasie, liest zu viele Bücher und hat keine Geschwister.

Die Zwillinge siedelten fast alle ihre Geschichten in den Vereinigten Staaten an und verbrachten viel Zeit mit dem Bemühen, amerikanisches Kolorit und amerikanische Dialoge richtig zu treffen. Sie erhielten Hilfe durch das Belauschen der amerikanischen Kinder in der Siedlung, durchs Fernsehen und den Sprechkurs, den sie sich hatten kommen lassen. Sie stellten außerdem ein eigenes Glossar mit anglo-amerikanischen Wörtern und Redensarten zusammen. Ihre Puppenspiele und Radiosendungen vom Vorjahr lieferten ihnen weitere Einzelheiten. Jennifer übernahm den Hauptteil des Schriftstellerkurses, sie las beflissen die Anleitungen und erledigte jede Woche vollständig ihre Hausaufgaben. Ihr Lehrer war mit dem Fortschritt seiner Schülerin Nr. 8201 A zufrieden, aber nach Rücksendung der ersten Aufsätze und Geschichten erkundigte er sich, warum sie von amerikanischen Schauplätzen und Dialogen so angetan sei. Jennifer schrieb höflich zurück:

Lieber Lehrer,
der Kurs mach mir große Freude. Ich mache die Aufgaben gern, und alles geht glatt. Wie ich zu meinen amerikanischen Schauplätzen komme? In meiner Nähe leben einige Amerikaner, aber das hat eigentlich nichts damit zu tun, warum ich gerne amerikanische Geschichten schreibe. Ich meine, das Geschriebene wirkt ziemlich natürlich, aber ich bin auch imstande, Geschichten mit englischen Schauplätzen zu schreiben.

Wenn es Ihnen lieber ist, daß meine Geschichten englisch wirken und wenn Sie glauben, daß sie sich besser verkaufen, geben Sie mir bitte Bescheid.
Vielen Dank. Hochachtungsvoll
Jennifer Gibbons

Aber Jennifer gab ihre amerikanische Utopie nicht auf. Beide Mädchen besaßen eine bewundernswerte geistige Unabhängigkeit; keine beachtete den Ratschlag in ›Das Know-How für das Schreiben beliebter Publikationen‹:

Anleitung Nr. 5: Worüber man nicht schreibt
Verleger mögen samt und sonders keine Trinker, Geistesgestörten, Rauschgiftsüchtigen, Prostituierten und Autoren. Verkrüppelte oder entstellte Charaktere, unartige Kinder, rauchende und trinkende Jugendliche ... Ferner haben Verleger eine Abneigung gegen Nervenheilanstalten, Sanatorien, Geschlechts-, schwere oder unheilbare Krankheiten, auch Beerdigungen sind tabu. Intensiver Schmerz sollte nur angedeutet, nicht direkt beschrieben werden. Auch haben Verleger nichts für Scheidung oder Selbstmord als Lösung für menschliche Probleme übrig (...) – noch finden sympathische Verbrecher den Beifall der Verleger.

Am 12. Januar 1980 begann June mit ihrem ersten Roman, ›Der Pepsi-Cola-Süchtige‹, der gegen jede Regel in ›Anleitung Nr. 5‹ verstieß. Der Held Preston Wildley-King, ein vierzehnjähriger amerikanischer Junge, lebt mit seiner verwitweten Mutter und seiner Schwester in einer Wohnung in Malibu:

Die Wohnung, in der er lebte, war entweder zu heiß oder zu kalt. Dieses Zimmer blieb erstickend heiß mit der aufgestauten Hitze des Tages. Preston dachte, ihm wäre kalt. Sein Kopf fühlte sich neurotisch und benommen an, er war wie Eis. Er dachte, er würde nichts dagegen haben, in Arizona zu leben oder sogar in Hawaii; dort lebte man von kalten Getränken, und keiner kümmerte sich darum, was man tat. Man sitzt in seiner Bude und trinkt täglich 300 Dosen Pepsi-Cola. Der Gedanke machte ihn durstig. Er war durstig. Er trank noch etwas Pepsi, drehte sich etwas herum und ließ seine Augen umherwandern.

Sein Schlafzimmer hatte raffinierte Farben; schwarze Ziegel neben schwefelgelben Kommoden neben lebhaft rotgestrichenem Holz. Auch in den Gesichtern war Farbe, sie überschnitten, vermischten sich und prallten aufeinander, so daß das ganze Zimmer eine Welt von verrückten Popsängern darstellte. Der Stil erregte seine Gedanken in Form von rosa Graffiti, die den Namen »PEGGY« zehnmal an die frisch gestrichene weiße Tür warfen.

Preston liebt Peggy, der er offenbar gleichgültig ist, und wird seinerseits von einem Freund verfolgt, Ryan, der sich als homosexuell entpuppt. Erschrocken über die Annäherungsversuche seines Freundes und von Peggy zurückgewiesen, läßt Preston seine verwirrten Gefühle von seiner Nachhilfelehrerin entwirren. June führt diese Verführungsszene mit großer Sicherheit und Zurückhaltung aus:

Er fühlte Mrs. Rosenbergs Augen eine Zeitlang auf sich, dann stand sie leise auf, ging durch die offene Tür und schloß sie fest hinter sich. Obgleich das Zimmer von der Sonne abgewandt lag, fühlte Preston sich allmählich schläfrig. Er zog abwesend seine Jacke aus, während sein Verstand die Summen ausrechnete. Das ganze Zimmer schlief ein. Er wachte auf, als Mrs. Rosenberg wieder hereinkam. Preston sah auf. Sie hatte Jeans und ein weißes, fast durchsichtiges T-Shirt an und ihre Haare hingen lose um die Schultern. Sie sah erfrischt aus, als sie sich ihm gegenüber setzte. Es fiel Preston unendlich schwer, seine Augen von ihr abzuwenden. Ihm wurde heiß.

»Liest du gern, Preston?« fragte sie nach einerWeile.

Prestons Kopf schwindelte. Er steckte seinen Stift in den Mund und biß feste darauf. »Ich komm nicht viel zum Lesen.«

»Bloß ... mir fällt auf, daß dein Englisch richtig beeindruckend wird.« Sie fuchtelte mit den Händen. »Du hast eine intelligente Wortstellung, so als machte es dir Spaß, auf eine bestimmte Art zu schreiben.«

Preston lächelte. »Davon weiß ich nichts. Ich tu bloß, was von mir verlangt wird.« Seine Augen glitten zu ihren glockenförmigen Brüsten herunter. Er fühlte Lüsternheit durch sein Hirn rinnen.

»Was machst du denn gern, Preston?«

Er zitterte leicht. »Meinen Sie – meine Schulfächer, oder – oder meine Hauptinteressen außerhalb der Schule?«

Mrs. Rosenberg schob eine Strähne ihrer glatten Haare hinters Ohr. »Ach, irgendwas, was du besonders gern machst.« Sie nahm die Brille aus ihrem scharfzügigen Gesicht und hielt sie einen Moment in der Luft.

Jeder kann sich denken, wofür sich ein Teenager-Junge wie ich interessiert, dachte Preston. »Ich hör gern Musik, mache Strandspaziergänge und —«

»Ich höre auch gerne Musik, Preston. Nichts Heißes oder so, lieber was Klassisches.«

Preston betrachtete das gerahmte Bild von Mr. Rosenberg. Er fand, er sah aus wie sein eigener Vater, angespanntes Gesicht, breite Schultern.

»Was haben Sie sonst noch für Interessen?«

Mrs. Rosenberg erwiderte emphatisch: »Ich liebe die Kunst. Ich finde, es ist eine herrliche Gabe, die wunderbaren Lebensformen zu malen.« Sie starrte auf ihren Trauring und drehte ihn. »Ich mag auch gerne ... Wein.«

Es folgte ein kurzes verlegenes Schweigen. Preston biß sich auf die Lippe. »Mögen Sie Mathematik?«

Sie lachte herausfordernd. Die Spannung war gebrochen. »Ob ich Mathematik mag?« Ihre Hand fuhr an ihre Brüste. Preston beäugte sie vorsichtig.

»Um ehrlich zu sein, Preston, ich kann sie nicht ausstehen. Sie ist eine richtige Plage.« Sie lachte wieder und warf energisch den Kopf zurück.

Er musterte sie vorsichtig. »Sie sehen richtig nett aus ohne Ihre Brille, Mrs. Rosenberg.«

Preston besuchte seine Nachhilfelehrerin nun beinahe täglich.

Mrs. Rosenberg öffnete die Tür. Ihre Augen strahlten, als sie ihn hereinwinkte. Während Preston seine Jacke auszog, bemerkte er mit Interesse Mrs. Rosenbergs rückenfreies Kleid.

»Das ist Piña Colada, es wird dir schmecken.«

Preston fühlte ihre schamlosen Augen auf sich. Er trank einen Schluck und blickte auf. Die Sonne ging gerade unter, die Luft blieb maßlos heiß.

Sie stellt Musik an, und sie tanzen.

»Zieh das aus ... zieh das Ding aus.« Sie schob das T-Shirt zu seinen Schultern hoch. Preston spürte Kühle, als seine Brust entblößt wurde. Er fühlte ihre Hände langsam zum Gürtel seiner Levis hinabgleiten ...

June fand ihre Arbeit aufregend, und beim Fortschreiben des Buches wuchs ihre Zuversicht. »19. Januar 1980. Ein denkwürdiger Tag. Hab ungeheuer viel an meiner Geschichte geschrieben. Geht jetzt richtig gut voran.« In den folgenden Nächten bekam sie nicht viel Schlaf, sie blieb angezogen und schrieb.

24. Januar. Unterhaltsamer Tag. Habe ausführlich an meiner Geschichte geschrieben.

2. Februar. Lohnender Tag. Bin heute mit meiner Geschichte sehr viel weiter gekommen. Eine ziemlich dramatische Stelle, finde ich.

14. Februar. St. Valentinstag. Ermüdender Tag. Bin endlich mit meiner Geschichte fertig. Ist ganz gut geworden.

Junes Antiheld zieht durch Malibu, verwirrt durch seine emotionalen Erlebnisse, und schließt sich einer Bande an, die durch die Schaufenster in einen Supermarkt einbricht und ihn ausraubt. Während die anderen die Kassen aufbrechen, ist Preston von einer Kiste Pepsi-Cola gebannt.

Er ist allein und trinkt noch, als die Polizei kommt. Er wird ins Gefängnis gebracht, wird beinahe von einem Psychopathen in der Gefängniswäscherei ermordet und bekommt Besuch von Mrs. Rosenberg, die ihm eröffnet, sie werde mit ihrem Mann nach Europa ziehen. Seine Mutter und Peggy besuchen ihn ebenfalls. June führt die Gefängnisszenen und die Beziehungen zwischen Gefangenen, Wärtern und Besuchern mit sicherem Geschick aus. Hier werden Preston von einem Wärter homosexuelle Avancen gemacht:

Er wusch sich eines Morgens das Gesicht; das Wasser aus dem Hahn war eiskalt. Als er Papier von der Handtuchrolle zog, bemerkte Preston, daß ein Wärter ihn neugierig betrachtete. Er drehte den Hahn ab, als er den Mann hinter sich herankommen hörte. »Wie gehts dir, Junge?« Seine Stimme war sanft. »Biste nicht einsam oder so?«

Preston drehte sich zu ihm um und sah ihn an. Er hatte einen englischen Haarschnitt, und sein blonder Schnurrbart war unter seiner schmalen Nase säuberlich gestutzt.

»Mir gehts gut.«

»Das will ich hoffen.« Er wirkte besorgt. »Ich bin immer da ... wenn du mal das Gefühl hast, du mußt mit jemand reden ... ich bin ... du kannst gerne zu mir kommen, okay?«

Preston senkte die Augen, er war plötzlich verlegen. Er tat so, als ob er sich die Hände abtrocknete.

»Wie ich höre, hat dein Freund uns verlassen. Hattest du ihn gern?«

Eine Vision von Jefferson kam Preston in den Sinn. »Ja, er war in Ordnung.«

Die scharfen Augen des Mannes streiften ihn. »Fein. Ich hatte ihn auch gern. Er hatte mich gern ...«

Preston, sich plötzlich seiner nackten Brust bewußt, ließ seine Augen zu seinem T-Shirt schweifen, das nicht weit auf einem Stuhl lag. Der Mann, der seinen Blick bemerkte, drehte sich um und reichte ihm das T-Shirt. »Du solltest das Essen hier essen.« Seine Hände schossen vor. »Ich kann deine Rippen sehen. Ich kann sie auch fühlen.« Preston bemerkte seinen zornigen Ton; er gewahrte die Stille, die im Waschraum herrschte. Er wich zurück und zog sein T-Shirt an.

Der Mann starrte ihn an, ein Licht glitt über seine Augen. »Warum ißt du nicht, hm?« Er trat vor. »Hör mal, ich mag keine mageren Jungs. Ich mag keine Jungs ohne Fleisch dran. Ich mag sie ...«

Als er gegen die Wand prallte, war Preston gezwungen stehenzubleiben. Ruhig betrachtete er die ausgestreckten Hände des Mannes; sie waren groß, eine jede mit langen Kratzspuren bedeckt.

»Hab ... keine ... Angst, ich möchte dir nur was ins Ohr flüstern.« Sein Gesicht perlte vor Schweiß.

»Zum Beispiel, hm?« Prestons Augen schossen zum Eingang des Waschraums.

»Zum Beispiel, fürchtest du dich im Dunkeln?«

»Sind Sie verrückt? Natürlich nicht.«

»Sag mir, daß du dich fürchtest. Sag mir, du brauchst einen Kuß und eine Umarmung, bevor du schlafen gehst.«

Preston schüttelte verwirrt den Kopf, sein Herz klopfte heftig; er atmete das scharfe Rasierwasser des Mannes ein.

»Möchtest du heute nacht nicht in meinem Zimmer schlafen? Auch ich bin manchmal einsam, weißt du.«

»Ich seh Sie nachher noch, hm.« Preston wollte weg. Die Hände des Mannes stießen gegen seine Brust.

»Ich will dich jetzt sehen, also laß das Gerede. Du gehst nirgends hin.« Ein Lächeln fuhr über seine dünnen Lippen. »Jedenfalls nicht, bevor ich nicht mit dir fertig bin.«

Preston wird aus dem Gefängnis entlassen und macht sich auf die Suche nach Peggy. Schließlich trifft er ihre Schwester Lisa und erfährt zu seiner Bestürzung, daß die Familie im Begriff ist, Malibu zu verlassen.

Die Wohnung war von der einsamen Atmosphäre eines schlafenden Friedhofes erfüllt. Das surrende Geräusch des Kühlschrankes verwandelte sich in einen tiefen Seufzer, als Preston ihn öffnete und eine Dose Pepsi-Cola herausriß. Gleich darauf durchwühlten seine Hände den Schrank; sie schienen nicht zu ihm zu gehören. Seine Augen glitten über die Gläser mit Lebensmitteln, Medikamenten und Trockenmilch. Er fragte sich, warum seine Mutter so viele Pillen aufbewahrte. Er langte nach einem Fläschchen mit Beruhigungsmitteln ...

Das Telefon begann zu läuten. Preston blieb im Flur stehen, sein Herz raste, er dachte bange an Peggy; sie war eine Million Kilometer weit weg. Er ließ das Telefon klingeln.

Seine Augen schossen nervös umher, er blickte durch ein Teleskop, die Wände rückten näher, Popstars glotzten auf ihn herunter, eine auf dem Bett liegende Gestalt. Das Telefon klingelte, es klingelte, es schrie. Seinen benommenen Kopf hebend, setzte Preston sich auf, seine Beine wie Blei, er ging wie auf Luft. Der Fußboden war ein Kunststoffschwamm, der zog ihn herab. Aus irgendeinem Grund mußte er zu dem Telefon gelangen.

Unsicher im Flur stehend wankte Preston zu dem klingelnden Telefon, er nahm den Hörer ab, seine Hände schwitzten mächtig.

»Hallo?«

»Preston, bist du's?« Peggys Stimme überfiel seine Ohren. Seine Stimme schleifte. »Peggy?«

»Hör zu, ich muß dir was sagen, Preston ... wir ziehen nicht aus Malibu weg ... hörst du zu? Ich liebe dich. Ich kann nicht nach San Francisco gehen.«

Ein scharfes Messer schnitt in Prestons Herz. Der Schmerz betäubte seine Trommelfelle. Er sank auf den Boden, das Telefon knallte neben ihm herunter. Preston schaukelte auf der Zauberschaukel der Freiheit, sie ging schneller, schneller, schwang in eine unbekannte Welt. Er fiel, schwebte in einen leeren, schwarzen Tunnel ... wie eine im Weltraum gefangene Rakete kam eine Pepsi-Cola-Dose auf ihn zugetrudelt ... sie krachte. Preston schlief.

Draußen am Fuß der Treppe spielten in diesem Augenblick drei kleine Jungen mit einer leeren Pepsi-Cola-Dose Fußball. Etwas übriggebliebene Flüssigkeit tröpfelte langsam auf die Straße. Sie hörte auf zu rollen, als sie zum Straßenrand kam. Da lag sie, unsichtbar für alle Passanten, und trocknete langsam im Strahl der sengenden Sonne.

June beendete ihr Manuskript und tippte es sorgfältig ab. Sie hatte eine Anzeige von New Horizon gefunden, einem unbedeutenden Verlag mit Sitz in Bognor Regis in Sussex. Der Betrieb, von einem gewissen George Kay und seiner Frau geleitet, forderte junge Autoren auf, Manuskripte einzusenden, die sie zu veröffentlichen anboten – gegen eine beträchtliche Summe.

June wußte nichts vom Verlagswesen; sie sah New Horizon als ihren Weg zu schnellem Ruhm und Erfolg und schickte ihr Manuskript hin. Sie war begeistert, als sie schrieben, sie nähmen ihren ersten Roman an, und sogar ein Foto für den Schutzumschlag wollten. Aber dann kam der unvermeidliche Haken.

16. Mai 1984

Werter New Horizon,
ich bin so froh, daß Sie mein Buch angenommen haben. Aber leider bin ich furchtbar verschuldet und kann nicht einen Penny zahlen. Ich würde den Vertrag gerne annehmen, den Sie mir angeboten haben. Aber zuvor muß ich mit Ihnen verhandeln. 980 Pfund sind weit mehr, als ich im Augenblick aufbringen kann. Es kann sogar ein, zwei Jahre dauern, bis ich Ihnen die Gebühr bezahlen kann. Daher bitte ich Sie nun um etwas, das vielleicht gegen die New Horizons Regeln oder Gepflogenheiten verstößt. Von den Tantiemen, die ich durch den Verkauf der nächsten 1.000 Exemplare erhalte, könnte Ihre Fir-

ma doch die 980 Pfund einbehalten. Das ginge für Sie und mich viel schneller, zumal es mir überhaupt nichts ausmacht, das Geld zu verlieren. Ehrlich gesagt, ich habe nicht die Absicht, über Nacht Millionärin zu werden. Ich wünsche mir nur, mein Buch eines baldigen Tages in einem Buchgeschäft zu sehen ...

In einem früheren Entwurf dieses Briefes hatte sie hinzugefügt:

Sollte mein Buch jedoch die Kosten für Ihre Gebühren nicht decken, rufen Sie die Polizei, und ich lasse mich gerne einsperren.
Hochachtungsvoll
J. Gibbons

New Horizon erklärte sich schließlich mit einer monatlichen Ratenzahlung von achtzig Pfund einverstanden. June überredete Jennifer, ihr Arbeitslosengeld dafür auszugeben, und am 11. Juni schickten sie zwei Postanweisungen über je vierzig Pfund mit dem unterschriebenen Vertrag an New Horizon. Später versuchten sie sogar ihren Schmuck zu verkaufen, aber man sagte ihnen, daß er wertlos sei.

New Horizons Bitte um Junes Foto löste im hinteren Schlafzimmer der Gibbons eine neue Manie aus: Fotografie. Gloria und Rosie wurden ständig losgeschickt, um neue Filme zu kaufen oder belichtete zum Entwickeln zu bringen. June und Jennifer verbrachten Stunden damit, sich gegenseitig in verschiedenen Posen zu fotografieren, mit ihren Perücken, als Jungen verkleidet oder in Rosies Schuluniform. »Dürfen wir Ihnen die Autorin vorstellen?« überschrieb June ein Foto von sich, mit dem Stift in der Hand, so dunkel, daß kaum etwas zu sehen war außer ihrem blitzenden, für die Presse aufgesetzten Lächeln. Keine Filmrolle erwies sich als zufriedenstellender als die vorige. June war entschlossen, so auszusehen wie eine erfolgreiche Romanschriftstellerin aussehen sollte, und begann sich um ihr Erscheinungsbild zu sorgen. Sie zog die Wangen nach innen, damit die Backenknochen höher wirkten und sie mehr wie Audrey Hepburn aussah. Sie begann eine Diät, um im Gesicht abzumagern. Sie kaufte Mittel zum Glätten der Haare, »Jugendpillen« und Bleichcreme (wohl um ihren Teint aufzuhellen) aus einem Angebot, das mit der Empfehlung eines »Harley Street Doctor« warb. Aber es nützte nichts: Die Fotos waren immer noch unbefriedigend, und schließlich erschien ›Der Pepsi-Cola-Süchtige‹ mit einem alles andere als perfekten Konterfei seiner Verfasserin.

Durch Junes Erfolg mit der Veröffentlichung ihres ersten Romans wurde Jennifer, die eifrig die Hausaufgaben für den Schriftstellerkurs erledigte, angespornt, selbst einen Roman zu beginnen. Sie schrieb bereits ein, zwei Kurzgeschichten pro Woche sowie Aufsätze und Briefe, führte Tagebuch und las Bücher. Sie bezeichnete Jane Austens ›Stolz und Vorurteil‹ als ein »ganz köstliches Buch mit hochinteressanten Dialogen.« D.H. Lawrence wurde ein Lieblingsautor von ihr. Jennifer begann, eine ihrer Kurzgeschichten zu einer Novelle auszuarbeiten.

Es war eine außergewöhnliche Geschichte mit unheimlichen Untertönen von Voodoo-Kult und Übernatürlichem: John Delroy Pallenberg ist Chirurg. Seine Frau Michelle hat schon zwei Babys durch einen angeborenen Herzfehler verloren. Jetzt wird bei ihrem jüngsten Kind, Lance Shane, dieselbe Herzkrankheit festgestellt, und man gibt ihm nur noch wenige Wochen zu leben. Pallenberg entschließt sich zu heroischen Maßnahmen, um sein Kind zu retten.

»Michelle«, sagte er gelassen, und ein matter Schimmer beherrschte seine Augen, »wir wollen beide, daß das Baby am Leben bleibt, nicht wahr?«

Michelle nickte. »Ja, John.«

»Und deshalb wird Bobby uns helfen, denn ohne diese Möglichkeit wird unser Sohn sterben.« Michelle blickte eine Weile auf Bobby (den Hund) herab, der neben dem Sofa saß. Seine großen braunen Augen schienen sehr besorgt, als hätte er aufmerksam etwas beobachtet. »Und wie meinst du, wird Bobby unserem Kind zum Leben verhelfen?« fragte sie.

Dr. Pallenberg sah sie mit seltsamen, abwesenden Augen an. Das Zimmer war von lastender Stille erfüllt, begleitet von schattigem Geflüster eines wachsenden Geheimnisses. Er lächelte zuversichtlich und nahm ihre Hände.

Nach und nach überredet er Michelle, seinem Plan zuzustimmen. Sie verwandeln ihre Küche in einen provisorischen Operationssaal, und mit Michelle als Assistentin reißt John Pallenberg Bobby das Herz aus dem Leib und pflanzt es Baby Lance ein. Die ganze Operation hat eine Aura von Schwarzer Magie, obgleich Jennifer es nie unverhohlen ausdrückt.

Die Eltern bewahren ihr Geheimnis. Lance entwickelt sich zu einem bemerkenswerten Kind, sehr reif für sein Alter. Aber es zeigt einige beunruhigende Symptome. Mit sieben Monaten erschreckt Lance Michelle, als er deutlich sagt: »Bobby ... ich will Bobby.« Mit neun Monaten stößt er gelegentlich ein Bellen und Jaulen aus, lehnt Babykost ab und will Fleisch. Lance wächst heran und beschließt, Boxer zu werden. Er baut sich langsam zum Weltmeister auf, aber sein Herz versagt allmählich. Die Ärzte sagen ihm, er muß aufhören, aber er besteht darauf, um den Weltmeistertitel zu kämpfen – er gibt sich den Namen ›Der Pugilist‹ (Der Faustkämpfer) – und gewinnt.

Jennifer war mit ihrem Fortschritt zufrieden: »2. Juni 1980. Habe heute nacht von Baby Lee geträumt. Er hat wahrhaftig gesprochen. Brief von Harley Street wegen Jugendpillen. Wir bekommen statt dessen Jugendcreme. Meine Pugilistengeschichte kommt prima voran. Lance hat den Kampf bereits gewonnen. Ich bin auf Seite 63. Zimmer aufgeräumt.«

Aber nachdem er zum Weltmeister wurde, hat Lance einen schweren Herzanfall und wird eiligst ins Krankenhaus gebracht. Dort kommt das Geheimnis seines Hundeherzens ans Licht. Lance verflucht seinen Vater, heiratet im Krankenbett seine schwangere Freundin und stirbt. Dr. Pallenberg, der zur Trauung nicht eingeladen war, eilt ins Krankenhaus.

Dr. Pallenberg rannte atemlos durch den Flur. Er erreichte die Intensivstation in dem Moment, als die Tür langsam aufging. Dr. Holland kam heraus, schüttelte griesgrämig und mit einer Miene tiefen Bedauerns den Kopf. »Dr. Pallenberg ... Ihr Sohn ist tot.«

Alles ging so schnell, daß Dr. Pallenberg gar keine Zeit hatte zu merken, daß sein Herz einen Schlag aussetzte. Innerhalb einer Minute waren sie über ihm. Die Menge zwängte ihn ein. »Entschuldigung, Dr. Pallenberg, können Sie bitte hierher schauen?« Ein Blitz in seinen Augen. Klickklack. »Danke schön.«

»Wie fühlt man sich als Chirurg, der so ein Verbrechen begeht?« Was empfinden Sie beim Tod Ihres Sohnes?«

»Warum haben Sie das getan?« Ein Rundfunkmikrophon wurde vor ihn geschoben. »Werden Sie sich vor Gericht verantworten?«

»Man sagt, Sie sind ein Mörder, Dr. Pallenberg. Hatten Sie die Absicht ihn zu töten, indem Sie ihm das Hundeherz einpflanzten?«

»Stimmt es, daß Sie mehrere solcher Operationen durchgeführt haben? Stimmt es, daß Sie in Rußland Hunde stahlen, um sie ausführen zu können?« Dr. Pallenberg errötete und stieß ein Mikrophon von seinem Gesicht. Er ging weiter, wobei er noch mehr Mikrophone aus dem Weg schob.

Als er die Straße entlang ging, hielt eine schwarze Limousine neben ihm. Ein junger Mann sprang heraus. »Kann ich ein Autogramm haben, Dr. Pallenberg?« Der junge Mann zog etwas aus seiner Tasche. Dr. Pallenberg stöhnte, als er den scharfen, grausamen Schmerz spürte, als ihm ein Messer ins Fleisch schnitt. Er taumelte, während der junge Mann zu der Limousine zurücklief, die die Straße entlang raste. Dr. Pallenberg fiel auf die Erde. Er fühlte Blut aus seinem Magen sickern, über seine Finger und auf den Bürgersteig, während er das Geräusch von rennenden Füßen hörte ...

Jennifers Geschichte von der Besessenheit Lances durch den Boxer Bobby, und der Rache des Hundes an dem Mann, der ihn getötet hatte, ist glänzend aufgebaut, obgleich ihr Schreibstil damals sehr unsicher war und der Text voll von unfreiwilligen Stilblüten ist.

Am 7. Juni, nach vielen langen Arbeitsnächten war ›Der Pugilist‹ fertig, und Jennifer bot ihn zuversichtlich dem Fontana Verlag an. Am nächsten Abend begann Jennifer, überzeugt davon, daß die literarische Welt nur auf sie wartete, mit einem neuen Buch: »8. Juni 1980. Habe heute mit meinem fabelhaften neuen Roman ›Diskomanie‹ angefangen. Die letzte Nacht habe ich mit dem 14. Entwurf verbracht. Es wird bestimmt ein Bombenerfolg.«

Die Zwillinge entfalteten eine erstaunliche Energie. Während sie ihre Bücher schrieben, machten sie immer noch ihre Hausaufgaben für den Schriftstellerkurs, beteiligten sich an Dutzenden von Wettbewerben und wurden beide Zweite in einem Gedichtwettbewerb. Sie führten ihre Tagebücher, schrieben zuerst einen Entwurf, dann eine, manchmal zwei längere endgültige Fassungen. Ihr Lesehunger war unersättlich, und in den Pausen zwischen ihren langen, mit Tippen oder Schreiben gefüllten Arbeitsstunden hielten die Zwillinge weiterhin durch Versandhäuser Kontakt mit der Außenwelt. Diese Geschäftigkeit bedeutete Überstunden, und sie bekamen wenig Schlaf.

Als Jennifer zwei Tage an ihrer zweiten Novelle geschrieben hatte, bekam sie einen Brief, daß ›Der Pugilist‹ sich nicht für Fontana eigne. Es war die erste Absage von vielen. Jennifer war außer sich. »Sie haben es ja nicht mal gelesen«, rief sie aus. Aber sie wollte sich von dieser Abfuhr nicht unterkriegen lassen. »Ich habe bereits den Plan gefaßt, an einen amerikanischen Verlag zu schreiben«, schrieb sie am 13. Juni in ihr Tagebuch. »Verbrachte die ganze Nacht mit dem Tippen meines fabelhaften neuen Romans ›Diskomanie‹. Der Anfang ist großartig. Season ist tot, und ihr Freund Dalton ist homosexuell. Die Diskoszene ist gut.«

In ›Diskomanie‹ wird ein wichtiges Thema aus ›Der Pugilist‹ fortgeführt und erweitert, nämlich die Unfähigkeit derer, die sich nahestehen, miteinander zu kommunizieren: Mann und Frau, Eltern und Kinder, Erwachsene und Jugendliche.

Das Buch ist drei Jahre später, in der Zukunft, angesiedelt und behandelt eine kranke Gesellschaft, deren Saat heute schon erkennbar ist. Es ist eine streng moralische Erzählung von einer Gruppe junger Menschen in einer Welt, wo die Eltern jeden Einfluß verloren haben, wo Krawalle und Morde in der Schule an der Tagesordnung sind, und wo die Diskomusik junge Menschen einfängt und zerstört wie ein Rattenfänger.

Es war heiß. Die Tanzfläche in der Disko war überfüllt, als ich mich umdrehte und ein Zehncentstück in den Getränkeautomaten steckte. Seth war irgendwo in der Menge, er tanzte inbrünstig wie ein Pfau, und ich fragte mich, ob er es jemals leid würde. Ich trank meine Limonade. Die Musik und die blitzenden roten und blauen Lichter wurden alle dramatisch beseelt, als die Trommelwirbel loslegten.

Irgendwo hinter mir amüsierten sich Veronica und Rocky wie noch nie in ihrem jungen Leben. Ich mich auch, aber ich konnte Seth nicht finden, um es mit ihm zu teilen, deshalb tanzte ich eine Weile allein.

Meine Augen wanderten zu Season und einem farbigen Burschen, die sich in Trance tanzten. Sie wiegten sich wild zur Musik, und ich sah Season vor Glück lachen. Ich lächelte ihr zu, und sie sah mich mit riesigen funkelnden, aufgerissenen Augen an, dann winkte sie mir zu, bevor der farbige Junge sie abküßte und sie außer Sicht drängte. Die Musik war ohrenbetäubend, und Seth kam wieder zu mir, als ich ein paar Worte mitzusingen begann. »You're the one that I want, you are the one I want oh ... oh ... oh ... you're the one I want ...« Seth nahm mich in seine Arme, und wir tanzten einen Moment wie verrückt. Dann wechselte die Musik, und wir sahen, wie alle hysterisch wurden. Ringsum sprangen Teenager aufeinander, zerrten sich in lüsterner Ekstase auf die Erde. Sie schrien laut zur Musik, zogen Messer hervor und stachen ihre besten Freunde tot ...

Polizeisirenen und schrille Martinshörner füllten meine Ohren, als Seth und ich den Ausgang erreichten. Geblendet konnte ich nur an Veronica, Rocky, Dalton und Season denken. Wo waren sie? Waren sie lebend entkommen wie wir? »Seth, warte«, brüllte ich. »Was ist mit den anderen? Hast du sie mit uns rauskommen sehen?«

Wir traten auf den Bürgersteig und brachen dort zusammen, als ein Krankenwagen quietschend um die Ecke kam. In meinen Augen waren Millionen rote Sterne, und dann sah ich Dalton, Veronica und Rocky aus dem Eingang des Gebäudes rennen.

»Schnell, wo ist Season«, brüllte Rocky. »Wir müssen hier weg, die Bullen sind da.«

»Wo zum Teufel ist sie?« rief Seth. »Ich dachte, sie wär mit uns rausgekommen.« Wir rannten alle den halben Weg zu dem Gebäude zurück, dann blieben wir abrupt stehen, als zwei Polypen auf uns zugeschossen kamen. Wir machten kehrt und zerstreuten uns in dem Durcheinander von geparkten Krankenwagen und Polizeiautos.

Aus irgendeinem Grund rannte ich zu dem tobenden Gebäude zurück. Ich sah nur Season vor meinen Augen, ich mußte sie finden. Ich wich einer Horde in Panik flüchtender Jugendlicher aus und strebte zu einem Haufen von Verletzten, die vor dem Eingang lagen. Season war nirgends zu sehen. Ich wollte gerade wieder hineingehen, als ich sah, wie sie auf einer Bahre weggetragen wurde. Hatte ich Halluzinationen? Ich lief hin und rief verzweifelt ihren Namen. Ihre langen blonden Haare lagen tragisch unordentlich und blutgetränkt über ihrem krankhaft verzerrten Gesicht.

»Season«, rief ich. »Kannst du mich hören? Ich wußte, daß sie bewußtlos war, weil ihre Augen geschlossen waren. Aber ich wollte, daß sie sie aufmachte und etwas sagte. Ein Sanitäter zog die Decke über ihr Gesicht. Er sah mich an und schüttelte den Kopf. »Tut mir leid, Kleine. Sie ist tot.«

Das ganze Buch hindurch ist es der Rhythmus der Rockmusik, der die Gemüter der Jugendlichen gefangennimmt, ihre Seelen durchdringt und sie in Wilde verwandelt. Er ist stärker und macht süchtiger als Rauschgift, primitiv wie die Dschungelrhythmen Afrikas und das Trommeln und die Gesänge des Voodoo-Kults. Aber auch Jennifer ist besorgt wegen des Rauschgifts und vertritt einen strengen moralischen Standpunkt. Rocky, der Olivia und die übrigen der Gruppe zuerst mit Marihuana versorgte, überredet sie nun, LSD zu probieren. In halluzinatorischem Wahn stehlen sie einen Wagen und fahren damit auf die Schnellstraße, wo sie einen Frontalzusammenstoß haben. Die Bandenmitglieder sind nicht schlimm verletzt. Sie landen in Polizeigewahrsam, und Olivias Mutter kommt sie besuchen. Es wurde ein katastrophales Gespräch.

»Hallo Mom«, sagte ich, als ich hinter der Glasscheibe saß. »Wie gehts Oscar? Okay?«

Sie wandte den Kopf und sah langsam zu mir hin. »Wie konntest du nur, Olivia? Das war etwas, das nichts mit dir zu tun hatte. Ich weiß nicht, was ich sagen soll. Sieh dich bloß an ... fünfzehn, und schon hier gelandet. Dein Bruder Oscar war nie unter Arrest, warum du?«

Ich zuckte die Achseln. »Es ist nun mal passiert. Wir konnten nichts dafür. Wir wollten bloß ein bißchen Spaß.«

»Der einzige Spaß, den du kriegen wirst, ist bei deiner Tante, junge Dame. Ich will nichts mehr damit zu tun haben; du und deine leichtsinnigen, liederlichen Freunde. Die bringen dich bloß in Schwierigkeiten; erst die Disko und nun dies. Olivia, ich schicke dich zu deiner Tante, und damit basta.«

Ich sah mich um und versuchte was Nettes zu sagen. »Mom, sie sind meine besten Freunde. Und was ist mit der Schule? Ich hab im September Prüfung.«

Als sie entlassen werden, beschließen die Teenager, »die Fliege zu machen.«

Es war der glücklichste, unvergeßlichste Abend meines Lebens, als wir alle, gegenseitig die Arme um die Schultern, die Gasse entlangschlenderten. Dies war die Straße zur Freiheit. Die Straße, auf die ich so lange gewartet hatte. Jetzt wurde es wahr. Jetzt waren wir zusammen und würden immer zusammenbleiben. Seth, Veronica, Daltyboy und Rocky. Für immer. Die Sterne strahlten ihre Abschiedsbotschaft herab. Der Mond strahlte seinen Mondenschein des Glücks herab. Und der dunkle Himmel schüttelte seine Decke voll Frieden, Glück und überschäumendem Wohlwollen herab. Ich lächelte, als wir von der Gasse in die Hauptstraße einbogen. Die anderen lächelten auch, denn wir waren alle glücklich; wir waren alle frei.

So begann ein außergewöhnliches Abenteuer in einer Welt anarchistischer Teenager, unfähiger Erwachsener, brutaler Polizisten und psychopathischer Jugendlicher. Persönliche Beziehungen und persönliche Tragödien rollen ab vor dem Hintergrund von Gewalt und Revolution und enden mit dem Tod des Helden.

Er sah aus, als läge er auf seinem Totenbett. Weißes verzerrtes Gesicht, matt geschlossene Augen, die bläulichen Lippen leicht geöffnet wie in Atemnot. Seth setzte sich an sein Bett. Ich zog mir einen Stuhl heran. Veronica und Rocky blieben stehen, ihre Mienen nicht kläglicher als unsere. Daltyboy machte die Augen nicht auf. Seth berührte sanft seinen bloßen Arm, der auf der Decke lag. Dann öffnete er matt die Augen. Ein leises Flüstern beherrschte das Zimmer. »Hi ... Kumpels.«

Seth und ich sprachen gleichzeitig. »Hi.«

»Wann ... komm ich ... hier ... raus?«

»Ist okay, Junge. Wir sind bei dir.« Seth drückte ihm feste die Hand. Daltyboy antwortete mit einem kurzen Lächeln.

»He, Daltyboy.« Rockys Stimme schnappte über. »Ich hatte heute Nacht 'nen komischen Traum von dir.«

Daltyboy lächelte wieder. »Ich hab immer ... von dir ... geträumt ...« Plötzlich stöhnte er. Dann hatte er einen Hustenanfall. Seth hielt seine Hand noch fester. Dann hörte er auf. »Es waren ... immer ... Träume ... die mich ... glücklich ... gemacht haben ...«

Dalton starb wenige Stunden später, während seine Freunde an seinem Bett waren.

Ich fuhr mit meiner Hand langsam, behutsam über sein Gesicht. Daltyboy sah so jung aus. Er war so friedlich, mit dem Ausdruck eines schlafenden Babys. Seth verzog keine Miene. Er löste langsam Daltyboys Hand, die sich um seine klammerte, befreite sich aus dem verzweifelten leblosen Griff. Die Tür ging auf. Eine Krankenschwester kam herein, leise gefolgt von einem Arzt. Sie sagten nichts. Sie waren schweigsam wie wir. Seth legte Daltyboys Hand wieder auf seinen Bauch. Auf die Decke. Wie vorher. »Stirb jung, bleib schön«, flüsterte er.

Nach Beendigung der Niederschrift von ›Diskomanie‹ begab sich Jennifer an die langwierige Arbeit des Abtippens. Sie fügte ihre eigenen Reklamesprüche bei (»Weltbestseller, das Buch, das Sie einfach lesen müssen. ›Australian Press‹. Das Buch, das alle Teenager begrüßen werden. ›New York Times‹«) sowie einen Vers über das Thema »geschrieben von einem Teenager für Teenager«, verpackte es und schickte es an Fontana. »19. August 1980. Mein Glück muß verflogen sein. Was kam heute nachmittag anderes zurück als mein ›Diskomanie‹-Manuskript. Fontana hat es nicht angenommen. Nun gut, ich versuche es bei einen anderen Verlag.«

Das Vakuum, das die Teenager in ›Diskomanie‹ von der Welt der Erwachsenen trennt, spiegelte die oben-unten-Trennung in Furzy Park Nr. 35 wider. Niemand in ihrer Familie hatte eine Ahnung, was die in ihrem Zimmer verbarrikadierten Zwillinge trieben. Nur durch Zufall fand Gloria heraus, daß das meiste von ihrer Arbeitslosenunterstützung für die Bezahlung des Drucks von ›Der Pepsi-Cola-Süchtige‹ draufging. Einmal kam Aubrey hinauf und brachte sie in Verlegenheit, als er ein beschriebenes Blatt aufhob. Die Worte waren so lang und hochtrabend, daß er überzeugt war, sie schrieben einfach aus ihren hochgestochenen Büchern ab. Gloria verwandte ihre ganze Energie auf ihre älteste Tochter, und das Familienleben drehte sich um Besuche bei Greta und die wöchentliche Einkaufsfahrt zum Supermarkt.

»Was ist das?« fragte einer der seltenen Gäste, als Greta und Gloria gerade auf einer Party Stapel von Plastikbehältern mit roten Deckeln aufstellten. Die Decke des Wohnzimmers vibrierte vom Klappern der Schreibmaschinen, gefolgt von eigentümlichem Poltern und Krachen. Gloria nahm keine Notiz davon »Ich geh nach oben«, erbot sich Greta. Gloria schüttelte verlegen den Kopf. Gerade als sie einer Frau von der Marinesiedlung noch eine Schüssel zeigen wollte, kam ein greller Schrei, gefolgt von einem gewaltigen Krach, so daß die Tassen der vier, fünf kaffeetrinkenden und plaudernden Frauen wackelten. Sie machten erschrockene Gesichter. Gloria blieb ungerührt.

»Das sind bloß die Zwillinge«, versicherte sie. Mit einem Anflug von Stolz in der Stimme fuhr sie fort: »Sie schreiben nämlich ein Buch.«

Von der ganzen hektischen schriftstellerischen Aktivität war selbst Rosie ausgeschlossen. Ihre tyrannischen Schwestern hielten ihr vor, sie führe ihre Botengänge nicht zufriedenstellend aus. In einer gespielten Gerichtsverhandlung verurteilten sie sie zu drei Tagen Coventry sowie zur Verbannung aus ihrem Zimmer auf unbestimmte Zeit. Rosie brach in Tränen aus. Von da an befand Rosie, das unbezahlte Boten- und Vermittlerdasein sei eine undankbare Rolle, und sie suchte fortan Zuflucht in der Gesellschaft gleichaltriger Mädchen.

Auch mit June und Jennifer ging eine Veränderung vor sich. Teils war es eine Reaktion auf die ständige Enttäuschung durch die vielen Absagen von Verlegern, die alles ablehnten, was sie schrieben und jegliche Hoffnung zunichte machten. Aber es lag auch daran, daß sie erwachsen wurden. Wie ein von der Familie verlassenes Paar im mittleren Alter, fanden sie die Anwesenheit der anderen zunehmend frustrierend. Während sie sich in den frühen Jahren wie selbstverständlich zusammen durchgeschlagen hatten, wollten sie nun ein anderes Stück von sich selbst finden, das nicht der Partnerin gehörte. Aber sie wurden stets zurückgehalten. In dem muffigen kleinen Schlafzimmer in Furzy Park war kein Platz für zwei junge Frauen, die sich von zurückgebliebenen Schulmädchen in Stars verwandeln wollten. Jedesmal wenn eine von ihnen anfing, ihr eigenes Gesicht und ihren Körper, ihre eigene Identität zu erlangen, holte sie der Schatten ihrer Zwillingsschwester ein.

Sie waren nun siebzehneinhalb und hatten aufgehört, ihre Brüste zu bandagieren, um flachbrüstig zu bleiben. Die Hormone gewannen schließlich die Oberhand. Sie kauften Bücher über Gesundheit und Schönheit, machten Gymnastik zur Verbesserung der Figur und schlenderten, in der Hoffnung aufzufallen, durch die Straßen von Haverfordwest. Sie boten einen seltsamen Anblick, wie sie zusammen durch die Straßen wanderten, die Kragen ihrer

Eskimojacken hochgeschlagen gegen die Herbststürme vom Meer. Sie investierten fünfzehn Pfund in ein Fernglas, das sie überallhin mitnahmen. Da sie keine andere Möglichkeit kannten, Kontakte zu knüpfen, verwendeten sie ihre neue »Waffe« zur Jagd auf Jungen. Von Zeit zu Zeit blieben sie stehen, um sich zu vergewissern, daß sie nicht beobachtet wurden, dann zog eine das Fernglas unter ihrer Jacke hervor und richtete es auf die Fenster bestimmter Häuser in der Siedlung. Die ortsansässigen Jünglinge waren nicht sonderlich interessant, aber einen Jungen gab es, den fünfzehnjährigen Darren, dessen blonder Haarschopf in dem verwischten Rund des Fernglases schimmerte. An einem öden Nachmittag, als wieder ein Manuskript mit einem ablehnenden Brief zurückgekommen war, zogen sie ihre »Jagdkluft« an und folgten ihm und seinen Freunden durch die Stadt. An manchen Abenden versteckten sie sich vor seinem Haus, spähten durch die erleuchteten Fenster, läuteten an der Tür und rannten davon.

Liebster Darren,
wir verehren Dich, wir lieben Dich, wir wollen Dich für uns haben.
Deine heimlichen Verehrerinnen

Briefchen wie dieses wurden unter seine Tür geschoben oder in der Telefonzelle hinterlegt, stets anonym. Aber ihre unkonventionellen Annäherungsversuche nützten ihnen wenig. Die Zwillinge konnten niemals ihre Namen nennen – auch nicht am Telefon —, und liefen vor jeder persönlichen Begegnung davon.

Die schriftstellerische Betätigung war ähnlich unbefriedigend. Nach ihrer zweiten Ablehnung von Fontana schrieb Jennifer an jeden Verlag, der ihr in den Sinn kam. Die Antworten waren entmutigend. Manche verlegten nur Reiseführer oder geschichtliche oder wissenschaftliche Bücher und befaßten sich nicht mit Romanen. Andere hatten einfach kein Interesse an den Romanen der Zwillinge. Zum erstenmal versiegte Jennifers Optimismus. »Ein entmutigender Tag.« Sie wurde unruhig. »Ich sorge mich um meinen Roman. Es ist eine Menge Arbeit, aber ich muß mich noch mehr anstrengen. Irgendetwas fehlt noch.«

Als eine Enttäuschung auf die andere folgte, wurden die Zwillinge immer mehr von der Realität abgeschnitten. Sie wußten, sie mußten Tritt fassen, um in der Welt zu leben, der sie sich stets entzogen hatten, aber es war niemand da, um sie zu retten. Sie waren vollkommen allein da oben in dem Zimmer voller Bücher und Puppen. Die Hilfeschreie der Mädchen blieben stumm. Es war zu spät, um den Pakt aufzulösen. Normale pubertäre Verwirrungen wurden übertrieben und in lebhafte nächtliche Symbole transformiert. Ihre Träume wurden lebhaft und detailliert wie Fragmente aus einem mittelalterlichen Manuskirpt. Sie waren fasziniert davon, ließen sich Anleitungen für ihre Deutung kommen und verzeichneten sie in ihren »Traumbüchern« mitsamt einer Analyse ihrer Bedeutung und einer zusammenfassenden Bezeichnung: ein denkwürdiger Traum, ein unbeschwerter Traum, ein bildhafter, superphantastischer Gruseltraum.

Ich esse Chips und sehe fern. Drei Jungens sind auf Pferden. Ein Spastiker rollt mit dem Kopf, seine Zunge hängt raus. Er bittet einen Mann um eine Kippe. Der Mann verbrennt seine sämtlichen Streichhölzer. Ein Junge fällt vom Pferd. Sein Handgelenk blutet. *Essen:* Mangel an Liebe und Zuwendung – der Liebe, die mir im wirklichen Leben verwehrt ist. *Jungens:* Mein Unterbewußtsein hat sie bemerkt und ich auch. *Mord:* Ausbruch aus einer schwierigen Situation. *Feuer:* Verbrennen meiner Brücken. *Fernsehen:* Wunsch zu entfliehen. *Feuer:* Wunsch zu entfliehen.

Nacht für Nacht tauchen dieselben Themen auf, manche sind nahezu prophetisch: spastische Kinder, Fenster (vom Leben abgeschnitten), Puppen (Unsicherheit und Einsamkeit), Mord und vor allem Feuer (beides Symbole für die Flucht aus unerträglichen Situationen).

Der 19. November 1980 war ein strahlender Wintertag. June und Jennifer blieben den ganzen Morgen im Bett, schlichen nach unten, um sich einen Imbiß zu machen, wobei sie wie gewöhnlich den Toast verbrannten und in der Küche ein Durcheinander hinterließen. Gloria war mit Greta unterwegs. Ein paar lustlose Stunden lang spähten die Zwillinge durch die Gardinen des nach vorne gelegenen Schlafzimmers in die Fenster der Nachbarn. Sie sahen den Briefträger kommen, der die zweite Post austrug. Es läutete an der Tür. Beide Mädchen erstarrten, dann liefen sie um die Wette zur Tür. Vorsichtig, damit sie nicht sehen oder gesehen werden mußten, öffnete Jennifer und streckte ihre Hand aus. Doch diesmal waren die Pakete zu schwer. Sie war gezwungen, die Tür zu öffnen, damit der Postbote ein riesiges Paket abliefern konnte.

»Hallo Mädels«, sagte er. »Hier ist was Spannendes für euch.«

Jennifer schnappte das Paket ohne zu antworten und raste nach oben, wo June und sie es öffneten und beim Auspacken über jedes bestellte Buch in Verzückung gerieten: ›Telekultische Kräfte‹, ›Unmittelbare Geisteskraft‹, ›Selbsthypnose‹ und vieles mehr. Die Zwillinge hatten sich eine komplette Bibliothek über okkulte Kräfte und Hexerei zugelegt.

Am nächsten Abend begannen sie zu experimentieren. Sie schoben die Berge getippter Texte beiseite, die sich im ganzen Zimmer angesammelt hatten. June zog hinter alten Stiefeln im Schrank ihre Pfarrerpuppe sowie die Zwillinge Charlotte und Samantha hervor, während Jennifer Kerzen im Kreis aufstellte. »Haben ein bißchen Hexerei probiert, um Darren mit Kerzen ins Haus zu bringen«, berichtet June. »Haben versucht, mit Marilyn Monroe zu sprechen. Versuchen, mit dem blonden Jungen Kontakt aufzunehmen.«

Die Anweisungen zur Hexerei waren einfach beschrieben, aber die Zutaten waren in West Wales nicht leicht zu erhalten. Laut Rezept hätten sie eine Eichenplatte mit »sieben Espenblättern« haben müssen, denen »ein Quentchen Drachenblut (das Harz der Palme *Calamus draco*) und ein Viertelbecher trockener Rotwein von säuerlichem Geschmack« hinzuzufügen war. Die Espenblätter sollten die Unbeständigkeit des Mannes anzeigen, das »Blut« sein Feuer und der trockene Wein seine Grausamkeit.

Die Mädchen hatten keine Ahnung, wo sie Drachenblut auftreiben sollten und kannten keinen Unterschied zwischen Espen- und anderen Blättern: In dieser Gegend sind

Bäume und mithin Blätter rar. Aber sie fanden beim Schuppen im Garten ein paar verwelkte Blätter, nahmen etwas von dem Stärkungswein, den sie gekauft hatten, um ihre geistigen Fähigkeiten wachzuhalten, und begnügten sich mit ein paar Blutstropfen aus ihren Armen. Jennifer kniete sich vor die Kerze am Kopfende des Bettes und wiederholte die Worte: »Gunst dessen der die Nacht durchstreicht / macht deinem Liebsten das Treusein leicht.« Dann teilte sie (immer noch die Anweisungen lesend) die Kerze in zwei Hälften, wobei die obere Hälfte über den Boden rollte und die Kante des Bettüberwurfs in Brand steckte. Schnell löschte sie das Feuer mit etwas Stärkungswein. Dieses ausgeklügelte Ritual sollte Darren, der drei Häuser weiter wohnte, herbringen.

Junes Zeremoniell war allgemeiner. Sie wollte unbedingt herausfinden, ob ihre Schwester eine Hexe war, und suchte Rat in ihren Büchern:

Es gibt viele Wege zur Erkennung einer Hexe, und da die Personen alles daransetzen, ihre schreckliche Macht geheimzuhalten, mag eine Anleitung zu ihrer Entdeckung dir den Weg ebnen ... Irgendwo am Körper der Hexe befindet sich eine Warze. Bei dem Ruf *Vivat Luzifer* wird die Warze für einen Moment lila.

June war nahezu gelähmt vor Spannung, als sie die Worte *Vivat Luzifer* ein ums andere Mal flüsterte, während sie verstohlen jeden Makel auf Jennifers Haut prüfte. Sie konnte keine Veränderung entdecken. Aber vielleicht funktionierte dieser Test bei farbigen Hexen nicht?

Die Mädchen gingen zu fortgeschritteneren Experimenten über, sie steckten Nadeln in Puppenherzen und versuchten, Darren mit Hilfe von Wasser und Pendel herbeizurufen.

Eine Zeitlang nahmen ihre geheimen Rituale ihr Dasein ganz in Anspruch. Aber die Geister aus der anderen Welt waren kein Ersatz für das Aufregende an wirklichen Jungen. Das Problem war die Kommunikation. Es gab keine Hoffnung, eine Beziehung zu einem Jungen herzustellen, wenn sie nicht mit ihm sprechen konnten. Aber ihre Verlegenheit machte das unmöglich. Es war sehr deprimierend; die Mädchen waren reizbar und beunruhigt. In dieser Stimmung kam es – fast zufällig – zu ihrer ersten Straftat.

Kurz vor Weihnachten, am 18. Dezember 1980, machten die Mädchen Besorgungen im Postamt. »Es war ein Pechtag«, schrieb Jennifer in ihr Tagebuch. »Gott vergebe. Zwei Teddybären, nicht zum Geklautwerden bestimmt. Wir wollten bei Tordoff ein paar Geschenke kaufen, aber am Ende gingen wir weg, ohne zu bezahlen. Es war Geschäftsschluß, und alle waren überdreht. Es kam unversehens.«

Die abweisende Haltung Gretas mit ihrem neugeborenen Baby war vermutlich ebenfalls ihrem Mangel an gesellschaftlichem und literarischem Erfolg zuzuschreiben. Weihnachten kamen David und Vivienne mit Baby Lee sowie Greta und Phil mit der kleinen, kaum drei Wochen alten Helen-Marie zu Besuch.

»Wo sind die Zwillinge?« fragte Greta.

»Oben«, erwiderte Gloria. »Sie sind dieser Tage sehr beschäftigt. Gefällt euch die Lampe, die sie euch geschenkt haben? Das war lieb von ihnen.«

»Großartig«, sagte Phil. »Ich hab vorhin in der Küche ›hallo‹ zu ihnen gesagt. Schienen ziemlich in Eile zu sein!«

»Ach, das sind sie immer«, sagte Gloria. »Spring hinauf und zeig ihnen das Baby, Greta. Sie möchten sie bestimmt gerne mal halten.«

Greta wickelte Helen-Marie in ein Tuch. Sie ging nach oben und klopfte an die Tür der Zwillinge. Es kam keine Antwort. Sie stieß die Tür auf. June saß am Tisch und schrieb in ihr Tagebuch. Jennifer war in eine Ausgabe von D.H. Lawrences ausgewählten Briefen vertieft. Die Zwillinge, über Gretas ungebetenes Eintreten erzürnt, standen zusammen auf und bildeten eine Barriere zwischen Greta und dem Inneren ihres Heiligtums.

»Bestimmt möchtet ihr gerne das Baby sehen. Ihr dürft es mal halten, wenn ihr wollt«, sagte Greta nervös.

Ein unsichtbares Signal ging von einem Zwilling zum anderen. Mit zeitgleicher Präzision blickten sie auf das winzige Geschöpf in dem Tuch, das ihnen dargereicht wurde, und drehten sich weg. Greta drückte Helen-Marie an sich und starrte haßerfüllt auf die zwei feindseligen Rücken. Dies, schwor sie sich, war das letzte Mal, daß sie sich mit ihren ungehobelten Zwillingsschwestern abgegeben hatte. Sie waren zu lange ein Fluch in ihrem Leben gewesen, hatten sie gezwungen, ihr Heim zu verlassen und machten ihr die Besuche peinlich, besonders, wenn Phil oder seine Eltern dabei waren. Sollten sie doch in ihrem stinkenden kleinen Zimmer mit Haufen zerknülltem Papier und Essensresten verschimmeln. Von nun an waren sie Luft für sie. Tränen brannten ihr in den Augen, als sie nach unten ins Wohnzimmer eilte.

Als sie fort war, packte June und Jennifer die Reue. June machte wie gewöhnlich Jennifer Vorwürfe, weil sie sie von der Familie fernhielt. Sie hatten Baby Helen-Marie so gerne halten wollen. In den letzten drei Wochen hatte June von Babys geträumt. Für Helen-Marie hatten sie die Teddybären ausgesucht (wenn auch nicht bezahlt). Sie hatten so viel an dieses Baby gedacht. Hätten sie doch nur ihre wahren Gefühle zeigen können.

In den Monaten nach Weihnachten versuchten die Zwillinge den flotten Rhythmus des Schreibens, den sie im vorigen Sommer entwickelt hatten, wieder aufzunehmen. Jennifer hatte noch zwei Romane geschrieben. June versuchte ein Exposé für ein Theaterstück mit dem erstaunlichen Titel ›Postbote und Postbotin‹ zu schreiben und schickte es an die BBC, die es eine Woche später mit dem unvermeidlichen Ablehnungsbescheid zurückschickte: »BBC sagt, man kenne mich nicht«, schrieb June in ihr Tagebuch. Der Eifer der Schriftstellerei schien abhanden gekommen zu sein. Das Verlangen nach Beziehungen mit Jungen war viel wichtiger.

Persönliche Freundschaften schienen nicht machbar, aber eine andere Möglichkeit tat sich auf: Da sie beide flüssig schreiben konnten, warum keine anderen Wege zur Kommunikation mit Jungen entwickeln? Sie kennenlernen, so daß die erstickende Verlegenheit verflog und, wenn diese Barriere beseitigt war, eine echte Beziehung zu ihnen aufbauen? Wie alle Projekte der Zwillinge wurde die

»Operation Brieffreund«, die Suche nach Liebe und Freundschaft per Post, mit großem Eifer und großer Begeisterung betrieben.

Die Welt des einsamen Jugendlichen auf der Suche nach einem Seelengefährten ist eine bittere Subkultur, wovon ein eher Extrovertierter wenig weiß. Die Seiten der Magazine für Brieffreundschaften sind angefüllt mit Bildern und Aufrufen von jungen Leuten aller Art und Nationalität, die zu schüchtern sind, um hinzugehen und Freundschaften zu schließen. Die Zwillinge kauften so viele derartige Magazine, wie sie finden konnten, etwa ›Lisa's Letterbox‹ (Lisas Briefkasten) und ›Matchmaker‹ (Heiratsvermittler), und verbrachten Stunden mit Betrachten der Fotografien und Lesen der Beschreibungen, ehe sie sich entschieden, welchen Jungen sie um nähere Einzelheiten bitten sollten. Wie die Waren, die sie gekauft und die Kurse, die sie bestellt hatten, war es viel befriedigender, Männer per Post zu »erwerben«. Sie konnten sich in Jungen aus aller Welt verlieben, insbesondere aus ihrem geliebten Amerika, ohne befürchten zu müssen, als die zwei wunderlichen Geschöpfe, die sie waren, entlarvt zu werden. Auch ihre eigenen Reize priesen sie in Magazinen an.

Jennifer Gibbons, Furzy Park 35, Dale Rd. Siedlung, Haverfordwest, Dyfed, Wales. Studentin, 17 Jahre alt. 1,62 groß, liebt Musik, Lesen, Gedichte und Tanzen. Wünscht sich schüchterne Jungen zwischen 15 und 21. Müssen gefühlvoll, sensibel, leidenschaftlich, romantisch, zuverlässig, reif, ernsthaft und aufrichtig sein. Jede Nationalität. Sternzeichen ist Widder.

Als ihre erste Beute erwählte June zwei Vierzehnjährige, Winston aus Irland und Stephen aus Nordengland. Ein paar Tage später schweifte sie weiter in die Ferne, zu Mario aus Mauritius und Abraham aus Malta. Aber deren unregelmäßige und oft fehlerhafte Briefe waren unbefriedigend.

»19. März 1981. Ein langweiliger Tag. Ich träume nur noch von einem aktiveren Leben. Etwas Seltsames geschieht. Mein Gemüt ist tot. Ich weiß, ich verschwende meine Jugend. (Aus Langeweile esse ich zuviel.)«

Die Zwillinge mußten ausbrechen. Ihre Schriftstellerei, so scharfsichtig sie auch war, entbehrte der Realität. Sie brauchten Erfahrungen. June schrieb eine Geschichte mit dem schlichten Titel ›Flucht‹ und vertraute ihrem Tagebuch an: »Ich habe mir vorgenommen, im Sommer auszureißen.«

V. Der amerikanische Traum

> Gott weiß, was für Erinnerungen mir blieben, hätte dieser Sommer mich nicht die Geheimnisse von Liebe, Leidenschaft und Sex gelehrt. Sie sind in meinem Gedächtnis wie eine Schnur goldener Blitze. Jemand gab mir die Chance, etwas mit meinem Leben anzufangen, und ich griff danach wie ein Kind nach Süßigkeiten.
>
> *Jennifer Gibbons*

Ein schwarzes Taxi fuhr langsam über eine Landstraße auf der wogenden Landzunge der Küste von Pembrokeshire. Die Hecken zeigten den ersten Schimmer früher Frühlingsknospen, und die öden Umrisse der Landzunge wiesen Flecken mit hellerem Grün auf. Das Taxi, von einem ansässigen Unternehmen aus London eingeführt, war auf diesen fernen Waliser Feldwegen ein ungewohnter Anblick. Es fuhr unsicher dahin, hielt vor den Toren einiger Bauernhäuser, drehte und probierte verschiedene Straßen.

Len, der Fahrer, war an diesem Tag ganz gelöst. Es war Anfang April, eine Woche vor Ostern, und Frühling lag in der Luft. Len war froh, den steilen grauen Straßen von Haverfordwest zu entkommen. Er zündete sich eine Zigarette an, kurbelte sein Fenster herunter und bertrachtete im Rückspiegel seine zwei Passagiere. Sie boten einen ungewöhnlichen Anblick: zwei farbige Mädchen, die völlig gleich aussahen. Beide trugen rote Kopftücher über ihren zottigen schwarzen Haaren, die ihnen in die schmalen Gesichter hingen. Sie wirkten wie Kinder auf dem Weg zu einem Kostümfest. Sie rauchten Zigaretten, aber dem Prusten und Kichern nach zu urteilen, hatten sie es noch nicht oft versucht. Er fühlte ein Klopfen auf seiner Schulter und sah aus dem Augenwinkel eine schmale schwarze Hand mit langen, in einem schmutzig-kastanienbraunen Ton lackierten Fingernägeln. Die Hand deutete auf ein weißes Bauernhaus auf einem Hügel.

»Das ist das ›French Motel‹«, sagte er. »Nette junge Mädchen wie ihr haben da nichts zu suchen.«

Seine Passagiere antworteten nicht. Wieder ein Klopfen, und er fühlte die langen Nägel sanft in seinem Nacken kratzen. Die Hand deutete abermals. Er war verpflichtet zu gehorchen, aber allmählich wurde ihm die Fahrt unbehaglich. Eine junge Dame mit amerikanischem Akzent hatte ihn angerufen. Sie hatte sich als Miss Ford ausgegeben und ihm gesagt, er möge sie um neun Uhr außerhalb der Marinesiedlung abholen. Sie hatte ihm kein Ziel genannt, doch erwähnt, daß sie kurz zum US-Standort und dann weiter in die Nähe von Fishguard wolle.

Daran schien nichts ungewöhnlich. Es kamen häufig Anrufe, die amerikanischen Armeeangehörigen und ihre Familien zum und vom Standort zu befördern. Aber als er vor der Siedlung vorfuhr, hatte er nur zwei Mädchen gesehen, die nicht älter als zwölf, dreizehn Jahre sein mochten. Sie stiegen in sein Taxi ohne ein Wort zu sprechen, stellten einen Stereorekorder, den sie bei sich hatten, auf volle Lautstärke, und von da an saßen sie sprachlos da und nickten von Zeit zu Zeit mit den Köpfen zur Musik.

»He, stellt den Lärm ab, ja?«

Der Taxameter zeigte fast neun Pfund an, und Len fragte sich, ob sie wohl bezahlen konnten. Die Mädchen nahmen keine Notiz von seinen ängstlichen Blicken, sie stellten nur die Popmusik leiser und lächelten. Plötzlich fühlte er wieder das Klopfen auf seiner Schulter, diesmal eindringlicher. Sie befanden sich mitten im Nirgendwo, anderthalb Kilometer von dem Motel entfernt. Nirgends ein Haus zu sehen. Er bremste. Die Hand reichte ihm eine Zehn-Pfund-Note. Er nahm sie und wartete, als die Mädchen die Tür auf jeder Seite des Taxis öffneten und ganz langsam, mit perfekt aufeinander abgestimmten Bewegungen ausstiegen. Ungläubig beobachtete er diese bizarre, kleine Zeremonie. Dann fuhr er achselzuckend davon und wendete ein paar hundert Meter weiter auf einem Feld. Auf dem Rückweg sah er seine mysteriösen Passagiere noch da stehen, wo er sie abgesetzt hatte. Er winkte, aber sie gaben kein Zeichen des Erkennens. Er drosselte kurz das Tempo und wollte schon anhalten und fragen, ob sie mit ihm zurückfahren wollten, aber dann dachte er an die Hand mit den langen Fingernägeln und das ausdruckslose Lächeln in seinem Spiegel, wenn er irgendwelche Fragen stellte. Er schauderte und raste zurück nach Haverfordwest.

June und Jennifer feierten. Es war ihr achtzehnter Geburtstag, und sie hatten beschlossen, ihre Manuskripte und die zunehmend fruchtlosen Bemühungen, berühmte Schriftstellerinnen zu werden, aufzugeben und sich auf die Suche nach dem Leben in Gestalt von Lance Kennedy zu machen, ihrem Beschützer in Eastgate. Mit ihrer üblichen Beharrlichkeit hatten sie die Telefonnummer der Kennedys herausgefunden, indem sie so oft bei der US-Marinebasis in Brawdy anriefen, bis sie schließlich auf einen Telefonisten trafen, der einfältig genug war, ihre Geschichte von einer alten Freundin der Familie zu glauben. Aber die Adresse gab er ihnen nicht.

Von da an stand das Telefon der Kennedys nicht mehr still. Manchmal wurde nach etlichem Geschlurfe und Gekicher der Hörer aufgelegt. Ein andermal hörten sie die angenehme amerikanische Stimme eines jungen Mädchens namens Lisa Ford, die behauptete, die Familie aus Hawaii zu kennen. George Kennedy war dort zwischen zwei Dienstperioden im Waliser Standort stationiert gewesen, und da »Lisa« nicht wenige Einzelheiten über die vier Brüder, insbesondere Lance, zu wissen schien, nahmen sie an, sie sei eine seiner Freundinnen.

Lance hatte Eastgate zur selben Zeit wie die Zwillinge verlassen und war nach Philadelphia zurückgekehrt, um bei der US-Marine anzuheuern. Jerry, der älteste Sohn, hatte einen Kursus in einem College belegt und arbeitete nachts als Küchenchef in einer schäbigen Kneipe am Eingang zur Militärsiedlung, hundert Meter von der Wohnung der Zwillinge entfernt. Wayne, mit seinen welligen braunen Haaren und dem netten Lächeln der attraktivste von den Vieren, war arbeitslos und an keiner Weiterbildung interessiert. Er genoß seine Freizeit mit den Mädchen des Ortes, sogar mit der pummeligen Blodwyn, die in derselben Straße wohnte wie er, entspannte sich bei Marihuana, das er im Café Continental in der High Street von Haverfordwest kaufte, und ergänzte beide Genüsse aus dem unverschlossenen Getränkeschrank seines Vaters. Er war unbeschwert, umgänglich und amüsant. Er war nicht sonderlich beunruhigt durch das Mädchen am Telefon, das behauptete, so viel von ihm und seinen Brüdern zu wissen. »Ach nee«, erwiderte er grinsend. »Wennste so scharf auf meinen Bruder bist, warum kommste nich mal her und kuckst, obs nicht auch mit uns beiden klappt?«

Wayne und Lance waren ein Jahr auseinander, aber sie waren zusammen aufgewachsen und standen sich sehr nahe, wie Zwillinge. Sie erzählten sich alles. Manchmal teilten sie sich dasselbe Mädchen. Lance hatte Lisa Ford nie erwähnt. Ihr Akzent war etwas merkwürdig; er hatte einen amerikanischen Einschlag, klang aber nicht recht überzeugend; es hörte sich eher so an, als hätte jemand aus einem Lehrbuch sprechen gelernt. Aber sie schien ganz vernarrt in Lance und wußte erstaunlich viel, kannte sogar die Namen von Freunden seiner Sonderschule in Eastgate. Einmal wollte das Mädchen unbedingt die Adresse wissen. Wayne war einen Augenblick verdutzt, sein Gleichmut geriet durch ihren Ton in Bedrängnis. »In der Nähe vom ›French Motel‹«, antwortete er ausweichend. »Willste nich mal vorbeikommen und mit uns was trinken?«

Ausnahmsweise war es still. Lisa Ford hatte aufgelegt.

Als das Taxi verschwunden war, machte Jennifer June ein Zeichen. Die beiden Mädchen gingen hintereinander den Hügel hinauf zu dem Motel. Es besteht aus zwei niedrigen, weißen Gebäuden auf einer Anhöhe. Ein großer Parkplatz trennt den Bau mit der Anmeldung und den zweckmäßig, im amerikanischen Stil gehaltenen Zimmern von einem zweiten Gebäude mit Bar und Restaurant. Die Lage am Hang, bevor die Landzunge zur Fishguard Bucht abfällt, ist eigentlich recht hübsch, aber zu der Zeit, als die Zwillinge dort auftauchten, war es ein heruntergekommener Treffpunkt für Motorradbanden und Drogenhändler. Der Ort war der Polizei wohlbekannt, die häufig Razzien durchführte, aber keine Schließung durchsetzen konnte.

June und Jennifer kamen zum Parkplatz und betrachteten die zwei, drei dort abgestellten Motorräder und den Haufen Flaschen, Bierdosen und sonstige Abfälle, die aus den Behältern vor dem Bareingang überquollen. Die Mädchen waren aufgeregt. Dies war genau der Schauplatz ihres amerikanischen Traums. Die Motelzimmer, die auf den mit Unrat übersäten Parkplatz hinausgingen, besaßen eine Aura schäbiger Erwartung; alle möglichen erotischen Auswüchse könnten sich in solchen Räumen abspielen, gelegentlich sogar ein ekstatischer Mord.

Ein Mann in dicker Lederkluft kam aus dem Anmeldungsbau, bemerkte die Mädchen, die zwischen den Behältern herumstöberten, Papierschnipsel aufhoben und lasen. Er war heute für den Geschäftsführer eingesprungen, und es paßte ihm nicht, daß so ein komisches Paar hier herumschnüffelte. Sie könnten von der Polizei eingeschleust worden sein. »Sucht ihr jemanden?« rief er. June und Jennifer, in ihre Suche nach Hinweisen auf Waynes Bleibe vertieft, sprangen schleunigst davon wie streunende Katzen.

Am späten Nachmittag hatte sich der Frühlingshimmel bewölkt. Über der Landzunge reihten sich Sturmsignale auf. Ein paar Regentropfen fielen. Die braune Schuhwichse, die sich die Zwillinge in die Gesichter gerieben hatten, damit sie glänzten, begann zu rinnen. Aber sie waren immer noch eifrig auf der Suche nach dem Haus der Kennedys. Sie hatten mehrere Häuser zwischen den verstreuten Bauernhöfen dieser Gegend gesehen, aber keins paßte richtig auf die Beschreibung, die sie im Sinn hatten. Es mußte amerikanisch aussehen, mit mindestens einem, wenn nicht zwei Kombiwagen vor der Tür.

Sie waren unterdessen müde und sehr hungrig. Sie dachten an den Geburtstagskuchen, den sie zu Hause immer bekamen, mit den zwei Kerzenreihen, die einander gegenüberstanden wie feindliche Soldaten. Sie hatten das alles hinter sich gelassen, mitsamt ihren Büchern und Puppen. June sah auf die nagelneue Seiko-Uhr, die ihre Mutter ihr am Morgen geschenkt hatte. Jennifer hatte genau dieselbe. Es war schon fünf Uhr nachmittags. June war neugierig, ob Gloria sich wohl sorgte, weil sie so lange ausblieben, aber Jennifer ließ nicht zu, daß sie sich solche Gedanken machte. Sie waren achtzehn, und es war Zeit für ein Abenteuer.

Fishguard ist eine graue, allen Wettern ausgesetzte Kleinstadt. Stürme von der Irischen See wehen unablässig um ihre windschiefe Silhouette, und auch die Bewohner müssen sich bücken, um sich vor den kalten Wind- und Regenstößen zu schützen. Der kleine Hauptplatz scheint diesen Wind an jeder Ecke einzufangen. June und Jennifer gingen zuerst zu dem Tabakladen an der Ecke, wo sie ihr letztes Geld zusammenlegten (ein paar Münzen behielten sie zum Telefonieren zurück) und jede einen Schokoladenriegel kaufte. Dann gingen sie zusammen in eine Telefonzelle, und Jennifer wählte Waynes Nummer. Niemand nahm ab. Sie gingen durch die Stadt zurück, bis sie zum Stadtpark kamen. Da es fast sieben Uhr war und schon dunkel wurde, war sonst niemand in Sicht. Sie erspähten ein Schaukelgerüst und rannten unter den Wolken um die Wette hin, weil jede die erste sein wollte. Es war eine seltsame Party: Zwei Mädchen feierten ihren achtzehnten Geburtstag in einem verlassenen Park, 16 Kilometer von zu Hause entfernt, indem sie im Regen auf Schaukeln saßen und Schokolade aßen.

Der Rest der Nacht war weniger vergnüglich. Sie hatten ihr ganzes Geld für das Taxi und einen Bus nach Fishguard ausgegeben und hatten nichts für die Rückkehr nach Haverfordwest übrig. Sie stellten sich eine Weile an die Straße und versuchten zu trampen, aber keiner hielt an. Sie beschlossen, zu Fuß nach Hause zu gehen. Gegen Tagesanbruch fanden sie eine Telefonzelle und versuchten es noch einmal bei Wayne. Diesmal ging jemand dran, aber die Münze klemmte im Schlitz. Erschöpft und frierend ließen sie sich auf den nassen Beton sacken, und eine den Kopf an die Schulter der anderen gelehnt, schliefen sie ein.

Am nächsten Morgen, dem Palmsonntag, hatten sie mehr Glück. Unbekümmert wegen ihrer Nacht auf der Straße, war das erste, was sie nach der Heimkehr taten, Wayne anzurufen. Er nahm ab und verabredete sich mit der »geheimnisvollen Amerikanerin« im Café Continental – aber er kreuzte nicht auf.

Die Osterwoche war sehr turbulent für die Zwillinge, die in ihrem Bedürfnis, von jemandem, insbesondere einem Jungen, beachtet zu werden, ihre übliche Vorsicht überwunden hatten. Sie machten gewagte Ausflüge zum Strand und zu den Docks von Milford Haven, wobei sie ihre Afrolook-Perücken trugen oder sich als amerikanische Jungen mit karierten Hemden und Mützen verkleideten. Ihr neues, auf die Jagd auf Jungen ausgerichtetes Dasein erforderte die richtige Ausstattung, und die Zwillinge fanden heraus, daß sie, wenn sie fix genug waren, das eine oder andere T-Shirt von Woolworth in die Plastiktüten stecken konnten, die sie immer bei sich trugen. Sie fingen an, bei den Jungen mit den Motorrädern herumzulungern und besuchten den Vergnügungsclub im Stadtzentrum. Hier gelangten sie in ein Büro mit einem unbewachten Telefon. Ihr liebster Zeitvertreib wurde es, im Telefonbuch zu blättern und alle möglichen Leute anzurufen, vom Rezeptionisten im Hotel Lyons bis zu den Samaritern. Sie riefen sogar Cathy Arthur an und versuchten, sie für ihre Bücher zu interessieren. Aber sie hatte ein schlimmes Jahr hinter sich; sie war sechs Monate krank und schwanger gewesen und hatte eine schwere Geburt gehabt. Sie war nicht imstande, auf die Nöte der Mädchen einzugehen.

Diese Ausflüge aus dem Schlafzimmer brachten einen gewissen Nervenkitzel mit sich. Die Mädchen wurden auf die Polizisten aufmerksam und gefielen sich in der Vorstellung, daß ein Polizist sie bemerkt hatte, als sie die Straße überquerten oder aus dem Club kamen. Und sie erreichten etwas mit ihren Anrufen: Sie erfuhren, wo die Kennedys wohnten.

Am 21. April 1981 erhielt einer der konkurrierenden Taxiunternehmer einen Anruf von einer Miss Ford, die ihn bat, sie und ihre Schwester in ein Dorf gut 16 Kilometer nördlich von Haverfordwest zu fahren. Welsh Hook ist so klein, daß es nur auf großformatigen Generalstabskarten verzeichnet ist. Ein kurviger Feldweg führt hügelab zu ein paar Hütten gegenüber einem heruntergekommenen Bauernhof. Der Weg unterquert eine Eisenbahnbrücke, über die die Hauptverbindung von Haverfordwest nach Fishguard verläuft, und fällt dann ab zu einer schmalen steinernen Brücke über den Cled. Linkerhand, kurz vor der Brücke, führt eine Auffahrt zu einem modernen Haus.

Das Taxi hielt vor dem Tor zu der Auffahrt. Die zwei schwarzen Mädchen waren weniger auffällig gekleidet als eine Woche zuvor bei ihrem Ausflug nach Fishguard, aber selbst mit ihren Jeans und grünen Parkas wirkten sie in dieser walisischen Provinz mit einer Handvoll rosiger Mädchen und dem hellhäutigen Bauernschlag vollkommen fehl am Platz. Zum Glück sah niemand die Zwillinge ankommen. Sie bezahlten den Fahrpreis, murmelten etwas zu dem Fahrer und gingen mutig die Auffahrt hinauf.

Cleedau Cottage war ein irreführender Name für das Haus, das die amerikanische Familie gemietet hatte. Es war beileibe keine Hütte, sondern ein zweistöckiges Haus, das besser in eine amerikanische Vorstadt gepaßt hätte als in die Wildnis von Pembrokeshire. Es war genau von der Art, wie sie die Zwilling so oft beschrieben hatten. Sie läuteten nicht, sondern gingen nach hinten, wobei sie abwechselnd durch die Fenster spähten. Es war niemand zu Hause. Die Tür war nicht verschlossen. Sie stießen sie auf und gingen hinein.

Das Haus war nicht besonders imposant, aber für sie war es das Paradies. Bilder von Hawaii standen auf dem Kaminsims im Wohnzimmer, amerikanische Fliegerjacken hingen in der Diele, ein Getränkeschrank stand offen. Sie tobten durch das Haus, quiekend und kichernd wie die zwei »bösen Mäuse«. Sie gingen in die Küche, machten sich Erdnußbutterbrote und schenkten sich Orangensaft ein; sie liefen aus und ein, fuhren abwechselnd auf einem Fahrrad, das in der Auffahrt stand; sie knipsten einen Film voll, als sie sich gegenseitig vor dem Haus fotografierten. Sie gingen nach oben und verwüsteten die Zimmer ihrer Helden.

Oben waren drei Schlafzimmer, alle sehr beengt. Das größte befand sich in der Mitte des Treppenflurs. Die Jungen teilten sich die Schlafzimmer rechts und links davon. Die Tür zu dem einen Zimmer schien abgeschlossen zu sein. Die Mädchen stießen erbost dagegen. Jennifer holte einen Stuhl aus dem großen Schlafzimmer, mit dem sie gegen die Türe schlug, wobei sie den Lack beschädigte und ein Stuhlbein abrach. Aber das kümmerte sie wenig. Jetzt, da sie ins innere Heiligtum eingedrungen war, in das Schlafzimmer, das ihrer Meinung nach Lance oder Wayne gehören mußte, war sie entschlossen, ihre Nachforschungen zu Ende zu führen.

Die Tür gab nach. Sie war nicht abgeschlossen gewesen, sondern sie klemmte. Drinnen machten die Mädchen Jagd auf Briefe, Fotos, Bücher, alles, was ihnen an Andenken in die Hände fiel. Jennifer fand ein Foto von Lance und steckte es ein. Sie durchwühlten seine Kleider, probierten seine T-Shirts und Jacken an. Sie schoben eine in ihre Tragetasche und gingen wieder ins Wohnzimmer, sich sonnend in dem Gefühl, in einem fremden Haus zu sein.

Sie hörten ein Auto die Auffahrt heraufkommen. Orangensaft verschüttend und eine Krümelspur hinter sich lassend, kletterten sie aus dem Fenster. Aber es war zu spät. George Kennedy und seine Frau Diane erspähten das Bein eines verschwindenden Zwillings. Sie wollten ihren Augen nicht trauen, als sie zwei identische Negermädchen erblickten, die die Auffahrt entlang huschten. Sie forderten sie auf, hereinzukommen.

»Jetzt wollen wir erst mal ein paar Dinge klarstellen. Seid ihr die Weibsbilder, die uns jeden Abend anrufen? Die uns das Leben zur Hölle machen?« Keine Antwort. »Wo kommt ihr her? Ich hab euch nie in der Nähe des Standorts gesehen.«

Die Mädchen machten furchtsame Gesichter, als ob sie dächten, man würde sie schlagen, und die Kennedys hatten Mitleid mit ihnen. Sie boten ihnen Kaffee an und versuchten sie zum Sprechen zu bringen.

George Duane Kennedy war nun schon zum zweiten Mal an der Westküste von Wales stationiert. Er war als einer der ersten hier angekommen, als der Standort Brawdy 1974 eingerichtet wurde. Die US-Marine hatte diesen entlegenen Standort als ihre Hauptbasis an der Westküste gewählt, weil die verlassenen Küstenstriche nahe den tiefen Gewässern der Irischen See einen idealen Ausgangsort für die Verfolgung russischer Unterseebote darstellten. George Kennedy war Oberstabsbootsmann, und Diane, seine zweite Frau, war Angestellte am Standort. Sie war Mitte zwanzig, klein, mit orientalischen Gesichtszügen, die sie von ihrer japanischen Mutter geerbt hatte. Sie liebte den gutaussehenden Seemann sehr, wofür sie vier vergnügungssüchtige Stiefsöhne, nur wenige Jahre jünger als sie, in Kauf nehmen mußte.

Jerry, Lance, Wayne und Carl waren alle im Abstand von wenig mehr als einem Jahr geboren. Ihre Mutter, eine Cherokee-Indianerin, die bei ihnen war, als sie in den siebziger Jahren erstmals in Brawdy stationiert waren, hatte mit einem Kopfschuß Selbstmord begangen, während drei ihrer Söhne im Haus waren. Ein solcher Gewaltakt blieb nicht ohne Folgen. Die Jungen wuchsen mit einer Arroganz und Gleichgültigkeit gegenüber der Gesellschaft auf, die sie desinteressiert an den Gefühlen anderer und egozentrisch machten. George widmete seine ganze Aufmerksamkeit seiner neuen Frau und überließ die Jungen meistens sich selbst, ohne Führung und Disziplin. George und Diane waren es gewöhnt, daß ihr Haus von gedankenlosen Teenagern verwüstet wurde. »Wenn man Jungens wie unsere hat, kann man unmöglich feststellen, ob ein Außenstehender sich etwas zu trinken genommen oder Schaden angerichtet hat«, sagte Diane Kennedy. Die Eltern waren auch daran gewöhnt, daß die Polizei ständig den einen oder anderen Jungen erwischte, der mit dem Gesetz in Konflikt geraten war.

Die Kennedys stellten fest, daß ein Gespräch mit den schweigsamen Einbrecherinnen unmöglich war, und als ihre Nachsicht erschöpft war, riefen sie ein Taxi, um die Mädchen nach Hause fahren zu lassen. Sie sagten den Mädchen, es habe keinen Zweck, wiederzukommen, da die Familie mit Ausnahme von Jerry für vierzehn Tage auf die Kanarischen Inseln in Urlaub fahre. George und Diane dachten, daß sie das seltsame Paar nie wiedersehen würden.

Aber wenn June und Jennifer einmal von etwas besessen waren, gaben sie nicht so schnell auf. Am nächsten Tag brachte sie dasselbe Taxi wieder nach Welsh Hook. Diesmal war die Haustür von Cleedau Cottage abgeschlossen, aber sie fanden hinten ein kleines Fenster, durch das sie einsteigen konnten. Sie gingen geradewegs in Waynes Zimmer und entdeckten sein Tagebuch. June schrieb ein Gedicht in sein Poesiealbum. Sie borgte sich auch ein Taschenbuch, Salingers ›Der Fänger im Roggen‹.

Zwei Tage später statteten sie dem Haus abermals einen Besuch ab. Es regnete heftig, und unterwegs aßen sie Fish and Chips. Das durchnäßte Paar wanderte die Straße hinter der Feuchtwiese entlang, die am Fuß des abfallenden Gartens der Kennedys am Fluß liegt. Am Rand des Abhangs angekommen, sahen sie eine Dorfkirche aus dem 12. Jahrhundert, eigentlich mehr eine Kapelle am Wegesrand, umgeben von einem kleinen, ziemlich verwahrlosten Friedhof, auf dem büschelweise wilde Narzissen uralte Familiengräber überwucherten. Die Mädchen gingen durch das Gatter und öffneten die Kirchentür. Es war eine winzige Kirche mit zehn Bankreihen auf jeder Seite, einer steinernen Kanzel, einem kleinen Chorraum mit einem kurzen Chorgestühl sowie einem schlichten Altar unter einem verblaßten Buntglasfenster. Es war unangenehm kalt. Als sie aber die Wände absuchten, fanden die Zwillinge bald den Schalter für die Heizung. Sich die Füße an den Rohren wärmend, saßen sie auf den Gebetskissen und aßen Fish and Chips.

Sie gingen im Regen wieder zu dem Haus, und diesmal beschlossen sie einzubrechen. Mit einem Ziegelstein zerschmetterten sie ein kleines Fenster im Wintergarten, kletterten hinein, machten die Lichter an und ließen es sich wohl sein. Sie bedienten sich mit Sherry und Kaffee, lasen Waynes Briefe, und wie Detektive stückelten sie immer mehr Spuren vom Leben Waynes und seines abwesenden Bruders Lance zusammen. Sie entdeckten Liebesbriefe von vielen Mädchen, Fotografien und Tagebücher, die sie ohne zu zögern lasen. Sie benutzten das Telefon und riefen mehrere Leute an, darunter Tim Thomas, den Psychologen von Eastgate, der sich an eine wirre Botschaft der Mädchen erinnert.

Tag für Tag holte ein Taxi die Mädchen ab und fuhr sie nach Welsh Hook. Sie lungerten draußen vor dem Haus herum und beobachteten den daheimgebliebenen Jerry. Einmal sah er sie und bat sie herein, aber eingedenk des zerbrochenen Fensters flohen sie in die Kirche und suchten dort Zuflucht.

Die Zwillinge verbrachten immer weniger Zeit zu Hause. Ihre Arbeitslosenunterstützung ging nun hauptsächlich für die Taxifahrten nach Welsh Hook und zurück drauf. Die übrige Zeit hingen sie in der Stadt herum und beobachteten die Teenagerbanden, schlossen sich ihnen aber nie an. Manchmal warteten sie stundenlang an einer Straßenecke oder an der Brücke unterhalb der High Street, um einen Blick auf die Kennedy-Jungen zu erhaschen. Einmal sahen sie Wayne und winkten ihm, aber er ignorierte sie. Sie hatten Angst, daß er ahnte, wer bei ihm eingebrochen und seine Sachen durchwühlt hatte. Sie mußten etwas haben, das den Jungen gehörte, Fotografien, Bücher, irgendetwas, das ihren Träumen den Stempel der Realität aufdrückte. Sie fingen an zu verzweifeln, und in ihren Tagebüchern ist von Selbstmordabsichten die Rede. Ein Glück, daß es, wie gewöhnlich, nicht dazu kam, denn am nächsten Morgen wurden ihre Gebete erhört.

Am 30. Mai 1981 schrieb June in ihr Tagebuch: »Hallo, ich lebe noch und bin putzmunter. Wayne und Jerry waren endlich hier. Ich hab sie angerufen, sie sollten um halb acht hier sein. Um halb elf abends sind sie aufgetaucht! Ich hatte gerade meinen Schlafanzug angezogen, als ich lautes Klopfen an der Tür hörte ...«

Es dauerte eine Weile, bis die Mädchen bereit waren, die Jungen zu empfangen. Langsam öffneten sie die Tür. Die Familie war bei Greta in Milford Haven. June stand unbeholfen im Flur, bis Jerry sie um etwas zu trinken bat. Sie führte ihn in die Küche und gab ihm ein Glas Wasser. Es war eine ganz harmlose Begegnung. Die Mädchen sagten wenig, und die vier jungen Leute saßen im Wohnzimmer und sahen sich einen Western im Fernsehen an. Die

Mädchen prägten sich jede Einzelheit des Abends ein. Jede Bewegung der Jungen, jedes Wort, das sie äußerten, wurde gehütet und aufgezeichnet. June streifte Wayne zufällig. »Es muß wieder geschehen«, schrieb sie, »ich sehne mich nach ihm.« Das Geräusch eines sich nähernden Autos bereitete der abendlichen Romanze ein hastiges Ende.

Am nächsten Tag trafen sie sich mit den Jungen in der Einkaufspassage im Zentrum von Haverfordwest. Die Jungen versprachen, den Zwillingen Marihuana zu verkaufen und verabredeten sich für den Nachmittag mit ihnen in Welsh Hook. Das Abenteuer hatte begonnen. Das Taxi bog in die Auffahrt der Kennedys ein. Zwei außergewöhnliche Geschöpfe stiegen aus. Zigaretten hingen zwischen ihren geschminkten Lippen. Jede hielt eine Flasche Wodka an sich gedrückt, und Jennifer trug den Stereorekorder. Sie waren in Schichten über Schichten von T-Shirts und Jacken gekleidet und trugen Stiefel über den Jeans. »Sie sahen aus, als hätten sie alle Kleidungsstücke an, die sie besaßen«, erinnert sich Diane Kennedy.

Sie hielten sich kurze Zeit im Haus auf, während Wayne sich fertigmachte. Dann ging das Trio zu der Brücke, wo sie sich mit zwei Mädchen trafen, Blodwyn und Sue. Beide beäugten die Eindringlinge mißtrauisch. Beide schwärmten für Wayne, und es mißfiel ihnen, daß er sich mit den Neulingen abgab. Die Unterhaltung verlief schleppend, und der tote Punkt wurde erst überwunden, als Jerry mit einer Flasche Nitroverdünnung und Papiertüchern ankam.

»He, laß mich das machen«, sagte Wayne, und als er und sein Bruder ihre zwei neuen Freundinnen in einen alten, orangefarbenen Cortina verfrachtet hatten, der gegenüber der Brücke parkte, gab er den Zwillingen ihre erste Lektion, wie man »high« wird. Es klappte. An den Tüchern schnüffelnd, erlebten sie das Wunder des Entspannens. Sie lachten und sprachen sogar. Jennifer schrieb:

2. Juni 1981. Kaum zu fassen, Wayne hat mich *geküßt*. Ja, und zwar richtig leidenschaftlich (ich war parfümiert). Nachdem er mich richtig stürmisch auf den Mund geküßt hatte, habe ich ihn leidenschaftlich geküßt, seine Hände tasteten überall. Es war schön. Der bisher

wunderbarste Augenblick meines Lebens. (Ich glaube, im Grunde hat Wayne mich bloß geküßt, weil er einen Zug von meiner Kippe wollte.)

Das Taxi wurde im Dorf zu einem gewohnten Anblick. Jeden Nachmittag lud es die Zwillinge ab, und jeden Abend Punkt halb elf kehrte es zurück. Manchmal waren die Mädchen willkommen, oft wurde ihnen gesagt, sie sollten an der Brücke warten oder in einem Schuppen gegenüber dem Haus der Kennedys, der einst als Möbellager gedient hatte. Wayne sah sich vor, sich allzusehr mit den Mädchen einzulassen – »Schwarz und Weiß, das klappte nicht in dieser Gegend« —, und stieg allmählich aus den Trinkgelagen aus. Aber sein jüngerer Bruder Carl hatte nicht solche Vorurteile – oder Skrupel.

Carl war vierzehn Jahre alt und das Zwillingspaar achtzehn. Doch er hatte für sein Alter schon reichlich sexuelle Erfahrungen. Er war der unangenehmste der Jungen, vom Vater verwöhnt, von der Stiefmutter gemieden und bei den Brüdern unbeliebt. Ein »geiler kleiner Affe«, so beschrieben sie ihn. »Er wollte immer Sex, überall, egal mit wem.« Er hatte glatte blonde Haare, ein hartes Gesicht und lebte wie die Zwillinge in einem Phantasieland. Er sah die Chance, sich mit den Mädchen zu vergnügen, und ergriff sie. Jennifer reizte ihn am meisten. June war zu sensibel, eine wilde Rauferei machte ihr keinen Spaß. Jennifer konnte er boxen und schlagen, er konnte sich mit ihr auf dem Bett wälzen, und sie reagierte – begierig.

Die nächsten Tage waren ungemein aufregend; Taxis nach Welsh Hook und zurück, Wodkaflaschen, Klebstofftuben, Marihuana, das sie für vierzig Pfund pro Päckchen bei den Brüdern kauften. Die Zwillinge waren ständig high und zum erstenmal im Leben glücklich. Sie merkten, daß sie mit den Jungen reden konnten, besonders mit Carl, und er interessierte sich für ihre Geschichten von Sternzeichen und Hexerei. Es machte nichts, daß er Jennifer im einen Augenblick küßte und im nächsten trat – er war ein richtiger amerikanischer Junge, in den sie sich hemmungslos verliebten.

Die Zwillingsschwestern wurden sexbesessen. Nach einer ihrer Partys ließen sie, high von der üblichen Mischung von Aufputschmitteln, den Taxifahrer eines Abends auf dem verlassenen Feldweg, Gipsy Lane genannt, in einer wüsten Einöde anhalten. Jennifer sprang auf den Vordersitz und grapschte nach seiner Hose, während June von hinten seine Schultern streichelte. »Ich muß sagen, das Leben kann Seligkeit sein«, schrieb Jennifer in ihr Tagebuch. Keiner weiß, ob der Taxifahrer das auch so empfand.

Am Sonntag, dem 7. Juni, wurde Gretas Baby Helen-Marie getauft. Die Zwillinge waren nicht eingeladen. Sie bestellten ein Taxi und fuhren nach Welsh Hook. Der Besuch stand unter schlechten Vorzeichen. George Kennedy machte die Tür auf.

»Schon wieder ihr zwei«, sagte er. »Hört mal, wir habens satt, daß ihr hier rumhängt. Habt ihr kein Zuhause? Verduftet!«

June und Jennifer sahen geradewegs durch ihn hindurch. Er schloß die Tür. Die Zwillinge blieben einfach vor der Tür stehen.

Zwei Stunden vergingen, und sie waren immer noch da. George mußte weg zu seinem Standort. Er hatte Mitleid mit dem einsamen Paar. »Okay. Ihr könnt reingehen. Carl ist gerade beim Abendessen. Aber das ist das letzte Mal. Wir wollen euch hier nicht mehr sehen, verstanden?«

June und Jennifer fanden Carl im Wohnzimmer. Er aß ein Schinkenbrot. Die Mädchen warteten, bis er fertig gegessen hatte. Sie waren hungrig, wagten aber nicht, um etwas zu essen zu bitten, und es wurde ihnen auch nichts angeboten. Sie reichten schweigend eine Flasche Schnaps herum, die sie in ihrer Tragetasche mitgebracht hatten, und nahmen abwechselnd jeweils einen kräftigen Schluck. Die Zeit verging in unbehaglichem Schweigen. Dann hörten sie das Taxi. Plötzlich sprang Carl auf und schnappte sich die Schnapsflasche. »Schickt das verdammte Taxi weg, und wir machen uns einen schönen Abend«, sagte er zu den Mädchen. »Ich bring euch ins Paradies.«

Es regnete und war schon Nacht, als Carl und die zwei Mädchen sich ihren Weg über das Flüßchen Cled am Fuß des Gartens der Kennedys, über die Feuchtwiese und den Hügel hinauf zum Kirchhof bahnten. June und Jennifer stolperten durch das Unterholz, und ihre durchnäßten Füße rutschten auf dem Marmor der neueren Grabplatten aus, wobei sie etliche Steinurnen umwarfen. Carl stieß die Eichentür auf, und die drei traten ein. Ein mattes Licht brannte neben der kleinen Orgel. Anfangs waren sie still und hörten klassische Klaviermusik aus dem Kofferradio, das sie mitgebracht hatten. Sie setzten sich in die Bänke, ließen die Flasche herumgehen, kippten den Schnaps und kicherten. Carl zog Zigarettenpapier hervor, rollte Marihuana hinein, zündete es an und reichte es herum. Dann ging er mit seinen Streichhölzern zum Altar und zündete die Kerzen an.

»Jetzt danket alle mit mir dem Herrn für seine Güte und Gnade, die er uns armen Sündern erweist. Halleluja.« Carl sprach undeutlich, während er von der Kanzel auf die aufgeregten Mädchen hinabsah. »Liebt ihr den Herrn Jesus Christus aufrichtig? Schwört mir, ihm bis ans Ende eurer Tage zu folgen?« Seine Stimme wurde fester. »Dann tretet vor und zieht euch aus.«

Die Zwillinge waren, wie er versprochen hatte, im Paradies. In dieser Dorfkirche mit den brennenden Kerzen am Altar, den Vasen mit welkenden Rosen am Taufstein und dem Geräusch des Regens an den Buntglasfenstern fühlten sie sich von dem Bann erlöst, unter dem sie so lange erstarrt gewesen waren. Die Klaviermusik im Radio spielte weiter. Sie waren Meßdienerinnen, die ihrem Herrn und Meister dienten, junge Mädchen im Begriff, ihre Initiationsriten zu erleben.

Feierlich, wie Gestalten in einem lebenden Bild, zogen sie Carl Jacke, Hemd und Jeans aus. Dann zog sich Jennifer aus, gefolgt von June. Carl starrte sie an. Als sie fast nackt vor ihm standen, sahen sie wie verlassene, bejammernswerte Kinder aus. Sie waren seine zwei Kindbräute, seine Opfer, bereit, sich buchstäblich am Altar der Liebe niederzulegen, den sie sich um seinetwillen teilten. Er führte Jennifer zu dem roten Teppich auf den Stufen des Chorraumes.

June sah zu, wie Carl sich abmühte, in ihre Schwester einzudringen. Anfangs war ihm kein Erfolg beschieden. Er zog June an sich, doch es klappte wieder nicht. Er nahm sich Jennifer abermals vor, diesmal mit Erfolg. Jennifer lag fast bewußtlos auf dem Boden des Chorraumes. Ihr Kopf drehte sich von Schnaps und Marihuana. Sie fühlte sich schlimm zugerichtet und zerrissen und dennoch befriedigt.

Liebes Tagebuch.
Einer der schönsten Tage meines süßen Lebens. Ich hab meine liebe Unschuld an Carl Kennedy verloren. Endlich. Es hat schrecklich wehgetan, aber es ist passiert. Es hat furchtbar geblutet. Wir habens in der Kirche gemacht. Verzeihung, lieber Gott. Deine Freundin Jenny.

Für June war das Paradies bitter geworden. Jennifers Befreiung war ihr Sieg über June: Sie hatte ihren zehnminütigen Altersunterschied wettgemacht, doch anstatt gestraft zu werden, war sie gesegnet worden. Sie war zu einer individuellen Frau, war von einem Mann geliebt und vollständig gemacht worden. June war zurückgeblieben, unfähig, sich von der Schwester loszureißen, die sie gleichzeitig beneidete und verachtete. Mehr als alles andere wollte June schwanger werden, sie träumte von Babys und ersann ein ganzes zukünftiges Leben für ihre Kinder und Kindeskinder. Die Puppenfamilien, in die sie soviel Phantasie investiert hatte, mußten nun Fleisch und Blut werden. Aber es war Jennifers Blut, das sich über den Boden des Chorraumes ergossen hatte, und es war Jennifer, die womöglich schwanger würde. In der Nacht nach ihrer Eskapade in der Kirche träumte sie:

Ich schaue auf eine Reihe Puppen; es sind wächserne Voodoo-Puppen, eine andere Puppe ist farbig. Als nächstes blicke ich auf meinen Namen, der auf einer Steinplatte eingraviert ist. Als nächstes zeigt man mir ein Gefangenenlager für Jungen. Ich lese ein Schild »Zum Treffpunkt.« Es ist dunkel im Hof. *Puppen:* Unsicherheit und Einsamkeit. *Gefängnis:* Kleine Scherereien, Wunsch zu fliehen. Das Gefühl, ausgestoßen zu sein oder Ablehnung. *Steine:* Hindernisse oder Angst.

Es war zwei Tage nach der Nacht in der Kirche. Beide Mädchen lagen in ihrem Zimmer in Furzy Park in ihren Stockbetten. Das Radio plärrte wie gewöhnlich. Ein Lied von den Rolling Stones wurde gespielt. June wollte es abstellen; es erinnerte sie an ihr Unvermögen, die Jungen für sich zu begeistern. Als sie nach dem Bedienungsknopf langte, vernahm sie eine plötzliche Bewegung. Jennifer sprang von ihrem Bett und riß das Kabel heraus. Sekunden später schnürte sie es um Junes Hals. Der drohende Blick ihrer Zwillingsschwester zeigte June, daß dies nicht einer der üblichen Ritualkämpfe war. Sie befand sich in Lebensgefahr. Sie schrie, und Jennifer ließ das Kabel fallen. Sie waren beide in Tränen aufgelöst.

Jennifer trank aus einer halbvollen Schnapsflasche, die sie unter dem Bett versteckt hatte. Die zwei machten einen Spaziergang. Sie kamen zur Gipsy Lane, wo sie in ihrer ersten überschwenglichen Entdeckung des Sex versucht hatten, den Taxifahrer zu verführen. Ein paar Natriumlampen am Weg zum Zigeunerlager leuchteten gerade rot auf. Überall lagen verrostete Autos, alte Kinderwagen und Lumpen herum. Es war ein deprimierender Ort, aber er entsprach ihrer Stimmung. June schrieb:

Etwas wie ein Wunder geschieht. Zum erstenmal sehe ich Jennifer so, wie sie mich sieht. Ich glaube, sie ist träge, kalt, respektlos, und sie redet zu viel; aber ich denke, ich bin genauso. Wir hemmen uns gegenseitig. Sie will nicht, daß ich eifersüchtig oder neidisch auf sie bin, oder daß ich Angst vor ihr habe. Sie will, daß wir gleich sind. Sie hat ein mörderisches Leuchten im Blick. Lieber Gott, ich habe Angst vor ihr. Sie ist nicht normal. Sie hat einen Nervenzusammenbruch. Jemand treibt sie zum Wahnsinn. Nämlich ich.

Die beiden Mädchen wanderten nun schweigend über das Feld zwischen Gipsy Lane und dem Flüßchen. Nach zwei Regentagen war es reißend und hatte Hochwasser. Die Mädchen kletterten die Böschung hinauf zur Brücke, die jetzt kaum einen Meter über dem Wasser lag. Wenige Autos fuhren vorüber. June stieg den Damm hinunter und hob einen Stock auf. Voll Haß und Enttäuschung, rannte sie auf Jennifer zu, mit dem Stock auf Jennifers Auge zielend – Jennifers böses Auge.

»Wenn du mich umbringst«, sagte Jennifer in singendem Tonfall, »verjage ich deinen Mann und vernichte alle deine Babys.« June fürchtete die Flüche ihrer Schwester noch mehr als ihre Kraft. Sie warf den Stock hin, packte ihre Schwester und stieß sie über die niedrige Brücke in den Fluß. Sie sprang ihr nach. Einige schier endlose Sekunden lang hielt sie Jennifers Kopf unter Wasser, drückte gegen den Widerstand ihrer Schwester. Ein Auto fuhr über die Brücke, die Strahlen der Scheinwerfer streiften das dunkle Wasser und erfaßten die zwei ringenden Gestalten. Erschrocken lockerte June ihren Griff und zerrte ihre spuckende Zwillingsschwester ans Ufer.

»Ich liebe dich«, keuchte June.

»Ich liebe dich auch«, erwiderte Jennifer, die Lungen noch voll Wasser.

»Gott hilf uns, Gott erbarme dich unser.« Betend und schreiend fielen sich die zwei halb ertrunkenen Schwestern in die Arme. Zum erstenmal, solange sie sich erinnern konnten, küßten sie sich.

Bitte, Herr Jesus, ich bin beunruhigt, verängstigt und allein. Reich mir deine Hand. Geleite mich sicher durch das Ende meiner Teenager-Zeit. Nimm dich meiner an, schenke mir dein Blut, auf daß es mir Kraft gebe. Ich brauche dich, um Jennifer zu helfen. Gewähre ihr Seelenfrieden, damit sie mich leichteren Herzens ansieht; verleihe ihr die Fähigkeit, sanfter mit Jungen umzugehen und sich zu achten als die, die sie ist. Bitte laß nicht zu, daß sie mich als selbstverständlich nimmt. Auch nicht die Jungen, die sie kennenlernt. Nicht Carl oder Wayne oder ihren Brieffreund Peter. Bitte, wenn du mir hilfst, wirst du ihr helfen, ich befinde mich in einem schwierigen Stadium, aber mit deiner Hilfe werde ich überleben. Nimm mich auf in dein Herz. Nimm meinen Kummer und meine Scham von mir, meine Schuldgefühle, meinen Minderwertigkeitskomplex. Ich habe sonst niemanden. Sogar meine eigene Zwillingsschwester ist von mir abgeschnitten. Sie ist nicht auf meiner Stufe, bitte bringe sie zu mir herab, und ich vergebe ihre alle Wunden, die sie mir zugefügt hat, geistige und körperliche. Sie hat meinen Glauben zerstört, meinen Mut, aber ich habe jetzt nur die Kraft zu vergeben. Ich kann sie niemals hassen, denn wenn ich das tue, so hasse ich dich, mein Herr und Gott. Doch ich liebe sie von ganzem Herzen. Bitte lieber Gott, vergib uns, vergib deinen Töchtern. Mache die nächsten achtzehn Jahre meines Lebens glücklicher als meine ersten. Leite mich, sei mein Freund.

Am nächsten Tag hatte June einen triefenden Schnupfen; sie blieb im Bett und hörte Musik. Jennifer, nach wie vor Siegerin im Kampf, feierte ihren ersten Unabhängigkeitstag.

Peter, ein Brieffreund, mit dem sie eine liebevolle, lebhafte Korrespondenz unterhielt, wollte sich mit ihr treffen. Sie war überzeugt, daß ihre Hautfarbe oder ihr Auftreten ihn abstoßen würde, gar nicht zu reden von ihrer Schweigsamkeit. Auf Papier konnte sie den normalen Teenager-Enthusiasmus gut ausdrücken. Von Angesicht zu Angesicht könnte es katastrophal werden. Aber in ihrem neuen Selbstvertrauen nahm sie allein den Bus nach St. David's, wo er in einem Ferienappartement wohnte. Es regnete wieder, als sie ankam, und zunächst konnte sie die Adresse nicht finden.

Schließlich fand sie ein Appartement, eine Anzahl kümmerlicher Räume in einer Seitenstraße. Peter erwies sich als weit weniger ansehnlich als auf seinen Fotografien; überdies war seine Mutter dabei, die begierig darauf wartete, das Mädchen, in das sie Hoffnungen auf eine Heirat setzte, auf Herz und Nieren zu prüfen. Das Treffen fing nicht gut an. Die Mutter hatte einen eleganten Teetisch gedeckt und einen silbernen Armreifen eingewickelt, um ihn ihrer zukünftigen Schwiegertochter zu schenken. Peter hatte eine geschnitzte Holzschachtel für sie. Aber beim Anblick dieses schmuddeligen Mädchens, das zwei Stunden zu spät kam und dann kein Wort der Entschuldigung äußerte – ja wahrhaftig überhaupt kein Wort sprach —, waren sie entsetzt. Die drei setzten sich an den Tisch, und die Mutter schenkte den unterdessen kalten Tee ein. Sie stellte Jennifer die üblichen Fragen über ihre Familie und Ausbildung. Jennifer murmelte und nickte, die Augen niedergeschlagen, die Zunge steif im Mund. Sie drängten zu einem hastigen Aufbruch und überreichten ihre Geschenke, als sie ging. Am Abend nahm sie den Bus zurück nach Haverfordwest. June wartete.

Die Zwillinge waren noch ganz gefangen und besessen von der Nacht in der Kirche und der Hoffnung, die sie ihnen gebracht hatte. Zum erstenmal, seit sie ihre detaillierten Traumbücher führten, stimmten sogar ihre Träume überein. Jennifer vermerkte am 11. Juni 1981: »Ich bin in einem primitiven Schuppen und bringe ein Baby zur Welt. Ein arger Kampf.« In derselben Nacht träumte June: »Ich helfe Jennifer ihr Baby durch Mund und Schultern zu gebären. Der kleine Junge ist weiß, gibt keinen Laut von sich, und sein Sternzeichen ist Zwillinge.«

Beide Mädchen hatten jetzt eine fiebrige Erkältung. Trotzdem kehrten sie nach Welsh Hook zurück, aber das Zusammenwirken von verstopften Nasen und Mangel an Drogen und Alkohol machte den Kontakt mit dem Jungen peinlich. Carl, ein bißchen beschämt wegen der Eskapade in der Kirche, schwieg ebenfalls. Die drei saßen sprachlos und gelangweilt in seinem Schlafzimmer.

»Los, Kinners, machen wir wieder ne Bumserei«, sagte er, aber ohne große Lust. Die Zwillinge schüttelten die Köpfe. »Dann verpißt euch. Laßt mich in Ruhe.« Sie liefen die Einfahrt hinunter und machten sich auf den sechzehn Kilometer weiten Heimweg.

Am nächsten Tag tauchten sie wieder auf. Carl war wütend. »Was wollt ihr zwei hier schon wieder? Hab ich euch nicht gesagt, ihr sollt verduften?« Auch George und Diane Kennedy waren abweisend. Sie erteilten ihnen Hausverbot. »Ich persönlich glaube, sie sind alle verrückt«, schrieb June. »Ich kann Wayne oder Carl nicht trauen, sie sind so unberechenbar. Sogar der Vater und Diane scheinen vollkommen überspannt zu sein; die ganze Familie ist übergeschnappt.«

Eine Woche später erwachte die Welt für die Mädchen wieder zum Leben. Carl und Wayne, der Dorfmädchen überdrüssig, die die Zwillinge im Hause Kennedy ersetzten, trafen die Zwillinge in der Stadt und luden sie wieder zu sich ein. Während Carl und Wayne ihr Abendessen verzehrten, warteten June und Jennifer im Schuppen. Drinnen war es dunkel. Ein verirrter Vogel schlug mit den Flügeln gegen die zerbrochenen Fenster. Der Stereorekorder, den die Zwillinge stets bei sich hatten, plärrte die Hits des Sommers 1981. June und Jennifer, beide betrunken von einer Mischung aus Wodka und Weinbrand, tanzten ausgelassen. Es geschah sehr schnell. June zog Hemd und Jeans aus. Carl packte ihren sich drehenden Körper, und die zwei fielen hin. Diesmal war es Junes Blut, das sich über Staub und Späne auf dem Boden des Schuppens ergoß. »Ich will ein Baby von dir. Ich liebe dich«, schrie June unter Schmerzen.

Jetzt war es an Jennifer zuzusehen: »Nach wenigen bangen Minuten war alles vorbei. J. hatte ihre goldene Jungfräulichkeit verloren. (Eine Woche nach mir, aber hin ist hin.) Das Ganze war ziemlich schwierig.« Ausnahmsweise mußte sie die Rolle der unbeteiligten Zuschauerin spielen. Aber es machte ihr nichts aus. Sie war bereit, den Liebhaber zu teilen, wenn es um Sex ging, aber sie war sicher, daß sie Carl immer noch in ihren Bann schlagen konnte. June schlenderte betrunken und desorientiert draußen vor dem Schuppen herum, während Jennifer und Carl nebeneinander an der Mauer saßen. Dies war der Augenblick für Jennifer, sich ihren Vorteil zurückzuholen. Der Mond war aufgegangen. Carl bot Jennifer eine Zigarette an. Sie inhalierte und spuckte. Beide lachten, rauchten, plauderten und sahen zum Nachthimmel hinauf. »Es war so romantisch«, schrieb Jennifer. »Carl und ich befanden uns in gemeinsamer Harmonie. Der Rauch meiner Zigarette wehte sehnsüchtig in die Dunkelheit.«

»Hast du noch nie geraucht?« fragte er. »Du siehst ja fürchterlich aus.«

Während der folgenden Wochen zogen die Zwillinge sämtliche Register ihrer Verführungskunst. Sie besannen sich auf die Bücher, die sie gelesen hatten, sie schrieben die Texte von Popsongs auf und studierten Teenager-Zeitschriften. Sie befolgten Tips zur Verbesserung ihres Aussehens, sie hielten Diät und massierten ihre Gesichter mit Vibratoren, um zu erreichen, daß die Wangenknochen hervortraten. Sie waren bereit, alles zu tun, um ihrem Liebhaber zu gefallen. Aber Carl fand es allmählich langweilig. Er war vierzehn, und die Vorstellung gemeinsamer Harmonie mit den beiden war das letzte, was er im Sinn hatte.

Eines Abends Ende Juni sahen die drei im Wohnzimmer

der Kennedys fern. George und Diane waren nicht da. Plötzlich packte Carl Jennifer, boxte sie und jagte sie hinaus in die Dunkelheit. June hörte die Schläge und Schreie. Erschrocken versuchte sie, ihre Eltern anzurufen. Sie war außerstande zu sprechen. Carl kam wieder herein und riß ihr das Telefon weg. »Könnt ihr verdammten Mistweiber nicht aufhören, uns zu belästigen, und hier verschwinden?«

Waynes Ankunft kühlte den Krach ab. Ohne die Zwillinge zu beachten, schaltete er den Fernseher ein, und alle sahen sich – passenderweise – einen Ringkampf an. Carl stand auf und machte Kaffee. Er bot Wayne eine Tasse an und nahm sich selbst eine. Die Zwillinge wurden wie gewöhnlich übergangen. Als das Taxi kam, murmelte Wayne »Wiedersehn«, ohne die Augen vom Bildschirm zu nehmen. Carl sah sich nicht einmal um.

Die Zwillinge, die keine Erfahrung mit Zärtlichkeit oder Rücksichtnahme in menschlichen Beziehungen hatten, fanden nichts Seltsames dabei, auch nicht an der Art, wie man sie warten ließ und wie sie geboxt und getreten wurden. Sie glaubten, dies müsse die Liebe sein. Als sie auf dem Heimweg im Taxi saßen, sah June zum Himmel und einem strahlenden Vollmond hinauf. »Er paßte an diesem Abend zu meiner Stimmung. Feurig und begehrlich.«

Wie Süchtige kehrten die Zwillinge am nächsten Tag zurück. Jennifer hielt eine Hand über ihr Gesicht, wo Carls Schläge ihr eine unansehnliche Beule verpaßt hatten. Jennifer schrieb:

Mein Gemüt hat nun zweifellos Frieden. Mein Junge Carl, er weiß ja nicht, wie gut er zu mir war. Seine Arme, die mich streicheln. Seine Lippen, die meine Lippen liebkosen. Ich konnte die ungeheure Hitze seiner Augen fühlen, die langsam meinen Körper betrachteten. In dem Moment kam ich mir wie ein sehr schönes Mädchen vor. Ich wußte, er war in mich verknallt, in mein Aussehen und meine geheimnisvolle Art.

»Wieso, um Gottes willen, hast du die verflixte Perücke aufgesetzt? Du siehst zum Fürchten aus«, rief Carl ein paar Tage später, als die drei schweigend auf der Brücke saßen. Carl riß Jennifer die Perücke vom Kopf und warf sie über die Brücke. Sie verfehlte den Fluß, landete jedoch auf einem Kuhfladen auf der Wiese. Er lief hin und fummelte Streichhölzer aus der Tasche seiner Fliegerjacke. Jennifer sah gebannt zu, als er ein Streichholz anzündete, dann noch eins und noch eins, sie im Kreis um die schwarzen Haarsträhnen legte, eine Karikatur eines Hexenrituals. Die Perücke begann zu schwelen. Dann, erregt vom Geruch schmorender Haare, warf er mit brennenden Streichhölzern nach Jennifer und June.

»Mit der Perücke sah ich hübsch aus«, vermerkte Jennifer. »Carl sagte, ohne sähe ich besser aus. Es war ein Kompliment.«

Carl wurde immer hysterischer, als die Flammen aufstiegen. Er rannte über die Straße zum Schuppen und zerrte einen Ballen Heu heraus, den er in den Scheiterhaufen warf. Die drei sahen zu, die Gesichter der Zwillinge glühten in den Flammen. Sie redeten von Diebstahl und Raubüberfällen, erzählten sich Geschichten von Verbrechen und Sex. Sie küßten und unterhielten sich ganz natürlich. »Ich habe mein Leben, all mein Sprechen für Carl aufbewahrt«, erinnert sich Jennifer. Berauscht von den Flammen, der Gewalt und Carls Verlangen, mit ihr zu kämpfen, triumphierte sie. »Ich war im Himmel. Carl und ich waren zusammen. June war weit weg. Ganz allein. Der Himmel wurde dunkel. Es war eine seltsame Nacht … Alles war auf eine Art ganz harmlos. Eine Freundschaft, eigentlich mehr eine Romanze. Es war die erste Erfahrung mit der Liebe.«

Die letzten Tage ihres Sommers mit den Kennedys vergingen in einer fanatischen Leidenschaft, die hauptsächlich mit Boxhieben, zuweilen mit gierigen sexuellen Überfällen erwidert wurde. Aber Jennifer war bedauerlicherweise weit jenseits jeglichen Realitätsempfindens. All die Jahre der Einsamkeit waren in diese »lebensechte« amerikanische Seifenoper transformiert worden. Auch June war gebannt von ihrem neuen Lebensstil, obgleich sie sich fragen mußte, warum sie diejenige war, die das Nachsehen hatte. Sie tröstete sich damit, es liege daran, daß sie die Sensiblere sei, und daß Wayne, der Junge, den sie beide wirklich liebten, sich mehr für sie, June, interessierte. Manchmal, wenn Jennifer und Carl sich betrunken auf dem Fußboden des Schuppens oder auf seinem Bett wälzten, blitzte es plötzlich auf. Sie drehten sich um und sahen June, die vor ihnen kauerte und ihre Instamatic-Kamera zückte. Zum Glück für die Jungen hatte keine von beiden viel Talent zum Fotografieren.

Die Romanze näherte sich dem Ende. Am 6. Juli banden sich die Zwillinge Gürtel als Stirnbänder um die Köpfe. Sie gingen in die Stadt, um ihre Arbeitslosenunterstützung abzuholen, beschlossen jedoch, alles, was sie hatten, für den Rest des Tages aufzusparen, und nach Welsh Hook zu trampen. Sie gingen auf der Hauptstraße aus der Stadt in Richtung Fishguard. Ein Lastwagen hielt an. June, die neben dem Fahrer im Führerhaus saß, blickte nach unten und bemerkte, daß er Netzstrümpfe und Damenschuhe trug. Er versuchte, mit den Zwillingen ins Gespräch zu kommen, indem er ihnen seine Strumpfhalter zeigte, aber nicht mal das ermunterte sie. Wenige Kilometer vor Welsh Hook setzte er sie ab.

Als die Mädchen die Einfahrt hinauf zum Haus gingen, versperrte ihnen ein Umzugswagen den Weg. George Kennedy war wieder nach Virginia versetzt worden, und seine Frau und seine vier Söhne zogen mit ihm. Die Zwillinge waren entschlossen, das Beste aus dem Abschied zu machen. Sie trauten sich nicht, zur Haustür zu gehen. Sie warteten lieber bei der Brücke.

Einige Stunden vergingen, und nur Jerry gesellte sich zu ihnen. Schließlich kam Carl aus dem Haus. Er war schlecht gelaunt und suchte Streit. Er schnappte sich Jennifers Geldbörse. »Ich will jetzt die sechs Pfund wiederhaben, die du mir schuldest«, sagte er. Jennifer konnte sich nicht erinnern, daß sie ihm irgendetwas schuldig war. Jerry sagte seinem jüngeren Bruder, er solle die Börse zurückgeben. Bald war zwischen den Brüdern ein Kampf im Gange. Wayne erschien auf dem Schauplatz, und die drei wälzten sich herum, einer die Hände am Hals des anderen. Ohne die Mädchen zu beachten, begaben sich die Jungen ins Haus. Eine Zeitlang lungerten June und Jennifer draußen herum, spähten durch die Fenster und warteten auf der Treppe. Wayne und Jerry erschienen und gaben ihnen das meiste von dem entwendeten Geld zurück. Carl, sagten sie, habe fünfzehn Pfund in der Toilette heruntergespült. Die Zwillinge baten die Jungen um Carls Jacke oder irgendwelche getragenen Kleidungsstücke. Wayne kehrte mit einem alten Schulblazer zurück. Sie bettelten um mehr Andenken.

Aus Mitleid mit den Mädchen bat Wayne sie herein, während er und seine Brüder aßen. Es war ein unsägliches letztes Abendmahl. Die drei Jungen kauten ihre Steaks und Chips, während die Mädchen zusahen. Als Wayne ihre erwartungsvollen Gesichter sah, warf er jeder einen Chip zu, und sie sperrten die Schnäbel auf wie hungrige Vögel. Es war fast halb elf abends, Zeit für das Taxi, und die Zwillingen hatten den ganzen Tag nichts gegessen. Aber der Hunger trug nur dazu bei, ihr letztes Zusammensein mit einem mystischen Schein zu verklären. Die Zwillinge hatten einen rituellen Tausch von Andenken im Sinn, sie wollten sich jeden Blick, jedes Wort, jede Geste einprägen. June schenkte Wayne die goldene Seiko-Uhr, die sie zum achtzehnten Geburtstag bekommen hatte. »Sie wird am Handgelenk dessen sein, den ich liebe«, schrieb sie. Wayne legte die Uhr auf die Fensterbank und bot June seinen blauen Anorak an.

»He, der ist nicht umsonst«, ermahnte er sie. »Wo ist der Zaster, den wir euch zurückgegeben haben?«

June gab ihm eine Fünf-Pfund-Note, und sie zog die kostbare Jacke an. Sie hielt es für einen phantastischen Handel. Jerry fand ein altes Paßfoto und schenkte ihnen ein paar überzählige Socken. Wayne gab ihnen ein Foto zurück, das sie bei ihrem ersten Besuch vor zwei Monaten in ihrem Haus gemacht hatten. Die Mädchen gaben ihnen Haarschnipsel, und Carl schenkte ihnen ein T-Shirt. June schwor, sie werde es nie waschen, weil es mit seinem Schweiß getränkt sei. In dem verzweifelten Wunsch, das Idol zu berühren, das sie nie für sich gewonnen hatte, stand June auf und küßte den noch kauenden Wayne zärtlich auf den Mund.

»Lebwohl, Wayne«, murmelte sie vor sich hin. »Aber nicht für immer. Ja, mein schöner Wayne, ich werde deinen Leib besitzen, und du wirst mich besitzen. Bitte verlaß mich nicht. Noch nicht. Ich möchte deine Haare unter meinen Fingern fühlen, das Lächeln in deinem Gesicht mit den hübschen kindlichen Grübchen. Ich möchte diese Grübchen bei deinem Baby sehen ...«

»Du kannst nachher meinen Teller haben, wenn noch was übrig bleibt«, sagte er, vernehmlich kauend.

Dann wandte sie sich dem mürrischen Carl zu und küßte ihn auch. Sie schrieb in ihr Tagebuch:

Der Gedanke, dich zu verlassen, erfüllt mich mit Schaudern, Angst und Traurigkeit. Wenngleich wir Feinde sind, bist du der Junge, der mir meine Jungfräulichkeit genommen hat. Carl Christopher Kennedy, ich habe deinen Penis gelutscht, und du bist in mich eingedrungen. Ich danke dir, daß du mir dabei wehtatest. Ich werde erst glücklich sein, wenn ich dich noch einmal berühren kann; viele Sommer werden vergehen, viele 6. Julis werden kommen und gehen, du wirst für immer in meinem Herzen bleiben. Der Sommer 81 wird mir wegen der Erfüllung in Erinnerung bleiben, dieser Sieg macht alle meine anderen vergeudeten Jahre wett.

Das Taxi hupte ungeduldig. Es hatte zehn Minuten gewartet, und der Taxameter lief. Die Jungen waren nervös, weil ihr Vater und ihre Stiefmutter jeden Moment nach Hause kommen mußten. Die Mädchen sprachen davon, daß sie alle zusammen Selbstmord begehen sollten. Es wurde ungemütlich.

»Wirds nicht Zeit, daß ihr abhaut?« sagte Wayne. »Carl, bring deine Freundinnen an die Tür.«

Carl sah auf. »Sie haben doch Beine, oder?«

Die Zwillinge gingen allein hinaus. »Tschüß, Jungs«, riefen sie. »Machts gut im sonnigen Virginia.«

»Klar«, erwiderte Wayne. »Wiedersehn.«

Die Zwillinge stiegen ins Taxi und warfen einen letzten Blick auf Cleedau Cottage und die vom Küchenfenster beleuchtete Auffahrt. Sie fuhren an dem Schuppen am Hang und an der Kirche vorüber, die in der Dunkelheit kaum zu sehen war. Sie erinnerte sie beide an ihre Liebe, eine Liebe, die durch den Verlust noch reiner war. Jennifer schrieb:

Ich kann auf diese Monate zurückblicken und sagen, es waren wunderbare Monate. Sie sind der Schlüssel zu meinem Leben. Alles was geschah, war zauberhaft. Es hat mir ein neues Erwachen gebracht. Es ist, als habe Gott mir eine Chance gegeben, eine Chance zu beweisen, wer ich wirklich bin. Ich besitze jetzt ein Fest der Erinnerungen, Erinnerungen an das Gute, was wir geteilt haben, Erinnerungen, die niemals sterben werden. Ich fühle, daß meine Tage von nun an vollkommen leer sein werden.

VI. Nachwehen

> J. und ich sind nun trostlos – wir
> suchen weite, verlassenen Stätten auf.
> Unterbewußtes Sehnen nach Liebe und
> Sex, die uns fehlen. Die Nachwehen,
> die Genesung und dann eine neue Phase —
> J. und ich blieben in unserer Umgebung.
> Wir brauchten eine Ruhepause.
>
> *June Gibbons*

Die See stürmte über Felsen und Sand der Broadhaven Bucht. Ein leichter Nieselregen fiel und der Strand war verlassen. Die Gäste des Hotels an der Bucht strömten soeben zum Abendtrunk an die Bar. Im milden Sommerlicht konnten sie zwei winzige dunkle Gestalten in Unterwäsche auf die weißen Kämme der sich brechenden Wellen zulaufen sehen. Zwei unordentliche Kleiderbündel lagen auf dem nassen Sand und daneben die mit Seetang verflochtenen Haarsträhnen einer braunen und einer schwarzen Perücke. »Es ist wunderbar«, dachte Jennifer. »Ich möchte, daß die Wellen über mir zusammenschlagen. Ich möchte, daß sie mich quetschen und prügeln. Ich fühle mich wieder lebendig, gewaltig erfrischt und heiter.« Die Zwillinge hatten nie schwimmen gelernt, deshalb mußten sie sich mit der Brandung begnügen.

Seit der Abreise der Kennedys hatten die Zwillinge sich angewöhnt, an den Strand oder auf die Hügel zu gehen, sie suchten einsame, weite Plätze auf. Am 9. Juli 1981 packten sie ihre Bibeln, Tagebücher und einige Kleidungsstücke ein und begaben sich auf »unser Reiseabenteuer«, wie Jennifer es später beschrieb. Aber sie kamen nicht sehr weit und standen den ganzen Tag am Kreisverkehr der Umgehungsstraße, wenige hundert Meter von Furzy Park entfernt. Ein andermal spazierten sie die Gipsy Lane entlang, nahe der Brücke und dem Fluß, wo sie sich eines Abends um ein Haar gegenseitig ertränkt hätten. Sie wurden ein vertrauter Anblick, wie sie durch die Siedlung schlenderten, nach irgendeinem Ausschau haltend, der die schmerzlichen Lücken füllte, welche Jerry, Wayne und Carl hinterlassen hatten. Sie unternahmen Spritztouren mit »geliehenen« Fahrrädern, die vor den Türen der Marinesiedlung abgestellt waren. Am 16. Juli (»ein Tag, den ich nicht vergessen werde, solange ich lebe«) vermerkt Jennifer, wie sie am Abend verzweifelt ein Fahrrad suchten. »Vielleicht wäre es besser gewesen, wenn der Gedanke an diesem unheimlich stillen Abend mir nie in den Sinn gekommen wäre. Weder ich noch J. konnten etwas von der schrecklichen Tortur ahnen, die auf uns zukommen sollte, wie ein leises Kriechtier.«

»He, du Miststück, komm her.« Ein Wagen bremste scharf neben Jennifer, und eine blonde Amerikanerin mit einer dunklen Brille stieß die Tür auf. Jennifer beachtete sie nicht und ging weiter. June fuhr auf dem neuen weißen Fahrrad voraus. Das Mädchen im Auto blieb schimpfend zurück. Kurz darauf fuhr ein weißer Lieferwagen neben June heran und kam schleudernd vor ihr zum Stehen. Ein großer, bulliger Junge mit Brille sprang heraus, schnappte sich das Fahrrad und betrachtete es. Der Junge wandte sich zu seinem Freund, der den Lieferwagen lenkte, und wieder zu Jennifer, die mit ihm rang, um ihm die Lenkstange zu entreißen. »Ist das dein Rad? Echt?« fragte er.

Jennifer hatte nicht das Gefühl, daß eine Antwort erwartet wurde.

»Wie wärs, wenn ihr zwei mit zu uns nach Hause kämt? Ich würde euch nicht raten wegzulaufen. Ich bin viel schneller als ihr.« Er warf einen Blick zu seinem Freund hinüber, der den Lieferwagen fuhr. »Und er auch.« Noch bevor sie die Einfahrt erreicht hatten, sahen die Zwillinge das blonde Mädchen, das sie zuerst angesprochen hatte, ihre Mutter und einen kleineren Jungen, der wie der Bruder des Mädchens aussah. Die Zwillinge wurden umringt und ausgefragt.

»Keine Sorge, die Polypen werden gleich hier sein. Ist das der Junge?« fragte die ältere Frau ihre Tochter, während sie Jennifers Gesicht unter der Mütze betrachtete.

»Ich ein Junge?« dachte Jennifer. »Es hätte mir nichts ausgemacht, wenn sie mich als Affe oder Kaninchen bezeichnet hätte, denn mein Gemüt war vielschichtig, so vielschichtig wie die Sternengalaxie, die – das wußte ich – mitleidig auf mich herabsah. June war *das Mädchen*, obwohl ich die schwarze Perücke und meine rotblaue Fliegerjacke trug. Ich hab wohl ausgesehen wie – sagen wir – einer von diesen hübschen Inderjungs.«

Das blonde Mädchen bemerkte den Namen auf der Jacke. »Er heißt Lance«, verkündete sie.

Der Junge, der den Lieferwagen gefahren hatte, stieß sie ins Haus. »Ich spürte, daß er voller Vorurteile war«, vermerkte Jennifer. Die Mädchen wurden in die Küche gebracht, wo sie sich unter eine matte, gelbe Lampe setzten. Die Mutter, eine rundliche Frau mit langen braunen Haaren, »eine von diesen Typen, die immer zu Hause sind und Geleetörtchen füllen und alten Schmuck sammeln«, bot dem Paar ein Glas Coca-Cola an. »Ich dachte, die ist verrückt. Konnte jemand so naiv sein und einer mutmaßlichen Verbrecherin im eigenen Haus eine Erfrischung anbieten?« Jennifer war entsetzt. »Wir wollten auf keinen Fall annehmen.«

Es dauerte eine Weile, bis die Polizei eintraf. Das blonde Mädchen langweilte sich unterdessen und ging zu Bett, gefolgt von ihrer Mutter. Der kleinere Junge, dessen Fahrrad sie gestohlen hatten, verschwand ebenfalls und überließ die Zwillinge dem Gespött seines älteren Bruders. »Ihr seid wohl Inder oder Pakistani oder sowas? Da geh ich jede Wette ein.«

»Ich glaube, der mag keine Ausländer«, bemerkte Jennifer bei sich.

Eine Stunde später traf ein Wachtmeister ein, ein junger Mann mit glatter Haut und Schnurrbart. »Wie heißt ihr?« fragte er wieder und wieder. Die Mutter, die zurückgekehrt war, erklärte ihm, der Junge heiße Lance. »Na komm schon, Lance«, wiederholte der junge Polizist. »Erzähl mir, wies war. Wie heißt ihr sonst noch?« Schließlich schrieben sie es auf: »Lance und Lana Smith.«

Im Polizeiauto hörten sie den jungen Polizisten über Funk berichten: »Angeblich ein Fahrrad gestohlen. Das Eigentum wurde zurückgegeben. Sie sprechen kein Wort.«

»Das sind die Gibbons-Zwillinge«, sagte die Stimme am anderen Ende. »Zwei Mädchen. Kein Junge. Furzy Park Nr. 35. Fahren Sie sie nach Hause.« Der Inspektor, der an diesem Abend Dienst tat, hatte keine Lust, das schweigsame Paar zu verhören. »Puh«, schrieb Jennifer abends. »Es war vorbei. Möge der Herr mir meine Dreistigkeit verzeihen. Ein Zusammenstoß mit dem Gesetz kann bei jedem Menschen eine erstaunliche Narbe hinterlassen. Sie wird von nun an auf meinem Gemüt sein, aber das Erlebnis ist für mich ein neuer Gewinn an Weisheit, wonach wir alle ständig streben in dieser von Verbrechen vergifteten Welt.«

Die Narbe war nicht sehr tief. Am nächsten Tag schrieb Jennifer: »Nach dem gestrigen unglücklichen Vorfall habe ich kein Fahrrad. Das soll mich aber nicht vollständig daran hindern, mir die Freuden des Lebens zu verschaffen. Ich verbringe fast den ganzen Tag mit Üben auf meinem neuen Skateboard.« Aber diese Freuden waren oberflächlich und wurden von ihrer Zwillingsschwester nicht geteilt. June trauerte immer noch den Kennedys nach. Sie interessierte sich nur halbherzig für Jennifers Sauftouren und versuchte ihr im Stich gelassenes Ich durch Essen zu beschwichtigen. »Ich habe mit Freßorgien angefangen. Ein Anzeichen hoffnungsloser Depression. Wie kann das Leben weitergehen?« schrieb sie.

Es war die erste einer ganzen Reihe von Orgien. Die zwei machten die Runde durch die Geschäfte, und mit dem Geld der Arbeitslosenunterstützung, das sie nun nicht mehr für die Taxis nach Welsh Hook benötigten, füllten sie Plastiktüten mit Fleischpasteten, Chips, Schokolade, Keksen, Kuchen und Sprudel. Sie achteten darauf, daß sie nicht zuviel in einem Geschäft kauften, damit die Leute nicht mißtrauisch wurden. Sie gingen langsam und schwerfällig. June hatte Carl Kennedys Blazer an, Jennifer trug Waynes Fliegerjacke. Beide Kleidungsstücke waren den schlanken Mädchen viel zu groß, und das Gewicht der Waren in den Tragetaschen zog sie nach unten. Sie hielten die Augen auf das Pflaster gerichtet, um den Blicken von Passanten auszuweichen, die, dessen waren sie sich sicher, genau wußten, was sie da bei sich trugen. Schuldbewußt suchten sie ein verlassenes Fleckchen auf, manchmal bei dem nicht mehr benutzten Rennstall in der Nähe ihrer Wohnung, oder auf dem Friedhof hinter der St. Mary-Kirche mitten in der Stadt. An die Grabsteine gelehnt, durch eine niedrige Mauer vor den Blicken Fremder geschützt, leerten sie ihre Taschen aus und schmausten, bis ihnen schlecht war. »Kein sehr geeigneter Ort, um sich vollzustopfen. Wir hätten lieber trauern sollen«, vertraute Jennifer ihrem Tagebuch an.

Sie waren in Trauer. Die Erlebnisse des Sommers 1981 hatten sie zugleich befreit und noch mehr gefesselt. Jennifer fühlte immer noch die Hochstimmung – sie war diejenige, die Carl erwählt hatte, weil sie als einzige von der Zwillingsgalaxie geleuchtet hatte. June war deprimiert. Sie war sich stets bewußt, daß ihre Erinnerungen weniger romantisch waren als Jennifers. Der Drang, die verlorene Erregung zu ersetzen, trieb sie an; sie suchten, was sie verloren hatten, bei anderen. Die Zwillinge begannen die ansässigen Jungen zu verfolgen. Sie sammelten Heu, das ein Traktor auf dem Feld beim Spielplatz zurückgelassen hatte, und bauten sich am Rand des Platzes eine grasbedeckte Höhle, in die sie irgendeinen blonden Jüngling zu locken hofften. Sie gefielen sich darin, sich als die Prostituierten der Siedlung zu bezeichnen. Aber wenn ein Junge tatsächlich auf ihre stummen Annäherungsversuche reagierte, erschraken sie.

Eines Tages, kurz nach dem Vorfall mit dem Fahrrad, trafen sie einen früheren Klassenkameraden aus der Realschule. Sie begrüßten ihn nicht, sondern gingen ganz langsam in der Hoffnung, daß er ihnen folgen würde. Mit dem Burschen im Schlepptau strebten sie zum Spielplatz. »Was sah ich?« schrieb Jennifer.

Ihn. Sein roter Pullover war in der Dämmerung leicht zu erkennen. Er lehnte wie ein Feuerlöscher an dem Pavillon. Mein Gott. Er kam herüber. Da dachte ich, da muß mein persönlicher Magnetismus am Werk sein. Der Geheimcode hierfür ist mein größter Besitz dieses Sommers. Es ist, wie wenn man einen Bann über jemanden legt. Am Ende hatte der Junge die Stirn, sich uns anzuschließen.

Aber wie meistens, wenn Menschen ihnen zu nahe kamen, ging es nicht besonders gut. Die Mädchen sahen sich außerstande, Kontakt zu schließen und saßen still da, während er zu plaudern versuchte.

Ich brachte es nicht fertig, ihm in die Augen zu sehen. So ist es nun mal mit mir. So sehr ich mich auch bemühe, nie kann ich jemandem direkt in die Pupille gucken. June kanns. Na ja, so ist das nun mal. Wir zwei sind eben zwei verschiedene, individuelle Personen. Ich habe meine Art. Sie hat ihre. Ich seh die Menschen meistens als meine Feinde. Immer, egal was los ist, starren sie mich kalt an, als wäre ich niemand. Da komme ich mir so komisch vor. Die komische Außenseiterin, das Mädchen, das keiner richtig liebhat. Mir fehlt dieses Gewisse, das man Wärme nennt. Gewöhnlich zeige ich meine Kälte nicht. Sie überkommt mich unerwartet. Wenn beispielsweise jemand mich auf der Straße anlächelt. Lächle ich zurück? O ja. Aber nicht außen. Ich denke nur, daß ich lächle. Aber ich tus natürlich nicht, denn meistens seh ich das freundliche Lächeln wie der Blitz von dem Jungen oder Mädchen verschwinden, wenn sie merken, daß man ihnen die kalte Schulter zeigt, was natürlich nicht absichtlich geschieht.

Trotz der Schweigsamkeit der Zwillinge blieb der Junge bei ihnen sitzen. Er zündete für beide Mädchen Zigaretten an. Sie machten ein, zwei Versuche fortzugehen, als er vorschlug, sie zu befummeln. »Ich rückte so nahe an ihn heran wie eine Fliege an einen Kübel Wasser«, schrieb Jennifer. »Er war kaum bis zu meinem Reißverschluß gekommen, als ich es mir anders überlegte.« Doch zu Hause schwelgte sie in ihrer Liebelei. »Ich hatte mehr Magnetismus als June. John war von mir hingerissen. Mein Mittel funktionierte. Ich fühlte mich geliebt, vollkommen befriedigt, und alles wegen einem Jungen, der mal in Junes Klasse ging.«

Als nächste sollten ein farbiger Amerikaner, der kürzlich in die Siedlung gezogen war, und sein Freund Damian in die Grashöhle gelockt werden. Er traf die Mädchen in der Stadt, wo sie Klebstoff und Schnaps einkauften. Sie waren stark betrunken; sie riefen ihm zu und forderten ihn auf mitzukommen. In der Höhle stellten sie auf ihrem Rekorder laute Musik an. Ein anderer Junge der Bande, Garth, gesellte sich zu ihnen. June meinte, daß alle drei

Jungen sich von Jennifers Verrücktheit abgestoßen fühlten. »Laß mich hier nicht mit denen allein«, hörte sie Garth zu Damian sagen. »Ich glaub, der fühlt sich bei uns nicht sicher«, vertraute sie ihrer Schwester an.

Um Mitternacht wurden die Jungen zutraulicher. Damian forderte zuerst Jennifer, dann June auf, sich auf seine Jacke zu legen. June vermerkt:

So reizend, ganz wie Carl. Waage-Menschen sind sehr höflich und rücksichtsvoll. Er kam bloß bis zur Hälfte, aber wenigstens spürte ich ihn in mir. Sein Penis ist sehr lang. Er küßt wunderbar, Zungenküsse. Es war zehn nach eins in der Nacht, als wir nach Hause kamen, und wir hatten den Film verpaßt, den wir uns eigenlich ansehen wollten, aber das war es wert.

Das Benehmen der Zwillinge wurde den anderen Teenagern zu extrem. Wo sie hinkamen, wurden sie gehänselt, ausgenutzt und verstoßen. Obwohl sie die Gründe ahnten, begriffen sie nicht, was sie falsch machten. Sie konnten ja nicht wissen, was für einen seltsamen Anblick sie boten, die Perücken zum Afrolook gebürstet, die schwarzen Gesichter aus den Heubüscheln in der Höhle lugend; oder wie bizarr sie aussahen, wenn sie vornübergebeugt mit großen Plastiktüten, die beim Gehen verdächtig klirrten, aus der Stadt den Hügel heraufstürmten. Sie dachten, kein Mensch in der Siedlung wüßte, wer die anonymen Anrufer seien oder wer an der Tür läutete und kichernd fortrannte.

Nach einer Reihe solcher Episoden waren die Jungen die Verfolgung durch die Mädchen gründlich leid, und keiner wollte mit ihnen in die Heuhöhle kommen. Garths Mutter sagte, er sei nicht zu Hause. Als sie ihm schließlich auflauerten, entkam er und verschwand in einem anderen Haus. »Wir sind nicht mehr mit ihm befreundet«, schreibt June. »Garth ignoriert uns. Die anderen wollen auch nichts mehr von uns wissen. Was stimmt nicht mit uns? Warum laufen alle vor uns davon?« Sie klingelten bei Damian. Zuerst sagte man ihnen, er sei nicht da. Sie warteten vor der Tür. Schließlich erschien er. June und Jennifer standen einfach auf der Treppe, schweigsam und halb »breit«, weil sie kurz zuvor Klebstoff geschnüffelt hatten. Er schlug ihnen die Tür vor der Nase zu.

An den folgenden Tagen wurde es nicht leichter. Garth, Damian und einige andere Mädchen und Jungen von der Marinesiedlung saßen auf dem Feld beim Spielplatz. Die Zwillinge gingen zu ihnen in der Hoffnung, Anschluß zu finden. Aber die Gruppe beachtete sie nicht.

»Obwohl ich betrunken war«, erinnert sich June, »sickerte so etwas wie Realität in meinen Verstand. Ich war aufmerksam, aufnahmefähig, übersinnlich. Ich konnte kein einziges Wort hervorbringen.« Die Bande ging fort und ließ die Zwillinge stehen. »Ich verstehe die Teenager heutzutage nicht, besonders die amerikanischen.«

Die Glocken der St. Paul's Kathedrale läuteten, und jeder Fernsehapparat in der Dale Road Siedlung war auf volle Lautstärke gedreht, als Prinz Charles und Lady Diana sich das Jawort gaben. June und Jennifer sahen eine Weile von der Treppe in Furzy Park Nr. 35 zu, aber sie beschlossen, diesen Tag auch für sich zu einem besonderen zu machen.

Zuerst fanden sie eine Flasche Wodka und tranken, soviel sie konnten. Dann machten sie sich auf die Suche nach einem neuen Fahrrad – diesmal, um es zu kaufen. Sie fanden ein gutes, das an einem Anschlag in einem Schaufenster annonciert war, holten fünfzig Pfund von ihrer Arbeitslosenunterstützung und klopften bei der angegebenen Adresse an. Es handelte sich um ein großes, blauweißes Rennrad mit Dreigangschaltung, das einem schlaksigen dreizehnjährigen Jungen gehörte. Sein stämmigerer, ungefähr ein Jahr älterer Freund war bei ihm. Die Mutter empfing die Mädchen und ließ sie das Rad besichtigen. »Bißchen 50er Jahre-Stil, eigentlich nicht für ein Mädchen gedacht, aber es paßt gut zu mir«, vermerkte June. Der Handel wurde rasch und still besiegelt, und mit den fünfzig Pfund in der Hand verschwand die Mutter im Haus und ließ die Jungen mit den Zwillingen allein. Sie standen eine Weile füßescharrend auf der Treppe, dann begannen die Mädchen die Jungen zu jagen, nach ihnen zu grapschen und sie zu küssen. Ein paar kleinere Kinder sahen die Belustigung und schlossen sich an.

Die Jungen zeigten auf zwei Schuppen gegenüber, nahe der Hauptstraße. Drinnen war es dunkel und muffig. Die Schuppen dienten einem nahen Häuserblock als Abstellräume und waren vollgestopft mit Leitern und Kisten. Der ältere Junge, Stan, führte June in einen Schuppen, während der dreizehnjährige Steve und Jennifer in den anderen gingen und die Tür zumachten. Stan und June räumten mit den Füßen ein paar Paraffinkanister beiseite und schafften einen sargähnlichen freien Platz auf der Erde. Unbeholfen rissen sie sich gegenseitig an den Kleidern. Binnen Minuten wurde June auf den Boden gedrückt. Sie lag auf dem Rücken, ihre Jacke um sich geknüllt, der Reißverschluß ihrer halboffenen Jeans zwickte sie. Metall- und Sägespäne stachen ihr in die Schultern. Sie starrte zum Oberlicht hinauf, das mit Streifen von schwachem Sonnenlicht verschmiert war. Ihr auf den harten Boden gepreßter Körper mit dem Gewicht des Jungen auf ihr schmerzte, aber sie fühlte Zufriedenheit. Sie war allein, mit einem Jungen ganz für sich. Jennifer war nicht da, um zuzusehen und zu kritisieren. »Wir liebten uns am Hochzeitstag zweier ganz besonderer Menschen, unseres zukünftigen Königspaars. Es war auch für mich ein besonderer Tag. Meine persönliche Erfüllung.«

Der Rest des Tages verlief nicht so gut. Stan trieb seinen Freund im Schuppen nebenan zur Eile, und sie hasteten beide zum Tee nach Hause. Die Mädchen machten sich auf die Suche nach neuen Aufregungen, und von ihrem Erlebnis ermuntert, belästigten sie die Bande auf dem Platz, rissen ihnen die Mützen weg, stießen sie von den Fahrrädern und verbeulten sogar ein Rad. Gerade als sie von dem beschädigten Fahrrad fortlaufen wollten, sahen sie zwei ältere Bandenmitglieder übers Feld auf sich zukommen. Im Dämmerlicht sahen sie ein Messer in der Hand eines Jungen aufblitzen.

Die Mädchen waren zum Streiten aufgelegt. Es wurde übel. Der ältere Junge ritzte Junes Hals mit seiner Messerklinge. Sie hörten eine Autotür zuschlagen und einen Mann herbeirennen. Es war der Vater des Jungen mit dem Messer. Er trennte die raufenden Paare, aber anstatt seinen

Sohn zu schelten, schlug er auf die Mädchen ein und drohte mit der Polizei. Sie murmelten eine Entschuldigung. »Zu spät«, erwiderte er, gab sich jedoch damit zufrieden, die betrunkenen Mädchen nach Hause zu schicken.

Die ganze Nacht übergab sich June und schrie vor Schmerzen. Die Ausdünstungen von Klebstoff und Wodka rächten sich. Auch Jennifer ging es schlecht. Aber am nächsten Nachmittag waren beide wieder auf dem Feld und warteten darauf, beachtet zu werden. Diesmal knutschte Stan mit Jennifer, während der dreizehnjährige Steve auf June lag.

Er versteht nicht mehr von Sex als ich. Er will mich in Kalifornien heiraten, weil man dort mit vierzehn heiraten darf. Er ist so verzweifelt. Ich komme mir vor wie seine Mutter, wenn seine kleinen Finger meinen Hals kratzen. Er küßt mich viel zu viel auf Lippen, Hals, Gesicht. Ich hab ihm gesagt, ich bin ein Callgirl und nehme 5 Pfund für das Ganze, 2 Pfund für Petting und 20 Pfund, wenn ich schwanger werde.

»Muß jetzt gehen«, sagte Steve und zog den Reißverschluß seiner Jeans zu. »Heute gibts Bohnen auf Toast zum Tee.«

June blieb im Gras zurück. »Komisch, sowas nach Sex zu sagen, aber ich hab gehört, das kann hungrig machen ... Er ist so einfältig«, dachte sie.

Die Zwillinge selbst waren kaum raffinierter. Da ihre Erfahrungen hauptsächlich aus Büchern stammten und sie niemanden hatten, mit dem sie sprechen konnten, waren ihre Vorstellungen von Liebe und Sex verdreht und naiv. Sie wollten von Jungen beachtet werden, mußten jedoch feststellen, daß das hastige Begrapschen in einem Schuppen oder hinter einem Spielplatz nicht zu der Art Freundschaft führte, nach der sie sich sehnten. »Was stimmt nicht mit mir?« überlegte June.

Ich mache mir nichts aus Sex. Ich finde ihn abstoßend, halte ihn für Zeitverschwendung. Er ist gemein und grausam. Ich versteh das nicht. Ich leg mich einfach hin und lasse es über mich ergehen. Ich wünsche mir Romantik und emotionale Bindungen. Aber ich möchte den Jungen geben, was sie wollen. Ich habe Angst, sie zurückzuweisen oder ihre Gefühle zu verletzen, wenn es darum geht, sie zu befriedigen. Sollen sie mich nehmen, mich benutzen, bis sie genug haben. Die Jungen benutzen bloß meinen Körper, sie wollen einen nicht richtig kennenlernen. Sie wollen nicht mit mir gehen. Ist es meine Hautfarbe? Mein Pech? Oder einfach die Art, wie das andere Geschlecht mich sieht?

Auch Jennifer war enttäuscht von ihrem Leben auf der Straße und auf dem Feld. Aber was gab es denn sonst? Sie hatten versucht, zu ihrer früheren innigen Hingabe an die Schriftstellerei zurückzufinden. Jennifer war tatsächlich von New Horizon ein Vertrag angeboten worden; sie wollten ihre neue Novelle ›Der Sohn des Taxifahrers‹ für vierhundertachtzig Pfund drucken. Sie begann, auch einige Kurzgeschichten zu schreiben. Die Druckfahnen von Junes ›Der Pepsi-Cola-Süchtige‹ kamen leicht redigiert vom Verlag zurück, doch selbst das erweckte Junes Enthusiasmus nicht zu neuem Leben. Sie war nun vollkommen unfähig, sich auf das Schreiben zu konzentrieren. Beider Mädchen Erinnerung kehrte zwangsläufig zu ihrer vergangenen Romanze zurück. Sie hatten keine Ahnung, wie sie mit den Kennedys Kontakt aufnehmen konnten. Jennifer hatte Wayne Kennedy an die angegebene Adresse geschrieben, aber nach einigen Monaten kam der Brief mit dem Vermerk zurück: »Empfänger unbekannt. An Absender zurück.«

Die Zwillinge meinten, vielleicht sollten sie sich Arbeit suchen, und sie fingen an, die Lokalzeitungen nach etwas Geeignetem durchzuforsten. June hatte als erste Erfolg. Sie sprach am Telefon mit der Verkaufsleiterin einer Firma, die Kinder- und Damenbekleidung über Hausfrauenpartys vertrieb, wie bei Tupperware und Avon-Kosmetik. June fand zunächst, sie habe es gut getroffen. Die Dame verabredete sich für den kommenden Dienstag mit ihr, um die Einzelheiten zu besprechen. Aber dann geriet June in Panik. »Ich muß den Job absagen, den ich bekommen habe (oder glaube bekommen zu haben). Ich muß anrufen und absagen. Es ist viel zu anstrengend. Ich traue es mir nicht zu.« Jennifer bemühte sich um eine andere Arbeit, aber auch das scheiterte.

Dann hörten die Zwillinge von einer Stelle auf einem etliche Kilometer entfernten Bauernhof. Sie fuhren in großem Stil in Haverfordwests schwarzem Londoner Taxi los, wobei sie den Taxameter sorgsam im Auge behielten, um sicher zu gehen, daß sie den Fahrpreis bezahlen konnten. Nachdem sie sich mehrmals verfahren hatten, fanden sie schließlich den Bauernhof. »Jenny und ich klopften an die Tür«, erinnerte sich June, dann spähten sie durchs Fenster. »Mr. Evans war beim Essen. Seine Frau merkte, daß Besuch kam, und sprang von ihrem Schaukelstuhl. Ich finde, Mr. Evans sieht so chauvinistisch aus wie Oliver Reed. Er sagte, Jenny wäre nicht geeignet, weil sie ein Mädchen ist, und er müßte sich erst noch ein paar Jungs angucken.« Dann erinnerte sich Mrs. Evans plötzlich an die Zwillinge, weil sie den Vater von Davids Frau kannte. Mit einemmal war das Gespräch ganz unverkrampft. Mrs. Evans erkundigte sich nach Baby Lee. Eine Stellung schien möglich. »Sieht alles großartig aus«, vertraute June ihrem Tagebuch an.

Der Lohn wäre etwa 50 Pfund pro Woche, wenngleich die Fahrt zur Arbeit schwierig wäre. Ich möchte von Herzen gerne auf einem Bauernhof arbeiten, ich glaube, mir gefällt die Einsamkeit des Lebens im Freien. Ich trage gerne Gummistiefel und dicke Winterjacken. Ich liebe schwere körperliche Arbeit. Mir gefällt der Gedanke, etwas anderes zu machen als langweilige Büroarbeit.

Evans sagte, er wolle die Zwillinge kommenden Donnerstag anrufen und ihnen das Ergebnis des Vorstellungsgesprächs mitteilen. Er meldete sich nicht bei ihnen.

Inzwischen wurden die Leute auf das Benehmen der Zwillinge aufmerksam. Ihr Klingeln an den Türen und ihre Briefchen wurden lästig in der Siedlung. Sie waren verrückt und schwarz und spielten laute Musik auf ihrem Kassettenrekorder. Und zuweilen schienen sie betrunken zu sein. Irgend jemand beschwerte sich bei der Polizei, und sie wurden auf dem Feld beim Spielplatz aufgegriffen. »Zwei Polizeiinspektoren verhörten uns über Klebstoffschnüffeln, und sie fanden Getränkeflaschen. Waren wahrhaftig zum Verhör auf der Polizeiwache«, berichtet Jennifer. Dann beschwerten sich die Nachbarn von nebenan bei

Gloria über die laute Musik und die berüchtigte Jugendbande, mit der die Zwillinge verkehrten. Man hatte einen von denen rufen hören: »Wieviel verlangt ihr?«

Gloria und Aubrey schienen sich kaum um die Beschwerden gekümmert oder auf die Warnsignale geachtet zu haben. Gloria war oft bei Greta, um ihr mit dem Baby zu helfen, daher wußte sie nicht, was tagsüber in Furzy Park vorging. Wenn Gloria und Aubrey da waren, kamen die Zwillinge abends fast immer zu einer angemessenen Zeit nach Hause. Gloria schob die Beschwerden hauptsächlich auf ein Vorurteil gegen Farbige. Für ihre Eltern waren die Zwillinge nach wie vor die Einsiedlerinnen, die oben lebten, mit niemandem sprachen und tagein, tagaus an ihren Schreibmaschinen saßen. Gloria war besorgt wegen ihrer extrem engen Beziehung und gegenseitigen Abhängigkeit und war froh, daß sie öfter aus dem Haus gingen und mit anderen Menschen zusammenkamen.

Das Gesellschaftsleben der Zwillinge lief nicht gut. Sie schrieben weiter beharrlich anonyme, kompromittierende Liebesbriefe an Darren und an die anderen Jungen, in dem naiven Glauben, diese wüßten nicht, wer die Urheberinnen des Unfugs seien. Für Snig, einen der Bandenführer, verfertigten sie mühevoll eine Postkarte mit einer »schauerlichen Botschaft«, indem sie einzelne Buchstaben aus einer Zeitung ausschnitten und aufklebten. Andere erhielten Drohbriefe, »recht überzeugend«, prahlte June. Die Jungen waren wütend. Snig und die Bande drohten die Zwillinge umzubringen, wenn sie noch mehr Briefe schickten. Jake, der Jennifer auf der Straße traf, stieß sie herum und bespuckte sie. »Romantik hat ihren Preis«, bemerkte sie trocken.

Die Mädchen probierten auch andere Mittel aus, um die Jungen auf sich aufmerksam zu machen. Sie waren besessen von der Idee, ihr Aussehen zu verbessern. Sie bestellten per Post neue Kleider, verwandten Wochen darauf, echte Cowboystiefel günstig zu erstehen und ließen sich aus Westindien Goldy's Creme und Teeja-Haarpflege kommen. Sie zogen auch ihre neuen Zauberbücher zur Verbesserung ihres Teints heran. »Ich schicke jetzt Ströme meiner höheren Psyche zu meinem Schutzengel und befehle ihm, durch meine Haut zu wirken und meine Heilkräfte zu aktivieren, damit sie die Narbe auf meinem Nasenrücken beseitigen«, berichtete Jennifer. »Ich wünsche, daß sich stündlich eine Besserung zeigt, so daß niemand meine Unvollkommenheit bemerkt.« June aber befand: »Vitamin C kann meine Makel lindern.«

Die Mädchen wetteiferten darüber hinaus mit den Jungen als angehende Straftäter. Sie erfuhren von einem Jungen den Namen des Klebstoffs, der sich am besten zum Schnüffeln eignete, und kauften ihn. »Nicht besonders gut«, vermerkte June. »Stinkt furchtbar. Trotzdem fünf Päckchen gekauft, dann hab ich sieben oder acht Tuben Gummilösung geklaut. Ich war natürlich betrunken, Gott sei Dank, Coke mit Wodka wirkt prima.«

Doch die Anziehungskraft von Klebstoff und Alkohol ließ allmählich nach. June schrieb:

Irgendwas scheint schiefgegangen zu sein. Ich hab so viel Wodka und Schnaps getrunken und bin immer noch hellwach und nüchtern. Ausgesprochen beunruhigend. Vielleicht liegt es an der Kälte. Ich werde scheints nie beschwipst, wenn mir Kälte in die Knochen kriecht; aber irgendwas muß passieren. Ich meine, ich bin gern den ganzen Tag benebelt rumgelaufen. Entweder war ich high oder besoffen. Allmählich frag ich mich, ob ich Alkohol wirklich brauche. Hab ich ihn nötig? Ich bin nicht scharf drauf, ich nehm ihn bloß, weil er mir hilft, geselliger zu sein.

An einem Samstag, dem 12. September 1981, gingen die Zwillinge auf ihrer verbrecherischen Laufbahn einen Schritt weiter. Sie wählten die Portfield-Schule, ein Spastikerzentrum. »Ich warf ein Fenster ein«, gestand Jennifer, »und zwängte mich durch ein nicht gerade großes Loch, dann öffnete ich von innen den Notausgang.« June war bei dem ganzen Abenteuer nicht ganz wohl.

Ein mieser Tag. Sind in die Portfield-Schule eingebrochen. Drinnen war ein prima Fernseher. Haben den Anfang von einem Film mit John Wayne geguckt. Auch ein paar Illustrierte geklaut. Richtig phantastisch. Wozu das? Nichts anderes zu tun. Keine Freunde. Nichts, um die kalte Zeit auszufüllen. Der Winter ist da, und alle Vögel fliegen in den Süden. Ich wollte, ich könnte mit ihnen fliegen.«

Die Zwillinge – stolzer Zuwachs der Familie Gibbons
Von links: David, Aubrey mit Jennifer, Gloria mit June, Greta.
Aden 1963

»Blickten sie in unsere Engelsgesichter und sahen den qualvollen Wunsch nach Zerstörung, die vor uns lag?« – Die Zwillinge als Zweijährige

June und Jennifer, sechs Jahre alt, mit ihrer Schwester Rosie

Jennifer gibt June ihr geheimes Signal

Gretas Hochzeit, April 1978. »Wir verdarben die Hochzeit.« (June)

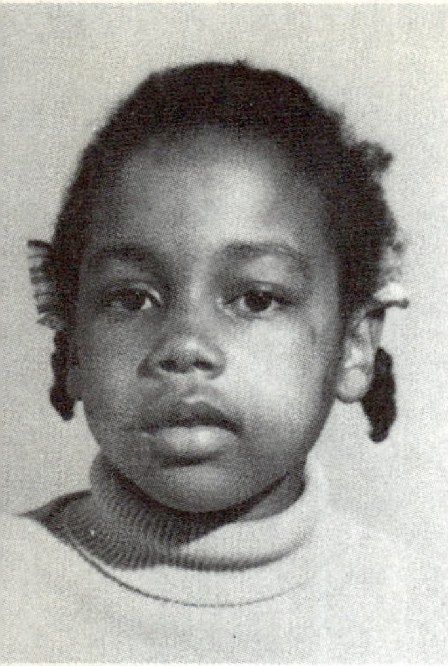

June und Jennifer mit zehn Jahren an der Grundschule in Braunton, Devon, und eine ihrer zahlreichen Zeichnungen von Zwillingen

June und Jennifer in der Sonderschule in Eastgate 1977

Die Royal Air Force Siedlung Furzy Park.
»Ein Ort mit wenig Bäumen und noch weniger Blumen.«

Jennifer posiert für ihre Schwester

June auf dem Spielplatz

Die letzte Seite von *Sie liebt mich, sie liebt mich nicht*

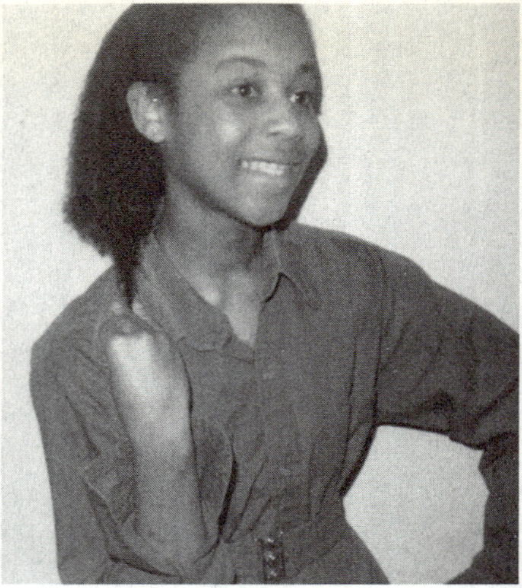

June übt ihr Filmstar-Lächeln

Jennifer in Hochstimmung

Jennifer als ernsthafte Schriftstellerin (li.) June: »Mein Unterbewußtsein hat Jungen wahrgenommen, und ich auch.« (re)

»Dürfen wir Ihnen die Autorin vorstellen?« June im März 1980

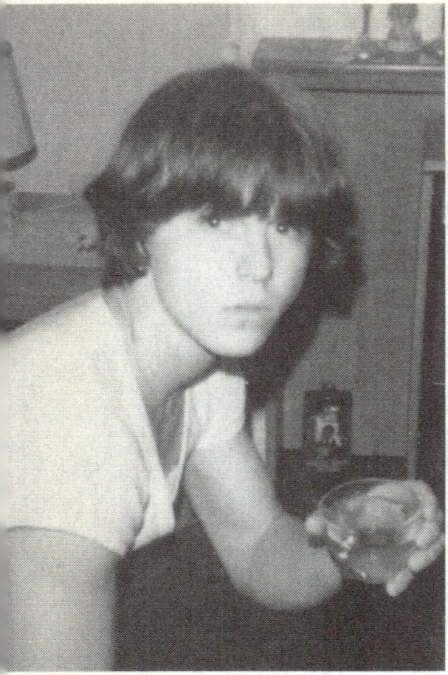
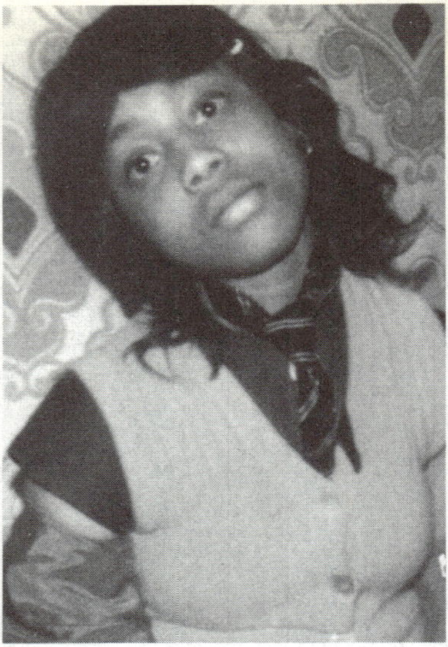

Wayne Kennedy (li); Jennifer, benebelt von Wodka und Pattex (re)

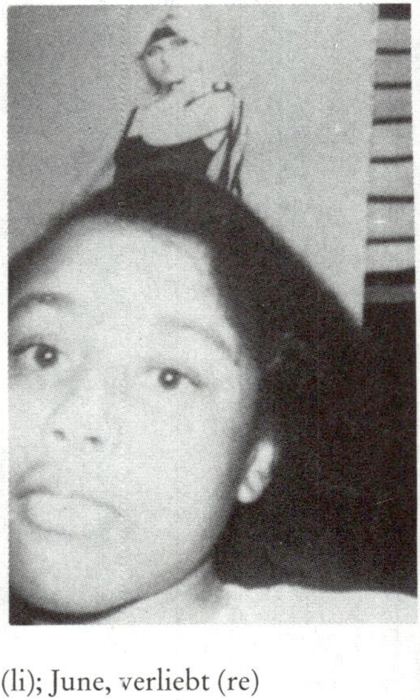

June und Jennifer in Waynes Zimmer (li); June, verliebt (re)

Das Haus der Kennedys in Welsh Hook

Die Wiese, wo die Zwillinge die Jungen der Ortschaft hinlockten

Jennifers Zeichnungen im Untersuchungsgefängnis Pucklechurch

Aubrey und Gloria bei der Gerichtsverhandlung ihrer Töchter: »Diese Eltern sollten nicht für alles die Schuld auf sich nehmen.« (June)

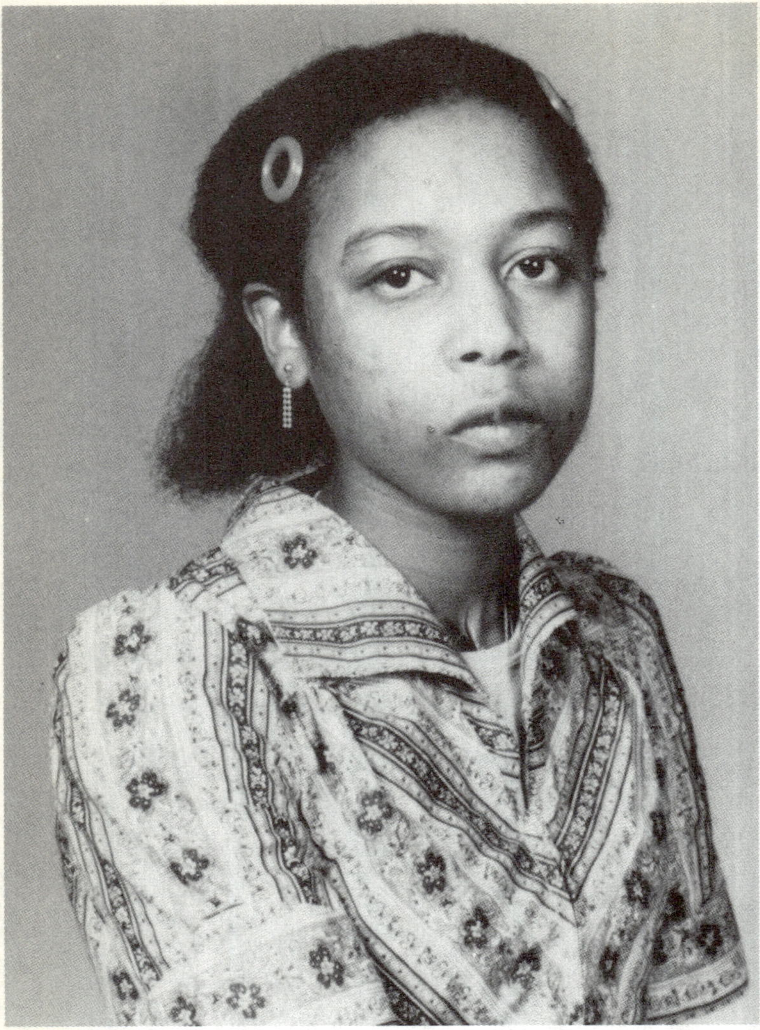

Jennifer in Broadmoor 1982

Abbildung gegenüber: June in Broadmoor 1982, und einer von vielen Briefen an Marjorie Wallace

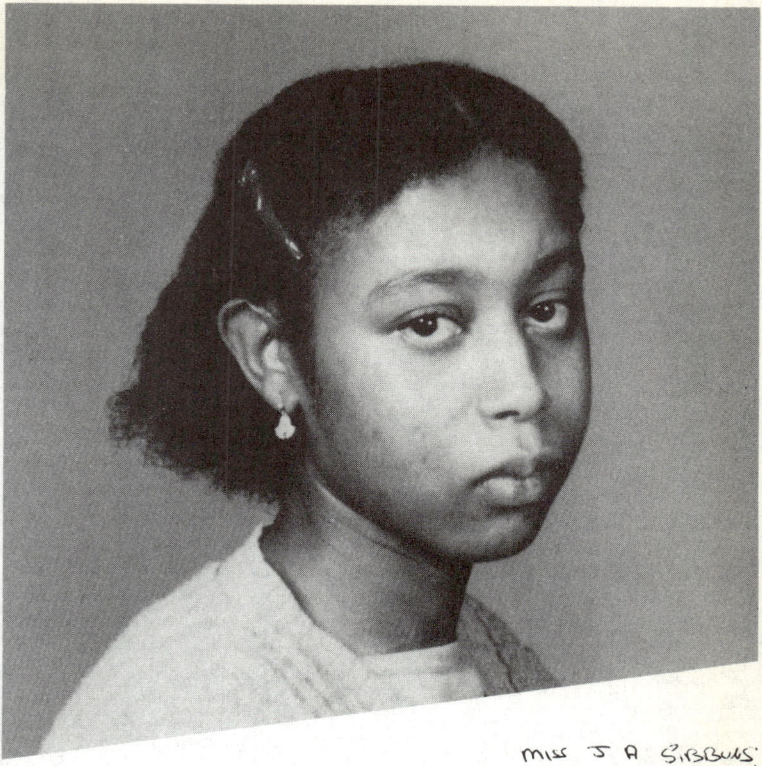

MISS J A GIBBONS,
LANG'S TWO.
BROADMOOR.
HOSPITAL.
CROWTHORNE.
BERKSHIRE.
RG. 11. 7EG.

WEDS. November 24th 1982

Dear Marjorie,

hello; how are you? It was nice of you to visit on sunday. hope you had a pleasant journey home. I am alright at present. I'm going around in a kind of "limbo", trying to think what kind of stories to write. It doesn't really matter what the story is about, just so long, it is written in a sensible style. To get my sleepy brain's working again, I believe, I need, those two little note books; then, I might, find myself, writing, from midnight, until dawn.

Actually, I'm doing quite a bit of reading; as much as when I was in Pucklechurch. I've just finnished "The Finnish

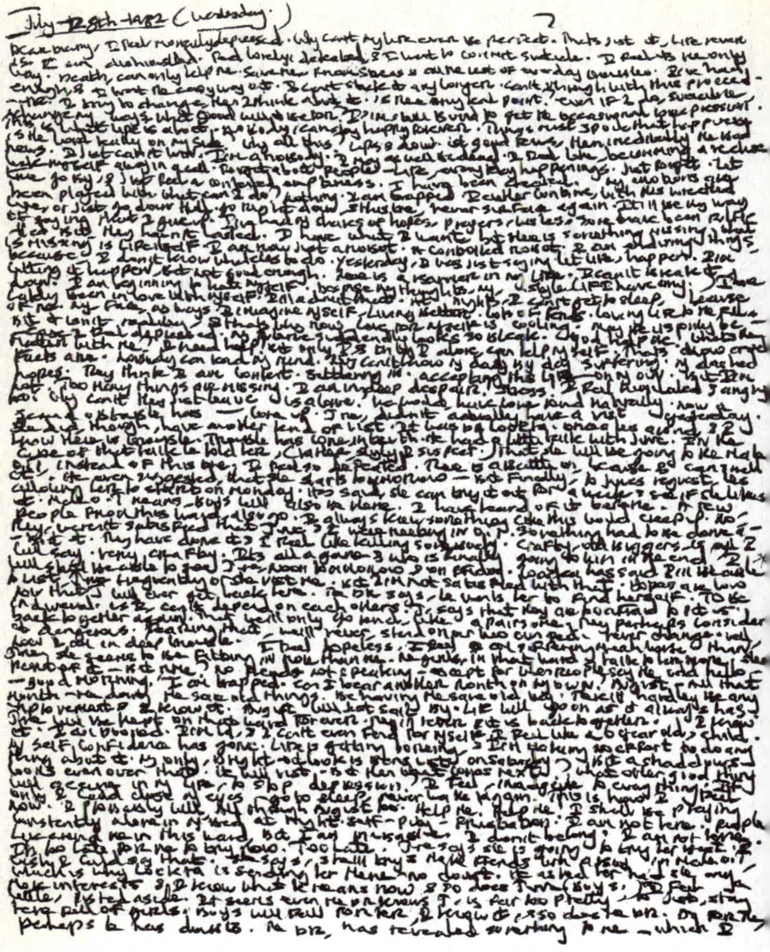

Auszug aus einem von Jennifers Gefängnistagebüchern

Am Tag nach diesem Einbruch kam einer von der Bande, Garth Jones, bei einem Motorradunfall ums Leben. June schnitt den Zeitungsartikel über den Unfall aus und bewahrte ihn auf. Sie schrieb:

Es war Sonntagabend, genau 10.05 Uhr. Dai Jones lenkte, und Garth saß auf dem Soziussitz, als sie mit einem Auto zusammenstießen. Ich denke an das Gespräch über den Tod, das Garth, Damian, Jenny und ich an einem Juliabend im Park führten, nicht ahnend, wer sein Leben verlieren würde, nicht ahnend, daß am 13. September ein Leben zu Ende sein sollte – das von Garth Jones. Ich möchte nicht in der Haut seiner Freundin stecken. Ich trauere mit ihr. Ich bin bei ihr in ihrem Trancezustand, aus dem sie nie mehr erwachen wird, auch nicht, wenn sie verheiratet ist und einen Sohn aufzieht, der Motorräder liebt.

Ich stelle mir vor, wie er ausgesehen hat, als er mit bleichem Gesicht auf dem Krankenhauskissen lag. Was waren seine letzten Gedanken, als er die Wucht des Zusammenstoßes fühlte? Hat er einen letzten schmerzlichen Schrei ausgestoßen? Und als die Sanitäter seinen jungen Körper auf die Bahre hoben, was haben sie gedacht?

Garth Jones war in seiner eigenen Welt: Vielleicht war sie friedlicher als diese. Er war ein echter Fische-Mensch, ein Träumer. Seine Augen blickten so weit weg, wie er jetzt von Snig und dem Rest der Bande ist. Mein Herz blutet für den armen Snig, meine Seele ruft hinaus zu Mr. und Mrs. Jones.

Die Trauer um Garth hinderte die Zwillinge nicht daran, am Freitag, dem 8. Oktober 1981, ein zweites Mal in die Portfield-Schule einzubrechen. »Mein Wesen«, schrieb June, »hat sich dem Verbrechen verschrieben. Ich bin als Diebin abgestempelt; aber bin ich nicht immer eine gewesen? J. und ich sind in das Portfield-Spastikerzentrum eingebrochen. Das Fenster war ganz schön schwer kaputtzukriegen – wir mußten einen Stein mehrmals werfen, bis die ganze Scheibe in Stücke fiel. Keiner kam vorbei oder hat was gehört. Wir haben die ganze Beute, ein Radio, Gummistiefel, Puppenkleider und Zeitschriften mitgehen lassen. Ich hatte den Mumm, da drin eine Tasse Kaffee zu trinken. Gut, was?« Aber June und Jennifer waren noch nicht fertig. Sie kehrten am nächsten Tag in die Portfield-Schule zurück und stahlen ein Buch von Dave Cassidy, einige Spiele und Kreidestücke. »Es gefällt mir, eine Einbrecherin zu sein«, bekannte Jennifer. »Wir haben Pop-Plakate, Klebeband und eine Spielzeugpfeife geklaut. Und wir haben überall Fingerabdrücke hinterlassen. Es wird in allen Zeitungen stehen. Natürlich habe ich ein schlechtes Gewissen, aber das ist der Preis, wenn man eine perfekte Diebin sein will. Ich glaube, mein Ehrgeiz ist nun, eine Diebin zu sein, eine richtige Diebin.«

Es ist unklar, warum die Zwillinge sich die Portfield-Schule als Ziel ihres ersten Einbruchs aussuchten. Es war natürlich bequem, nur wenige hundert Meter von ihrer Wohnung entfernt, und es war eine Schule für Spastiker, die schon immer eine Faszination auf die Zwillinge ausgeübt hatten. Wahrscheinlich haben die anderen Kinder die verrückten Mädchen, die nicht sprachen, als »Spastikermonster« bezeichnet.

Die Hinwendung der Zwillinge zu einem verbrecherischen Leben beschränkte sich nicht auf das Einbrechen in ein einziges Institut. Sie waren zu einer Zerstörungsorgie aufgebrochen, um die Untaten der Bande zu kopieren und zu übertreffen, in der Hoffnung, akzeptiert zu werden. Eines Tages, am 5. Oktober 1981 kritzelten sie Graffiti an die Mauern der Tasker-Millward-Schule: *Snig ist schwul, Len Owen ist unehelich* und so weiter. Dann versuchten sie eine Telefonzelle zu zerstören, konnten aber mit ihrer Schere weder das Kabel durchschneiden noch den Geldbehälter öffnen. Als nächstes erspähten sie ein Motorrad, und nachdem sie sich rittlings draufgesetzt und getan hatten, als wären sie Barry Sheene, kippten sie es um und versuchten mit ihrer Nagelschere die Reifen aufzuschneiden, die aber viel zu stark waren. Schließlich fanden sie ein Auto mit einer unverschlossenen Tür und nahmen eine Jacke und einen alten Blazer mit. »Taugt nichts«, erklärte June, deshalb gingen sie in einen Club, mopsten eine Jacke und durchsuchten sie nach Geld. Die Taschen waren leer. »Den Rest dieser Woche«, verhieß June, »gibt es nur noch Verbrechen. Jawohl!«

Verbrechen war die Lösung für ihre Langeweile. Das gab ihnen die Chance, sich vor der Bande zu beweisen. Wenn sie nicht als Schriftstellerinnen glänzen konnten, wollten sie wenigstens berühmte Strafttäterinnen werden. Und es brachte Aufregung in die totlangweilige Gegend von Haverfordwest.

Nachdem es ihnen nicht gelungen war, die Telefonzelle zu zerstören, beschloß June am Abend, sich einen Spaß zu machen und die Polizei anzurufen. Sie wählte 999, wurde mit der Polizei verbunden und sagte: »Ich möchte ein Geständnis ablegen.«

»Nur zu.«

»Ich bin in die Portfield-Schule eingebrochen.«

»Ach, wann war das?«

»Freitag abend. Sie kriegen mich nie.«

»Ich krieg dich nicht, was?«

»Nee, und den Plattenspieler hol ich mir auch noch.«

»Was für einen Plattenspieler? Um was für einen Plattenspieler handelt es sich?«

June merkte plötzlich, daß der Polizist sie am Sprechen hielt, während man ihre Leitung aufspürte.

»Leck mich am Arsch«, sagte sie barsch, und die zwei liefen aus der Telefonzelle.

Wenige Minuten später wurde es noch aufregender, als ein Polizeiauto die Straße entlanggerast kam. Und dann noch einmal, als Jennifer die Polizei wieder anrief und ein weiteres Geständnis ablegte. »Das hat mir Spaß gemacht«, schrieb June später in ihr Tagebuch. »Ich liebe Aufregung. Ich brauche sie, oder?«

Am Samstag, dem 10. Oktober 1981, schrieb June:

Dies ist der Tag, auf den ich gewartet habe. Jake, Snig und Kevin haben tatsächlich Fühlung aufgenommen. Ich sah zwei Gestalten hinter mir, und meine psychischen Kräfte sagten mir, wer sie waren. J. und ich sind gerannt, blieben aber bald am Straßenrand in der Snowdrop Lane stehen. Jake hat die ganze Zeit geredet. Er hat Kaugummi gekaut und mich angespuckt. Er sagte andauernd, ›ich bin nicht plemplem‹. Ich glaube, er ist es doch. Jake fiel hauptsächlich über mich her, er hat mich getreten und hingeschubst. Und wenn schon, wenigstens sprechen wir jetzt miteinander. Ich merke, daß ich mich nicht mehr betrinken oder an Klebstoff berauschen muß, Gott sei Dank. Die Drohbriefe wirken tatsächlich. Wir werden weiter welche schicken.

Von diesen neuen Entwicklungen ermutigt, gingen die Zwillinge zur Bridge Street, griffen sich zwei leere Milchflaschen und warfen das Fenster eines Obst- und Gemüseladens ein. Am nächsten Tag wählten sie wieder 999, um die Feuerwehr zu dem chinesischen Restaurant in der Bridge Street zu rufen. Dann gingen sie auf den Castle Platz und warfen wenige Meter von einem Polizisten entfernt Ziegelsteine in das Schaufenster eines Bekleidungsgeschäftes. »Wir sind natürlich abgehauen«, brüstete sich June.

Am nächsten Abend ging es genauso wild zu. Sie begannen mit dem Anruf bei einer Ambulanz, die sie in das Haus schickten, wo sie ihr neues Fahrrad gekauft hatten. »Jemand hat sich das Rückgrat gebrochen«, erklärte June. Sie freuten sich an den Sirenen und der Aufregung, als der Krankenwagen ankam, dann begaben sie sich zur Barne Street, wo sie in der Schule ein Fenster einwarfen, erfolglos versuchten, ein Auto umzukippen und es »größtenteils zerstörten.« Kurz darauf sahen sie einen Polizeiwagen. »Der Bullenwagen schien uns zu verfolgen. Wir sind schleunigst getürmt.« Sie stahlen zwei vor einem öffentlichen Gebäude abgestellte Fahrräder und flohen.

Diese Folge ausschweifender Straftaten hielt noch einige Wochen an, durchsetzt mit verzweifelten Versuchen, irgendeine Form von Beziehung zu der Bande zu knüpfen. Sie brachen in die Kantine der Tasker-Millward-Schule ein und stahlen Biskuitrollen, Kuchen, Limonade und Brötchen. Aber die Begeisterung für diese Bagatelldelikte legte sich rasch. June hatte kühnere Pläne. »Ich beabsichtige Molotowcocktails zu bauen. Eine Flasche, Benzin und Papier, und das wird dann durchs Fenster geschleudert. Hab die Idee von Snig und der Bande. Sie haben eines Tages den Park angezündet. Ich werde der größte Brandstifter weit und breit!«

Die ganze Aufregung beim Schaufenstereinschmeißen ist endgültig verschwunden; diese Idee mit den Molotowcocktails zieht sich hin. Wo ist das verdammte Benzin? Alle Jungs und Mädchen in Haverfordwest wissen, daß J. und ich Fahrräder klauen. Das Leben erscheint mir einfach nicht mehr lebenswert. Mir fehlen Freunde. Mir fehlt Gesellschaft. Immer nur ich und J., und sie hat mal wieder eine von ihren verrückten, trübsinnigen, abwesenden Launen. Sie macht wieder so eine elende Hungerkur. Ich möchte einfach sterben. Diesmal im Ernst. Ich freu mich nicht auf ein deprimierendes Weihnachtsfest. Snig geht ins Ausland. Die Bande löst sich auf.

Die Polizei an der Nase herumzuführen, wurde nun die Hauptquelle für Aufregung. Jennifer rief an und gestand den Einbruch in der Portfield-Schule, sie sprach mit der tiefsten männlichsten Stimme, die sie aufbieten konnte. Am nächsten Tag, dem 20. Oktober, rief June die Polizei an.

Ich tat, als wäre ich ein Junge, und redete einfach drauflos. So was Dummes. Es war, als wollte ich erwischt werden. Eine Minute später kommt jedenfalls ein Polizeiwagen zu der Telefonzelle am Busdepot. Jennifer und ich werden auf frischer Tat ertappt. Rein in den Wagen, ich auf den Rücksitz, Jennifer nach vorn. Ich war wieder mal auf der altbekannten Polizeiwache. Ich wurde allein in ein Zimmer gebracht. Blieb dort etwa drei Stunden bis ein Uhr. Die Polizei gab mir keine echte Chance zu sprechen, was hat es dann für einen Sinn es zu versuchen? Alle meine Träume gingen zum Fenster hinaus. Ich hätte wie ein verrücktes Yankeemädchen reden sollen, aber warum bin ich immer wie gelähmt? Als nächstes erlebte ich, wie man meine Fingerabdrücke abnahm. Ich mußte innerlich die ganze Zeit lachen. Diese Bullen sind so verdammt komisch! Die Bullen müssen die Fingerabdrücke mit denen in der Portfield-Schule vergleichen. Übrigens, wir waren an dem Abend gerade dabei, sie in Brand zu stecken, aber dann kam ein Auto und ein Kerl fragte, was wir da machten. Ich konnte gerade noch meinen Molotowcocktail fallen lassen. Schließlich kam meine Mutter, und wir sind alle nach Hause gegangen.

Was immer sie innerlich empfunden haben mochte, Glorias Reaktion auf diesen ersten ernsten Ärger war eher gedämpft. Sie schalt die Mädchen kurz, und alles ging weiter wie bisher.

Am Anfang der Einbruchskampagne der Zwillinge zweifelte die Polizei kaum daran, daß da Kinder am Werk waren. Die frühabendlichen Einbrüche, der Diebstahl von Kuchen und Süßigkeiten sowie die Graffiti auf Mauern und Anschlagtafeln waren typische Merkmale. »Dann dämmerte es uns, daß es sich vielleicht nicht um Schulkinder handelte, sondern um ›Ausgeflippte‹ oder ›Übergeschnappte‹, weil uns klar wurde, daß die Übeltäter sich nicht viel Mühe gaben, nicht erwischt zu werden, und uns sogar noch anriefen«, sagte Oberinspektor James. Die Polizei schilderte den Anruf eines gewissen Michael Jones, der behauptete, für den Einbruch in die Portfield-Schule verantwortlich zu sein. Der Anruf wurde von Wachtmeister Glyn Cole entgegengenommen, der im Hintergrund Mädchengekicher vernahm. Einmal sagte der Anrufer: »Wir haben nichts dagegen, ins Gefängnis zu gehen.«

»Wegen was habt ihr nichts dagegen, ins Gefängnis zu gehen?« fragte Wachtmeister Cole.

»Wegen Fenstereinschmeißen. Wegen allem, wofür ihr uns anklagt. Aber wir sind nicht schuldig. Wir spielen auch nicht. Wir lachen nicht etwa, weil wir schuldig sind. Hat keinen Zweck, vor Gericht zu gehen.«

Das Gespräch dauerte so lange, daß es der Polizei gelang, zu der Telefonzelle zu fahren und die Gibbons-Mädchen festzunehmen. Kriminalkommissar Charlton, der den Fall bearbeitete, ein recht phantasieloser Mensch, befand sich beim Essen des Taubenzüchtervereins, deshalb wurden die Mädchen von Wachtmeister Tom Peters verhört. Er bekam außer ihrem Namen nichts aus ihnen heraus. »Ich kam nicht weiter. Es war unmöglich«, sagte er. »Ich redete fünfundvierzig Minuten auf sie ein. Sie kicherten und lachten, bewahrten aber ansonsten vollständiges Stillschweigen.« Als er mit seinem Latein am Ende war, rief Peters Charlton an und fragte ihn, was er tun solle. Charltons Frau hatte die Gibbons-Zwillinge an der Realschule unterrichtet. Er sagte am Telefon zu Peters: »Da können Sie nichts machen.« Sie wurden schließlich wegen Mißbrauchs eines Notrufs angeklagt.

Jennifer beschloß, sich künstlerisch auszudrücken. Sie konnte recht gut zeichnen und hatte, wie June, alle ihre Puppenbücher illustriert sowie etliche amüsante Bildergeschichten geschrieben und gezeichnet. Sie schrieb sich für einen Korrespondenzkurs des London Art College ein. (Der Kurs kostete hundertfünfunddreißig Pfund, aber wie gewöhnlich handelte sie den Preis herunter.)

June war niedergeschlagen. »Am liebsten würde ich mich umbringen, aber ob das hilft? Ich habe frische Male im Gesicht, die beweisen, wie deprimierend das Leben mit meiner Zwillingsschwester geworden ist. Habe ich die Kraft, sie zu töten?« Doch Jennifer war wieder mal obenauf:

Ich muß zugeben, ich bin genauso gemein wie alle anderen. Mein Verstand ist so mächtig ... Eines sonnigen Tages werde ich fortgehen, o ja, ich werde frei sein, frei von allem und jedem. In der Zwischenzeit weiß ich nicht recht, worauf ich hinaus will. Anstatt durch die Straßen zu streifen, sollte ich lieber etwas Schöpferisches leisten.

Doch die Zwillinge hatten es nach wie vor auf Brandstiftung abgesehen. »Mein Verbrecherdasein wird immer besser, darf ich sagen«, schrieb Jennifer. »June und ich sind in die Tennishalle eingebrochen. Es ging ganz leicht, wir mußten nur eine gesprungene Fensterscheibe einwerfen. Wie alle Einbrecher oder Brandstifter, was immer einem besser zusagt, stiegen wir leise ein und sahen uns gründlich um.« Ihr Hauptinteresse war, die Küche und etwas Gutes zu essen zu finden. Aber sie wurden enttäuscht. »Kein großer Kuchen, keine Brote, bloß Schüsseln und Pfannen auf einem Herd, Wasser in der Leitung und wir zwei, die mit knurrenden Mägen herumstanden.« Sie beschlossen, alles mit Treibstoff zu begießen. Sie zündeten ein Streichholz an, und als die Flammen aufstiegen, gingen sie ruhig fort. »Ich hab zwar ein schlechtes Gewissen«, berichtete Jennifer, »aber es ist sehr aufregend.«

Am nächsten Abend, Samstag, dem 24. Oktober, beschloß June, ihre kriminellen Handlungen auszuweiten:

Schon die ganze Woche wünschte ich mir, das Traktorengeschäft in der Snowdrop Lane abzubrennen. Heute habe ich es getan – natürlich mit J's Hilfe. Es war die großartigste Nacht meines Lebens. Wir sind über einen Stacheldrahtzaun geklettert. Der Himmel wurde immer schwärzer, und es fing an zu regnen. J. nahm die Sache in die Hand und warf ein Fenster in der Halle ein, wo die Maschinen standen.

In der Halle war es dunkel. Die Mähdrescher und Traktoren, die tagsüber der Snowdrop Lane den einzigen Farbtupfer verliehen, waren nun grau und bedrohlich. June zündete ein Streichholz an und folgte Jennifer. Einige Autos waren dort abgestellt, und auf einem Schild stand »Vorsicht Hochspannung«. Jennifer hielt den Atem an und hätte beinahe geschrien. Ein Paar Hände bewegte sich langsam auf der Windschutzscheibe eines Wagens. Entgeistert sah sie wieder hin und stellte fest, daß es nur Handschuhe waren, die jemand auf der Kühlerhaube hatte liegen lassen. Die Zwillinge schlichen zu den Büros. Die Tür war offen, und sie gingen hinein.

Drinnen siegte ihre Begeisterung über ihre Angst. »Ich rechnete damit, daß der Geschäftsführer sagen würde ›Hab ich euch erwischt‹, aber dazu kam es nicht – dank meines positiven Denkens«, schrieb Jennifer. June hielt eine Plastiktüte auf, und Jennifer stopfte Kleinigkeiten aus dem Büro hinein – einen Taschenrechner, ein Paar Kopfhörer, eine Taschenlampe. Sie fanden zwei Fliegerjacken, die sie ebenfalls mitnahmen. June sah eine Gummiquietschpuppe auf dem Fußboden. Sie war entzückt. Jennifer holte den kleinen Kanister hervor, den sie mitgebracht hatten, und goß Benzin über den Schreibtisch und den Stuhl im ersten Raum. June zündete ein Streichholz an und hielt es an die Ecken eines Briefes, der auf dem Schreibtisch lag. Es gab ein Geräusch wie reißende Seide, als der Schreibtisch Feuer fing und die Flammen bis zur Decke schlugen. »Mensch, was für ein Gefühl«, dachte Jennifer. Lächelnd und ausgelassen liefen die Mädchen in den nächsten Raum und gossen Benzin über die Möbel und einen Overall, der an der Tür hing, und zündeten den Overall an.

Dies war die Katharsis, auf die sie gewartet hatten – eine Läuterung und Erlösung von ihrem Leiden. Die Flammen waren der Aufschrei für all die Jahre der Frustration, wo sie an einen anderen Menschen gekettet waren, dessen einziger Zweck es zu sein schien, zu spotten und zu zerstören, der, obwohl identisch aussehend, nichts für den anderen übrig hatte als Neid und Verachtung.

Ein Passant auf der Snowdrop Lane hörte das Geräusch von splitterndem Glas, als die Flammen duch das Fenster des Ausstellungsraumes schossen. Binnen weniger Minuten war die Feuerwehr zur Stelle. In dem Gewühl bemerkte niemand die zwei Mädchen, deren Schuhe voll Öl und Petroleum waren und die prallgefüllte Tragetasche an sich drückten und unbekümmert die Straße entlangspazierten. Sie versteckten sich anfangs in einer Telefonzelle, aber die Versuchung war zu groß. Draußen waren Polizei, Feuerwehr und Krankenwagen. Alles geschah so, wie sie es in ihren »Probeläufen« – so bezeichneten sie ihre 999-Anrufe – beabsichtigt hatten. Die Feuerwehrleute rannten mit Sauerstoffmasken ausgestattet in das Gebäude. Die Flammen leuchteten im dunklen Regen, und darüber erfüllte Rauch den Nachthimmel. Die Mädchen mischten sich in die Menge und ergötzten sich an ihrer Tat. Überall waren Feuerwehrleute, sie rannten mit ihren Schläuchen, versuchten ein Fenster einzuschlagen, um hineinzugelangen.

Alldieweil züngelte sich mein herrliches Feuer durch das Dach, und der dichte Rauch erfüllte den Nachthimmel. Es war ein Bild, das immer in mir lebendig bleiben wird – ach wie bin ich doch sündig, böse, selbstsüchtig. Ich weiß, der Herrgott wird mir verzeihen. Es war ein langes, schmerzliches, hartes Jahr. Verdiene ich es nicht, meine Verzweiflung auszudrücken?

Jennifer sah die Sache realistischer. »Nach dieser großartigen Leistung schlenderten June und ich schließlich nach Hause.«

Sie waren mit ihrer nächtlichen Arbeit sehr zufrieden. Sie gingen in ihr Zimmer. June setzte die Quietschpuppe auf ihr Bett und lächelte.

Die Nachbarn von nebenan hatten jedoch die Mädchen ins Feuer starren sehen und zeigten sie bei der Polizei an. Sonntagmorgen kamen zwei Kommissare, um sie wegen der Brände im Traktorengeschäft und in der Tennishalle zu vernehmen. Die Mädchen sagten nichts, sondern schüttelten nur die Köpfe, und die Polizisten gingen.

»Ich komme mir vor wie ein entflohener Sträfling«,

schrieb Jennifer. »Ich möchte gern ins Gefängnis kommen. Ich weiß, bald wird es so weit sein. Meine Leidenschaft für das Verbrechen ist mächtiger als mein inneres Ich. Im Augenblick fühle ich mich sehr reich. Mein Leben ist vollgepackt mit Gutem und Schlechtem. Verzeih mir, Herr, für all meine schlimmen Taten.«

Als in der nächsten Woche die Lokalzeitung erschien, waren die Zwillinge entzückt, weil ihre Großtat auf der Titelseite stand. In dem Artikel hieß es, es sei ein Schaden in Höhe von hunderttausend Pfund entstanden; zwei Traktoren waren zerstört worden, und ein Feuerwehrmann mußte im Krankenhaus behandelt werden, weil er beim Einschlagen einer Fensterscheibe Schnittverletzungen erlitten hatte. Auch das Feuer in der Tennishalle wurde erwähnt. In dem Bericht hieß es, die Polizei suche einen Brandstifter. »Und ob sie suchen!« bemerkte June. »Sie wohnt gleich hier, Furzy Park 35! Wenn das nicht zum Lachen ist.«

Als nächstes brachen sie in die Barn-Street-Schule ein, indem sie mit einem Korbballpfosten ein Fenster einschlugen. Sie nahmen »silberne Sportpokale, ein riesiges gerahmtes Bild und ein kleines mit. Einen braunen Elfenbeinelefanten, Kleider, einen Schal und zwei Geldbörsen. In einer war ein kleiner herzförmiger Anhänger mitsamt einem winzigen Schlüssel und den Worten: ›Wer diesen Schlüssel besitzt, öffnet mein Herz.‹ J. und ich haben eine schöne Verwüstung angerichtet. Ich goß Tee und Kaffee auf den Fußboden. Wir haben erstmal nur die kleineren Gegenstände mit nach Hause genommen.« Als June auf dem Heimweg an der Fish and Chips Bude vorbeikam, bekam sie einen furchtbaren Schrecken. Sie fühlte eine feste Hand auf ihrer Schulter. »Puh, ich wär fast gestorben! Aber es war bloß ein Freund von Darren.«

Am 5. November 1981 richteten die Mädchen abermals eine Verheerung an. »Für manche Leute«, schrieb June, »ist dies eine Freudenfeuernacht, aber für mich – also es war einfach sagenhaft. Ja, J. und ich haben es wieder getan. Sind in die Tasker-Schule eingebrochen, und die Zerstörung war ganz nach meinem Geschmack. Eine prima

Methode, um Dampf abzulassen, oder? Einen grünen Schnorchel, einen Parka, ein Paar Turnschuhe und Bücher gestohlen.«

In diesen letzten turbulenten Herbsttagen, bevor der Rest der Welt es den Zwillingen heimzahlte, führen uns ihre Träume, die klug, oft witzig waren, in ihre Gemüter. Sie zeigen uns, wie gefangen die Zwillinge waren durch ihre Unfähigkeit, mit anderen außer sich selbst zu kommunizieren – je mehr sie sich von der Bande ausgeschlossen fühlten, um so mehr beschuldigten sie sich gegenseitig wegen ihres Außenseiterstatus. Aber keine wollte nachgeben und von ihrer Zwillingsschwester lassen. Sie fühlten die Enge ihrer Zwangslage, die sie immer stärker einschloß, und wußten, wenn es noch länger so weiterging, würde ihnen keine Wahl bleiben als sich gegenseitig umzubringen. Alle anderen Bemühungen zu entkommen hatten versagt – das Schreiben war harte Arbeit gewesen, deren einziges Ergebnis ein Stapel Ablehnungen war; bei der Suche nach einem Job kamen sie nie über das erste Telefongespräch hinaus, und als die Kennedys weggezogen waren, fühlten sie sich nach ihren Teenager-Sexgeplänkeln leer und erniedrigt. Das Feuer bot ihnen die uralten Symbole der Läuterug, Opferung und Wiedergeburt. Nur aus den Flammen konnten eine neue June und Jennifer als einzelne, erfolgreiche Menschen hervorgehen, und die zwei unbeliebten Sprachlosen als schöne junge Frauen auferstehen.

June träumte eines Nachts:

Ich bin in einem fremden Schlafzimmer. Unten sind ein paar Mädchen, aber als die Mutter hereinkommt, sagt J., wir haben den Mädchen die Freundschaft gekündigt. Sie geht hinaus. Ich durchwühle die Schubladen und finde eine super Bommelmütze. Ich behalte sie. Als nächstes bin ich draußen auf einem Friedhof. Ich sehe das Grab eines Mannes, aber er ist zu arm, um sich einen Sarg zu leisten. Ich sehe ihn unter einer Decke. Passanten erklären mir, er konnte sich kein anständiges Grab leisten. Aber mir fällt ein, daß ich gerade fünftausend Pfund in dem Zeitungspreisausschreiben gewonnen habe. Bald darauf kommt ein Mädchen namens Joyce und unterhält sich mit mir. Sie bittet um eine Kippe. Wir haben alle Kippen, aber nicht genug Streichhölzer. Wir versuchen, ein Streichholz anzuzünden, aber der Wind weht. Ich will schon einen Passanten fragen, aber schließlich kriegt Joyce ihrs an. *Friedhof:* verheißt Nachricht von jemand lange Abwesendem; ich bin tödlich gelangweilt; ich mache gesellschaftlich und geistig eine flaue Zeit durch. *Leiche:* Endgültigkeit, Versagen, Wunsch nach Entkommen oder Vergebung. *Rauch:* bedeutet Verwirrung. *Feuer:* Wunsch nach Entkommen, »die Brücken hinter mir zu verbrennen.« *Mütze:* neue Mütze. *Ortswechsel:* Verlust, Unglück. *Schlafzimmer:* sexuelles Bedürfnis oder bevorstehende Reise. *Geld:* Wunsch nach Sicherheit. *Beerdigung:* unbewußte Unzufriedenheit mit jemand anderem. *Rauchen:* Frieden, Harmonie und Zuversicht.

In der Nacht vor ihrer letzten Straftat hatte June einen symbolischen Traum. Er war ein jämmerlicher Hilferuf, den niemand außer ihrem Tagebuch zu hören bekam:

Ich sehe eine Szene mit Joan Collins und ihrer Tochter. Joan sitzt auf einem Bett und klärt ihre Tochter auf. Sie erklärt, was es für ein Gefühl ist, eine Frau zu sein; ihr Körper ist leicht schlaff, sie legt sich auf den Rücken und streichelt ihren Bauch. Sie setzt sich auf und umarmt ihre Tochter, die zu weinen angefangen hat, entweder vor Erleichterung oder über die Verwirrung, wenn man erwachsen wird. *Weinen:* Liebeskummer oder geschäftliche Schwierigkeiten. *Schlafzimmer:* Sexuelles Bedürfnis. *Umarmung:* Verlangen anderen zu helfen.

Ich betrachte auch einen Haufen Schwarzweißbilder aus meiner Kindheit. *Bilder:* Wunsch nach künstlerischem Ausdruck. *Nacktheit:* Wunsch, bemerkt zu werden.

Das war ihr letzter Eintrag. Am 8. November 1981 um 20.30 Uhr waren sie und Jennifer auf ihrem üblichen abendlichen Streifzug. Sie sahen einen Polizisten an der Ecke Jury Lane beim Pembroke Technical College die Straße auf und ab gehen. Das war gleichsam ihr Stichwort. Fast vor seinen Augen gingen sie zur Hinterseite des College, und June hob einen Ziegelstein auf, um das Fenster einzuwerfen.

Ein paar Meter weiter hörte Wachtmeister Steven Gwyn Jones das Krachen. Seit der Einbruchserie waren er und andere zu der Operation Brandstiftung abkommandiert. Anfangs hatten die Polizisten die Stimmen am Telefon nicht mit den Gibbons-Zwillingen in Verbindung gebracht, die sie für stumm hielten. Es fiel ihnen schwer zu glauben, daß die ganze Zerstörung das Werk so schüchterner Mädchen sein sollte. Doch als der Wagen sie neulich nach dem telefonischen Geständnis des Ladeneinbruchs bei der Telefonzelle aufgelesen hatte, hatte Kriminalkommissar Charlton Verdacht geschöpft. Er postierte seine Leute, viele in Zivil, in der Nähe sämtlicher Schlupfwinkel der Teenager von der Dale Road Siedlung und machte sich daran, die Zwillinge in die Falle zu locken. Das war nicht allzu schwierig. June und Jennifer sehnten sich unterdessen verzweifelt danach, erwischt zu werden. In ihrem Traumdeuterbuch waren Polizisten wahre Beschützer, Menschen, die ihnen helfen konnten, ihrer Zwangslage zu entkommen; das Gefängnis verkörperte Geborgenheit, einen Ort, wo sie sich sicher fühlen konnten.

Was jetzt geschah, war unvermeidlich. Als der Polizist das Geräusch von klirrendem Glas hörte, rief er über Funk Verstärkung herbei und ging zur Hinterseite des College. Er brauchte eine Weile, bis er das zerbrochene Fenster gefunden hatte. Dann hörte er ein merkwürdiges Geräusch, wie das Quieken von kleinen, aufgeregten Tieren. Er blickte hoch und sah das kurze Aufflammen eines Streichholzes. Wieder wurde ein Streichholz angezündet, und diesmal konnte er den Umriß einer Gestalt von der Größe eines Kindes erkennen, die dicke Wollhandschuhe trug und eine Tragetasche hielt. Als das nächste Streichholz aufflammte, sah er eine andere Gestalt etwas, das wie ein Lineal und Notizbücher aussah, in die Tüte werfen.

Draußen auf der Straße hielt ein Wagen. Sekunden später blickten Kriminalkommissar Charlton und seine Leute durch das zerbrochene Fenster. Die Eindringlinge hatten unterdessen eine Taschenlampe gefunden, die sie auf den Tisch legten. Die Gruppe Männer draußen beobachtete, wie die zwei Gestalten etwas, das wie Klebstoff aussah, aus einer Flasche auf Schreibtischen und Teppichen verteilten. Das war der Augenblick einzugreifen. Binnen weniger Sekunden war Charlton im College und rannte durch die Flure ins Büro. Als er eintrat, war June dabei, einen Kanister Brennstoff über einige Papiere zu schütten. Zwei Beamte packten sie, zwei andere ergriffen Jennifer. Sie fanden ein Feuerzeug in Junes Strumpf und eine Schachtel Streichhölzer in ihrer Hosentasche. Charlton leerte die Tragetasche aus. Ihr Inhalt war jämmerlich: eine Handvoll Tonbandkassetten, etwas Schreibpapier und eine halbe Rolle Polo-Pfefferminz.

Kriminalkommissar Charlton war hocherfreut. Er hatte die Brandstifterinnen auf frischer Tat ertappt. Als Mann von wohlverdientem Ruf bei der straffälligen Bevölkerung von Haverfordwest nahm er die Verhaftung mit Genuß vor. Er wußte von früheren Begebenheiten, daß die Gibbons-Zwillinge nicht sprechen konnten oder wollten, deshalb führte er sein Verhör auf eine, wie es später bei Gericht hieß, »etwas ungewöhnliche Weise«. Er schrieb eine Frage auf, reichte den Mädchen Stift und Papier und verließ den Raum. Er kam zurück, um ihre Antworten entgegenzunehmen, bevor er die nächste Frage stellte. Sie antworteten mit Namen, Alter und Adresse, gaben jedoch nur den Einbruch im College zu.

Am späten Abend befragte Charlton fast eine Stunde lang den verblüfften Aubrey über das Treiben der Mädchen. Gloria mußte über ihre vorausgegangene Eskapade Stillschweigen bewahrt haben. Aubrey lächelte und lachte, außerstande zu begreifen, was er da hörte. Die Zwillinge machten Ärger? Unmöglich. Sie konnten einem zuweilen ein bißchen auf die Nerven gehen, aber Verbrecherinnen, Einbrecherinnen, Brandstifterinnen – zu so etwas waren sie nicht fähig. Zu brav, hatte er immer zu Gloria gesagt, nicht wie die anderen Kinder in der Siedlung. Charlton präsentierte einen Durchsuchungsbefehl und bat Aubrey, ihm das Zimmer der Zwillinge zu zeigen.

Unter dem Etagenbett, hinter schmutzige Kleidungsstücke gestopft oder unter Manuskripten versteckt, waren die Jacken, Tonbänder, Schmuckstücke, Federmäppchen und Büroutensilien, die in den Autos und Büros fehlten, die die Zwillinge geknackt hatten. Charlton begann einige Manuskripte zu lesen, dann sah er eines der roten Fünfjahres-Tagebücher offen beim Eintrag des Vortages auf dem Bett liegen. Er las es mit Freuden. Er fand das zweite

Tagebuch, und alsbald wurden sämtliche Schriften der Zwillinge sowie die Beute in schwarze Müllbeutel gesammelt und zur Polizeiwache gebracht.

Aubrey und Gloria sahen von der Treppe aus zu, wie die Polizei das Schlafzimmer durchwühlte. Die Eltern hatten sich nie an den Habseligkeiten der Zwillinge zu schaffen machen, geschweige denn ihr Zimmer betreten dürfen. Gloria wollte protestieren, aber es war zu spät. Sie beobachtete die Szenerie und wußte, daß es unausweichlich war – vor wenigen Wochen hatte sie geträumt, daß vier Polizisten in ihr Wohnzimmer getreten waren und sich nach den Zwillingen erkundigt hatten. Dann waren die Zwillinge hereingekommen, und alle hatten zu singen angefangen. Doch diesesmal waren keine Zwillinge da, und es wurde nicht gesungen.

Am nächsten Tag war die Geschichte die Schlagzeile im ›Western Telegraph‹. Sein Leben lang hatte Aubrey vermieden, in irgendeiner Hinsicht aufzufallen: Jetzt mußten er und Gloria sich damit abfinden, daß ihre Zwillingstöchter Kriminelle waren. Am 10. November 1981 wurde June und Jennifer in einer polizeilichen Verlautbarung mitgeteilt, daß sie zu ihrer eigenen Sicherheit in Untersuchungshaft gehalten würden, da sie bei einer Entlassung gegen Kaution wahrscheinlich weitere Straftaten begehen würden.

VII. Kriegsspiele

> Sie hätte bei der Geburt sterben sollen.
> Kain hat Abel getötet. Das sollte kein
> Zwilling vergessen.
>
> *Jennifer Gibbons*

»June Alison Gibbons.« Die Beamtin blickte durch das Zimmer auf die geschlossene Tür einer Holzkabine. Es kam keine Antwort. Sie sprach strenger. »June Gibbons.«

Die Kabinentür ging auf, und June trat heraus. Sie gab keine Antwort, sondern stellte sich mitten in den Empfangsraum, den Kissenbezug an sich gedrückt, in den sie alle ihre Kleidungsstücke eingewickelt hatte, mit Ausnahme von BH und Unterhöschen, die sie noch unter einem rauhen, blaugestreiften Morgenrock anhatte. Gefängnisvorschrift. Sie hatte keine Ahnung, was als nächstes auf sie zukam. Würde man sie rasieren und in einen Duschraum schicken, wie sie es in Büchern über die Konzentrationslager der Nazis gelesen hatte? Mußten sich alle Frauen und Mädchen im Untersuchungsgefängnis Pucklechurch ausziehen und am hellichten Tag in Morgenröcken rumlaufen, so wie sie jetzt? Sie mußte häßlich aussehen, wie sie da stand. Sie hörte in einer anderen Kabine Wasser laufen und sah über der Trennwand Dampf aufsteigen. Sie fürchtete sich. Sie sah sich nach Jennifer um. Wenn sie nur hier wäre, sie könnte sie beruhigen. Wo war sie? Hatte man sie in einen anderen Block gebracht? June geriet in Panik. Sie wollte um Hilfe rufen, aber ihre Lippen blieben geschlossen.

Schlüssel klapperten, eine Tür ging auf, und Jennifer kam herein, noch in Jeans und T-Shirt. Sie warf June einen mitleidigen Blick zu. Sie wußte genau, wie unförmig und verletzlich ihre Zwillingsschwester sich in dem Gefängnismorgenrock fühlte. »June Gibbons«, wiederholte die Beamtin. »Würdest du bitte in die Kabine gehen? Mrs. MacCarthy wird dich baden und dir die Haare waschen.« June rührte sich nicht. »Komm schon, June.« Sie bemühte sich um einen freundlichen Ton, weil sie dachte, das Mädchen fürchte sich vielleicht. »Ist bloß ein Bad. Alle baden, wenn sie herkommen.«

June reagierte nicht und verhielt sich steif, die Augen niedergeschlagen. Die Aufnahmebeamtin wurde ungeduldig. Das Mädchen mochte schüchtern sein, aber in Untersuchungshaftanstalten wie Pucklechurch, mit dem ständigen Kommen und Gehen von Gefangenen aller Art, war keine Zeit für psychologische Feinheiten. Sie winkte einer Beamtin, und gemeinsam zerrten sie June zu der Badekabine hinüber, zogen sie aus und hoben sie in das desinfizierte Wasser. Noch nie war ihnen ein so starker, wenngleich stummer Widerstand begegnet. Nachdem sie June in die Wanne gesetzt hatten, befreiten sie Jennifer aus einer zweiten verschlossenen Kabine. Auch sie stand stocksteif, den Kissenbezug an sich gedrückt, in exakt derselben Haltung wie ihre Zwillingsschwester. Diesmal hielten sich die Aufseherinnen nicht mit Bitten und Zureden auf, sondern sie trugen Jennifer entschlossen durch den Raum und hievten sie in die Wanne in der Zelle neben June.

Nachdem sie gewaschen und desinfiziert waren, nahm die Pflegerin an jedem Zwilling eine umfassende Untersuchung jeder einzelnen Körperöffnung vor. Dann stellten sie sich nacheinander vor das Empfangspult, und die Beamtin, die in ihrer marineblauen Gefängnisbeamtenuniform freundlich und wichtig aussah, schloß ihre Habseligkeiten weg, händigte ihnen zwei Kissenbezüge aus, in denen sie ihre Bettlaken, Handtücher, ein Nachthemd und ein Paar Pantoffeln verstauen mußten. Sie hielt die übliche Begrüßungsansprache. Ihre Hauptaufgabe bestand in der Feststellung ihrer Personalien und dem Ausfüllen der Formulare, auf denen die nächsten Verwandten und die Krankengeschichte zu vermerken waren. Da die Mädchen keine Antwort gaben, gelang es ihr nicht, irgendwelche Informationen zu erhalten, und sie mußte die Formulare unausgefüllt lassen. Sie würde sich mit dem Anwalt der Mädchen oder mit der Polizei in Verbindung setzen müssen. Sie händigte jedem Mädchen ein Heftchen mit den Gefängnisvorschriften sowie den Rechten der Gefangenen aus, dazu ein Blatt Papier und einen Umschlag für ihren ersten Brief. »Wir sind hier streng, aber gerecht«, eröffnete sie ihnen. »Wenn ihr Probleme oder Beschwerden habt, könnt ihr um eine Unterredung mit der Oberaufseherin ersuchen.«

June suchte nicht einmal Jennifers Blick. In gewisser Weise erfüllte sich nun, was sie sich erhofft hatten: Menschen, die sich um sie kümmerten und vor den Wirren ihres Daseins beschützten. Die Beamtin war gar nicht so übel. Sie hatte sie recht freundlich angelächelt. Was sie am meisten ängstigte war, daß man sie womöglich in getrennte Zellen sperrte. Von zwei rangniederen Beamtinnen wurden die Mädchen einen Korridor entlang gescheucht. Drohend klapperten Schlüsselbunde am Gürtel der Aufseherinnen. Obgleich June und Jennifer nicht aufsahen, spürten sie die Blicke anderer Insassinnen, an denen sie vorbeikamen. Wer waren sie? Mörderinnen, Prostituierte, Drogenhändlerinnen? Auf den Fensterbänken des Korridors, der den Empfangsraum mit dem Block verband, in den sie gebracht wurden, sahen sie reihenweise Pflanzen. Mit einem Seitenblick erspähten sie hinter ihren Spiegelbildern im Glas eine klösterlich anmutende Gartenanlage. Als dann eine Beamtin die Tür zu Block A aufschloß, brach der Ansturm über sie herein.

Überall war Lärm. Reggaemusik plärrte aus einem Lautsprecher, Dutzende Mädchen plapperten und schrien. Es war Badezeit, und manche sangen, andere hämmerten an Kabinentüren. »Beeil dich. Steck nicht dauernd deine Finger da rein und komm raus.« »Ach halts Maul, blöde Kuh, sonst steck ich se dir innen Arsch bisser blutet.«

June und Jennifer waren entsetzt. Sie hatten sich vorgestellt, daß sie zusammen in einer friedlichen Zelle säßen und nur ihr eigenes Flüstern hörten, aber diese vielen Mädchen und Frauen schwätzten, lachten und schrien so grob. Sie würden doch wohl nicht dieser wilden, lesbischen Meute ausgesetzt sein? Und die Aufseherinnen? Hielt die eine ihren Arm nicht eine Spur zu fest? dachte June. Rieb sie ihre Hüften nicht absichtlich an Junes schlankem Körper?

Eine Aufseherin schloß eine Tür auf, und die Mädchen wurden hineingeschoben. »So, machts euch gemütlich. Ihr könnt eure Betten machen und eure Nachthemden anziehen. Mrs. MacCarthy bringt euch was zu essen.« Jennifer stand hinter June, wie vor Jahren, als sie sich hintereinander vor der Schuldirektorin oder vor den Schalterbeamten im Postamt gestellt hatten. »Wenn ihr pinkeln müßt, hinter der Tür steht ein Topf.«

Die Tür schlug zu, und sie hörten den Schlüssel im Schloß. Sie rührten sich nicht, inspizierten jedoch sorgfältig ihr neues Heim. Auf den ersten Blick war es sehr klein und schmutzig, aber besser als die Polizeizellen, in denen sie bis jetzt gewesen waren. An einer Wand standen Stockbetten, die aussahen, als seien sie für Kinder bestimmt, nicht viel anders als ihre alten in Furzy Park. Die Zelle hatte ein vergittertes Fenster. In das Fenster war ein kleineres eingelassen, das sich öffnen ließ – wenigstens ein paar Zentimeter.

Unterhalb des Fensters verlief ein dickes Heizungsrohr. Ungefähr einen halben Meter vom Bett, an der gegenüberliegenden Wand, waren ein Spind, ein Schreibpult und zwei Schulstühle. In der Ecke sahen sie eine Reihe bunter Plastikeimer und Krüge. Der mit dem Deckel war wohl das Nachtgeschirr. Sie fragten sich, wie irgend jemand so etwas benutzen könnte. Keine rührte sich oder sprach. Jennifer warf einen Blick zurück. Die Tür, die ganz gewöhnlich aussah, war absolut dicht, abgesehen von einem Guckloch, und ohne Klinke: Es gab kein Entkommen. Die beiden standen da in ihren gestreiften Morgenröcken und harrten ihres Schicksals.

»Schon über eine Stunde, und sie haben sich nicht vom Fleck gerührt. Sehen aus, als wären sie gar nicht lebendig.« Mrs. Junor blickte durch das Guckloch in der Tür und sprach mit der Nachtaufseherin, die soeben ihren Dienst angetreten hatte, über die Neuankömmlinge. »Ich habe ihnen das Abendessen gebracht, aber sie haben es nicht angerührt. Sie haben auf nichts geantwortet, was ich gesagt habe. Vielleicht können sie nicht hören, oder sie verstehen nicht. Wir wissen so wenig von ihnen.«

Die zwei Frauen machten sich wieder an ihren Übergabebericht. Mrs. Junor, die nun Dienstschluß hatte, war neugierig, was mit den schwarzen Zwillingen geschehen war. Sie blickte durch das Guckloch und sah sie noch immer stehen, eine hinter der anderen, die Kissenbezüge unbeholfen in Händen haltend. Sie hätten schwören können, daß sie weder mit einem Muskel gezuckt noch ihr Gewicht verlagert hatten, seit sie sie in die Zelle geschoben hatte. Es war unheimlich. Die Mädchen wirkten wie die plötzlich im Stehen vom Schlaf übermannten Gäste auf Dornröschens Schloß.

Mrs. Junor befand, sie müsse handeln und rief jemanden vom Nachtpersonal, bevor sie die Zelle betrat. »Ihr könnt nicht die ganze Nacht stehen. Wollt ihr nicht ins Bett gehen und schlafen?« Schweigen. Die zwei Aufseherinnen nahmen den Mädchen die Kissenbezüge aus den Händen, holten die Laken heraus und machten die Betten. Dann hievten sie die immer noch stocksteife Jennifer auf die obere Koje und June auf die untere. Beim Verlassen der Zelle blickte Mrs. Junor zurück und sah sie wie Statuen liegen, die Köpfe in exakt demselben Winkel auf den Kissen aufgerichtet. Sie war eine gütige Frau, die selbst Kinder großgezogen hatte. Diese Mädchen waren anders als alle anderen Insassinnen, die sie während ihrer langen Laufbahn als Gefängnisbeamtin in ihrer Obhut hatte. Sie wirkten so winzig, so zartgliedrig, mehr wie taubstumme Kinder als kriminelle Teenager. Sie konnte sie nicht in dieser unbequemen Stellung zurücklassen. Sie langte zu dem Mädchen auf der oberen Koje hinauf und drückte ihren Kopf aufs Kissen; aber die Augen des Mädchens blieben offen und starrten geradeaus. In einer Geste voll Mitleid und Zärtlichkeit schob sie ihr die Lider über die Augen. Sie schauderte und beugte sich herab, um mit dem anderen Mädchen ebenso zu verfahren. Es war wie die Herrichtung der Toten für die Bestattung.

Früh am nächsten Morgen wurden Jennifer und June von einem lauten Hämmern gegen die Rohre geweckt. Es folgten weitere Geräusche, das Aufschließen von Türen, schreiende Menschen, Geschirrwagen, die vor der Tür vorbeigerollt wurden. Die Mädchen nebenan waren neugierig auf die Neuankömmlinge.

»Wie heißt ihr? Ihr könnt durch die Rohre sprechen. Bei dem Radau hört euch sonst keiner.« Aber June und Jennifer lagen regungslos auf ihren Betten.

Ihre Tür wurde aufgeschlossen. Eine fremde Aufseherin in der marineblauen Standarduniform rauschte herein und betrachtete die Mädchen, die immer noch ihre Morgenröcke anhatten. Sie ging hinter die Tür und hob den Deckel des Nachtgeschirrs.

»Wieso ist der Topf leer? Hoffentlich habt ihr nicht ins Bett gemacht. Das muß ich der Chefin melden, und die wird euch bestrafen.« Doch die Betten der Zwillinge waren trocken. Bei Bedrohung schienen ihre Körperfunktionen zu erstarren. Sie verfügten über enorme Willenskräfte. »Los, steht auf, und zwar sofort. Miss Barry zeigt euch, wo ihr euch waschen könnt. Danach wünsche ich dieses Zimmer gefegt und staubgewischt. Vor dem Frühstück.«

June und Jennifer wurden zum Handeln getrieben und folgten Miss Barry zu einem Raum am Ende des Korridors. Dort herrschte ein unangenehmer Uringeruch, und sie erspähten einige Mädchen in rosa oder geblümten Nylonmorgenröcken, die die Plastikeimer in eine lange Rinne leerten. Sie wurden in einen Raum mit einem Waschbecken geführt und erhielten Seife ausgehändigt.

»Um 8.10 Uhr zurück zur Zelleninspektion«, rief Miss Barry.

Pucklechurch ist eines von den vier Frauenuntersuchungsgefängnissen in England. Sein Einzugsgebiet umfaßt den ganzen Südwesten Englands sowie Südwales. Dreiundsiebzig Frauen und Mädchen werden von ausschließlich weiblichem Personal beaufsichtigt. In der Anstalt sind auch verurteilte Jungen unter einundzwanzig untergebracht. Die Frauenabteilung ist untergliedert in die Untersuchungsgefangenen, die auf ihre Verhandlung warten, und etwa fünfundzwanzig Verurteilte. Es ist ein modernes Gebäude, von hohen Stacheldrahtzäunen umgeben. Die niedrigen Blocks liegen zwischen gepflegten Gärten und geteerten Aufenthaltshöfen. Obwohl die Gebäude sehr solid aussehen, werden die Gefangenen jedes Blocks, insbesondere männliche und weibliche, streng getrennt gehalten.

Die Tage in einem Untersuchungsgefängnis verlaufen nach einer unabänderlichen Routine. Um 7.45 Uhr werden die Zellentüren aufgeschlossen, und den Insassen wird befohlen, ihre Nachttöpfe zu leeren, sich zu waschen, ihre Betten zu machen und die Zellen auszufegen sowie, wie June und Jennifer erfahren hatten, sich um 8.10 Uhr zur Zelleninspektion bereitzuhalten.

Das Frühstück war die nächste Tortur. Davor hatten sie sich am meisten gefürchtet. Sie wurden in einen großen Saal geführt, erhielten zwei Tabletts ausgehändigt und wurden in eine Mädchenschlange geschoben. June geriet in Panik. Erinnerungen an ihre alte Realschule und an Eastgate brachen über sie herein. Sie würde in Gegenwart all dieser Mädchen essen müssen. Sie sah auf die Tür. Sie wollte fliehen. Aber eine junge, robuste Aufseherin stand breitbeinig dort, mit verschränkten Armen. June betrachtete die Fenster, doch die schienen sich nicht öffnen zu lassen. Vielleicht, wenn sie das Tablett auf das Glas würfe? Sie galt schließlich als erfahren im Einbrechen, warum nicht auch im Ausbrechen? Die Fenster sahen dick aus, wahrscheinlich waren sie aus besonderem kugelsicherem Glas. Drei weitere Aufseherinnen waren im Saal postiert und beobachteten die Zwillinge, die unbeweglich an der Selbstbedienungstheke standen.

Die Insassinnen hinter ihnen wurden ungeduldig und begannen, ihnen Obszönitäten zuzurufen. Was machte Jennifer? Warum bewegte sie sich nicht als erste? Heute war sie damit an der Reihe. Im Radio wurden Nachrichten gebracht. Die Hitze im Saal war unerträglich. Und all diese Augen, die sie anstarrten. Krachend fiel Jennifers Tablett auf die Erde; dann wurde es ganz still; die schwätzenden Mädchen sahen sich um. Die Aufseherin am Fenster ging schnell zu ihrer Kollegin. Als June mit gesenktem Kopf zur Tür steuerte, erwarteten sie sie schon.

Jeden Morgen um neun Uhr – außer an Frosttagen – werden die Gefangenen in die Gefängnishöfe hinausgeschickt. Gemäß den Vorschriften haben Untersuchungshäftlinge das Recht, Spaziergang und Zusammenschluß abzulehnen, aber die Gefängnisbeamten gewähren ihnen dieses Recht nur ungern. Ein mindestens halbstündiger Marsch um den Hof verschafft ihnen etwas körperliche Bewegung. Den Rest des Vormittags können sie verschiedenen Unterricht nehmen, Kurzschrift, Maschineschreiben, Kinderpflege, Kunst und Handwerk oder Englisch.

Um 11.45 Uhr gibt es Mittagessen, und um 12.15 Uhr werden die Insassinnen zur Zählkontrolle wieder in ihre Zellen geschlossen, dann kann das Personal zum Essen gehen. Drei Patrouillenbeamtinnen bleiben im Dienst. Wenn das Personal um 13.30 Uhr zurückkommt, werden die Türen aufgeschlossen, und wenn jemand Besuch hat, darf er ins Besucherzimmer gehen. Nachmittags gibt es Unterricht in Werkstätten und der Turnhalle, einem modernen Raum neben der Anstaltskapelle. Es folgt noch einmal eine halbe Stunde Spaziergang, danach gibt es Tee. Zwischen 17.15 Uhr und 18 Uhr werden wieder alle eingeschlossen bis zur Abendversammlung, einem zwanglosen Beisammensein, wobei die Insassinnen sich unterhalten oder lesen, fernsehen oder einen Film auf Video ansehen können. Die Tage enden um 20.45 Uhr mit einer letzten Arztvisite und dem Einschließen für die Nacht.

Die ersten Wochen in Pucklechurch waren für June und Jennifer eine Qual. Es war beileibe nicht der sichere Hort, den sie sich vorgestellt hatten, sondern brachte lauter neue Schrecknisse. Sie hatten gehofft, in einer ruhigen Zelle in Frieden über ihr Leben nachdenken zu können. Statt dessen mußten sie sich den anderen Insassinnen anschließen, mußten mit ihnen selbst bei unwirtlichem Wetter im Gefängnishof herumspazieren und, was das schlimmste war, in Gegenwart anderer Menschen essen.

Die Mädchen waren hungrig, und die Gefängniskost, von verurteilten Jungen im Männertrakt zubereitet und in gewärmten Servierwagen zum Frauentrakt gerollt, machte ihnen sogar Appetit, aber sie konnten es nicht über sich bringen zu essen. Nach Junes Aufruhr wurden die Zwillinge brav und folgsam, aber sie ließen sich nicht überreden, eine Mahlzeit an der Theke zu holen, und als das Personal einen Teller vor sie hinstellte, ignorierten sie ihn. Wie alle Gefangenen, die mehrere Tage die Nahrungsaufnahme verweigern, wurden sie alsbald ins Gefängniskrankenhaus verlegt, ein zweistöckiges Gebäude, wo sie der Obhut eines Amtsarztes unterstellt wurden.

Die Eßstörung der Zwillinge war weitaus komplizierter als bloße Nahrungsverweigerung. Sie litten an Anorexie und Bulimie – sie hungerten und stopften sich abwechselnd voll und übergaben sich danach. In der Krankenabteilung ersannen sie ein neues Spiel: Die eine fastete, während die andere die kompletten Mahlzeiten von allen beiden verzehrte. Dann wurde in einem bestimmten Stadium die Rollen getauscht. Es kam zu Unstimmigkeiten darüber, wann die Ablösung stattfinden sollte. Sie wetteiferten, welche schlanker war, welche die mehr vorstehenden Backenknochen und vom Hunger geweiteten Augen hatte. Wenn eine Zwillingsschwester sichtlich abnahm, wurde die andere neidisch, und ein furchtbarer Streit brach aus, der, wenn er nicht beigelegt wurde, dazu führte, daß zwei unangerührte Teller vor der Zellentür blieben. Sie verwendeten Wasser sowohl als Fasten- wie auch als Abführmittel. Manchmal tranken sie so viel, daß sie sich mit Magenschmerzen auf den Betten krümmten und sich übergaben.

Wasser, Nahrung und Feuer. Sie verwendeten jedes verfügbare Symbol, um ihre innere Trostlosigkeit zu überleben, sie aßen entweder zweimal von allem oder kippten das Essen in ihr Nachtgeschirr oder durch das schmale Fenster, das sich öffnen ließ. Wie viele Gefangene, benutzten sie den Hungerstreik als Symbol des Widerstands, wendeten ihn jedoch bald schon gegeneinander. Nahrung wurde ihre gegenseitige Waffe. Manchmal fand das Krankenhauspersonal die Mädchen morgens vor, wie sie sich blutbeschmierte Hände vors Gesicht hielten. Das Blut stammte von Kratzern, die sie sich bei einem nächtlichen Streit ums Essen zugefügt hatten.

Das Personal, das kaum Aufklärung über die Probleme der Mädchen erhalten hatte, beschloß, sie zu trennen. Weihnachten 1981 war June wieder in Block A verlegt worden, und sie starrte wütend durch den Garten auf das Fenster, wo ihre Zwillingsschwester nun den Luxus genoß, allein in ihrem Krankenzimmer zu leben und zu essen. Die Räume, in denen sie jetzt untergebracht waren, wurden zur bitteren Quelle von Reibereien. Sie kämpften darum, welche an der Reihe war, für zwei zu essen, und getrennt fanden sie keine Ruhe aus Angst, daß die andere ihren Pakt brach, daß sie aß, wenn sie fasten sollte, und fastete, wenn sie essen sollte, oder daß sie ein momentanes Privileg der Freiheit genoß, an dem die andere nicht teilhaben konnte.

Dies war der Beginn einer neuen Periode intensiver Kreativität. Jennifer nahm im Saal für Beschäftigungstherapie am Kunstunterricht teil, und beide Mädchen füllten Schreibhefte mit Träumen und Gedichten. In den wenigen Monaten, da sie sich von ihrem vernichtenden Kampf ausruhen konnten, sannen sie über ihr Leben und ihre Zukunft nach:

An der Wand entstehen Schatten
Zeigen still freudloses Regen
Einer Gruppe so trüb
Doch voll atmender Gesichte.

Ruhig gleitend lösen sich Gestalten
Während andre stetig flüstern
Steigende Wogen von Geschichten die verbinden
Ein Heer ganz aus Unglück geboren.

Weissagungen einem harrendem Schicksal gesprochen
Das nur ihnen bekannt: Geheimnisse, Gefahren.
Gehüllt in die Ankunft jeden Tags.
Denn sie sind deine Astrologen.

Leise entstehen Schatten
Schimmernd im wohligen Mondlicht.
Leise entstehen Schatten
Durch die schlafende Nacht.

Jennifer Gibbons, 21. Januar 1982

Die einzigen Begebenheiten, welche die Routine der ersten Gefängniszeit der Zwillinge unterbrachen, waren der mehrmalige Aufschub ihrer Gerichtsverhandlung und ein Besuch von Junes Anwalt. Michael Jones war ein junger Mitarbeiter der Anwaltskanzlei Eaton-Evans & Morris in Haverfordwest, die ihnen von der Polizei empfohlen worden war. June hatte ihn ein- oder zweimal gesehen, bevor sie in Untersuchungshaft kam. Beiden Mädchen wurde Rechtsbeistand zuteil, und wegen eines möglichen Interessenkonflikts hatte Jennifer einen anderen Anwalt, Ivor Rees von der Kanzlei Price & Sohn, Haverfordwest; aber auf Junes beharrliches Drängen war Jennifer bei dem Besuch zugegen, und Michael Jones machte die meiste Arbeit für beide Mädchen.

Michael Jones' Erscheinen im Gefängnis war eine Überraschung und eine Herausforderung. Die Mädchen wurden in das Zimmer der Oberaufseherin gebracht, aber als sie dort waren, war es ihnen unmöglich, ihrem Anwalt von Angesicht zu Angesicht zu begegnen. Mittels ihrer üblichen gemurmelten und schriftlichen Verhandlungen überredeten sie die Oberaufseherin zu einem neuartigen Verlauf der Zusammenkunft – per Telefon. Miss Barry und Mrs. MacCarthy hatten an diesem Nachmittag Dienst, und sie hörten die Unterhaltung erstaunt mit an. June sprach im Zimmer der Oberaufseherin am Telefon, während Jones am Apparat in dem angrenzenden Büro antwortete. Dabei waren sich beide so nahe, daß man sie hören konnte, als wären sie in ein und demselben Raum. Keine Aufseherin hatte June oder Jennifer bis dahin fließend sprechen gehört; sie hatten sie für nahezu stumm gehalten. Die Deutlichkeit und Lebendigkeit der gemeinsamen Besprechung war eine regelrechte Offenbarung. Gemäß den Berichten der Zwillinge und der Erinnerung der Aufseherinnen verlief sie etwa folgendermaßen:

June: »Was glauben Sie, wieviel wir kriegen?«

Jones: »Schwer zu sagen. Kommt darauf an, wie ihr euch verhaltet.«

Jennifer: »Wir glauben, wir sind berechtigt, unser Eigentum von Ihnen und der Polizei zurückzubekommen.

Könnten Sie mir bitte meine Tagebücher wiedergeben?«

Jones: »Mal sehen, was sich machen läßt.«

June: »Könnten wir irgendein Medikament oder eine Behandlung wie Hypnose bekommen?«

Jones: »Ja. Ich rede mit Dr. Spry darüber. Aber könnt ihr mir zuerst mal sagen, ob es einen bestimmten Grund gab, weshalb ihr die Brände gelegt habt? Warum habt ihr das getan?«

Jennifer: »Wir habens bloß getan, damit wir uns erinnern können ... June und ich hätten gern die Briefe unserer Brieffreunde zurück.«

Jones: »Ja, mal sehen, ob wir das veranlassen können.«

Jennifer: »Können Sie uns sagen, was hinter den Kulissen vorgeht? Wir sind schon über zwei Monate hier. Wie denkt der Richter über unseren Fall?«

Jones: »Dem kommt es mehr auf eure jetzigen Fortschritte an als auf das, was ihr getan habt. Es ist sehr wichtig, daß ihr sprecht, wenn ihr wollt, daß ich euch helfe, aus dem Untersuchungsgefängnis zu kommen. Wenn ich nächstes Mal komme, hoffe ich, daß ihr mit einer persönlichen Begegnung einverstanden seid.«

June: »Ich werde mit Ihnen sprechen, wenn Sie mir helfen. Können Sie bitte veranlassen, daß ich wieder zu meiner Schwester in die Krankenabteilung komme?«

Jones: »Ich werde mein Bestes tun. Gibt es etwas, das ihr gern geschickt haben möchtet?«

June: »Ein paar Bücher von D.H. Lawrence und noch einige Schreibhefte, bitte.«

Gedämpftes Kichern erklang im Büro der Oberaufseherin, als das verschworene Paar den Hörer auflegte. Sie waren von ihrem Schachzug begeistert: Kein Pakt war gebrochen worden, und die Verhandlungen waren recht gut verlaufen. Miss Barry und Mrs. MacCarthy gingen den Korridor entlang, noch ganz verblüfft von dem, was sie gehört hatten. So weit sie es erkennen konnten, hatten beide Mädchen gesprochen. Wer waren diese Zwillinge? Warum hatte ihnen niemand gesagt, daß sie so sprechen und obendrein geschickt mit einem jungen Mann umgehen konnten? Machten sie sich bloß lustig über die Aufseherinnen und die Anstalt? Wie das Personal in Eastgate, hatte auch das Gefängnispersonal allmählich den Eindruck, auf den Arm genommen zu werden.

Während der folgenden Monate hielten die Zwillinge die Aufseherinnen auf Trab, nicht durch offensichtliches schlechtes Betragen, sondern durch ihren wachsenden Widerstand gegen die Vorschriften. Sie wurden zum Direktor geschickt, tagelang unter Strafe gestellt; sie wurden getrennt und wieder vereint; eine oder beide wurden in die Krankenabteilung geschickt und eine oder beide kehrten in dasselbe oder in getrennte Zimmer in Block A oder B 1, den Block für die Untersuchungshäftlinge, zurück. Nichts davon schien etwas zu bewirken. Wenn sie zusammen in ihrer Zelle waren, redeten sie manchmal miteinander, aber sobald sie gezwungen wurden, im Speisesaal zu essen oder sich im Hof oder im Gemeinschaftsraum den anderen Gefangenen anzuschließen, wurden sie verstockt und wehrten sich, indem sie ganz langsam gingen, die Augen auf die Erde gerichtet und den Kopf stets mit einem Arm abgeschirmt. Jede hielt sich den jeweils entgegengesetzten Arm vor die Stirn. Wenn eine Position sie ermüdete, wechselten sie die Arme, wobei die Bewegung in perfekter Synchronität verlief.

Im Gemeinschaftsraum saßen sie dann mit immer noch erhobenen Armen einander an dem Tisch gegenüber, der am nächsten an der Wand stand. Nur wenn etwas schiefging, wenn sie ihren »sicheren« Tisch nicht bekommen konnten, oder wenn sie etwas wollten, ließen sie von ihrer starren Haltung ab und wandten sich an die Aufsicht. Selbst dann sprachen sie nicht, sondern deuteten und murmelten, so daß es eine Weile dauerte, bis ihr Wunsch verständlich wurde.

Einige Aufseherinnen wurden neugierig und begannen die Zwillinge zu bespitzeln, wenn sie sich in verschiedenen Räumen oder sogar verschiedenen Blocks befanden. Sie wollten herausfinden, ob ihr synchrones Verhalten auf Signalen beruhte, die sie sich gegenseitig sandten. Sie entdeckten, daß die Zwillinge sogar dann, wenn sie sich unmöglich gegenseitig beobachten oder Botschaften zukommen lassen konnten, in derselben Haltung saßen, dasselbe taten, zur selben Zeit, aber an verschiedenen Orten. Wenn Jennifer in der Krankenhausabteilung las, las June in Block A. Sie taten nicht nur dasselbe, sondern nahmen spiegelbildlich dieselbe Haltung ein, wie geschnitzte afrikanische Buchstützen. Die Schwestern hatten etwas Gespenstisches, als wären sie eine einzige, auf zwei Körper verteilte Seele. So etwas ließ man besser auf sich beruhen.

Die Erklärung war vermutlich ganz einfach. Die Mädchen hatten soviel Zeit mit Lesen und Schreiben verbracht und ihre Spiele solange gespielt, daß sie automatisch »Standardpositionen« einnahmen. Das Personal, schon durch das exzentrische Benehmen aus dem Gleichgewicht gebracht, neigte, als man die Zwillinge dasselbe tun oder dieselbe Haltung einnehmen sah, zu einer übernatürlichen Erklärung.

Die verwirrten Aufseherinnen hatten zudem den Verdacht, daß die Zwillinge Verwechslungsspielchen mit ihnen trieben. Selbst die reguläre Tagesaufsicht fand es nahezu unmöglich, sie zu unterscheiden. Wenn man June aufrief, waren sie überzeugt, daß Jennifer sich meldete und umgekehrt. Ihr einziges Unterscheidungsmerkmal war der silberne Armreifen, den June seit drei Jahren trug – sie glaubte, er bringe ihr Glück –, aber das Personal mutmaßte, daß die Zwillinge den Armreifen tauschten, um ihre Identität zu wechseln. Sie waren entweder außerordentlich gerissen, oder etwas stimmte ganz und gar nicht. Wie gewöhnlich waren sie ein Rätsel. »Sie waren nie aggressiv zu den Aufseherinnen, wie so viele andere«, erinnert sich ein älteres Personalmitglied. »Sie waren einfach geistesabwesend. Sie bewahrten ihre Emotionen füreinander auf. Die meiste Zeit beachteten sie sich nicht, dann gingen sie plötzlich aufeinander los. Sie verbrachten den Tag mit Lesen von Romanen aus der Gefängnisbücherei, hochgestochener Literatur, die ihre Angehörigen ihnen schickten, oder sie saßen über Schreibheften.«

In diesen mattrosa Schreibheften führten die Zwillinge Tagebuch. Die Einträge für jeden Tag wurden auf allem, was sie an Papier finden konnten – braune Papiertüten,

Kartonstückchen, Schutzumschlag eines Buches –, notiert und manchmal überarbeitet. Wenn die Einträge zufriedenstellend waren, wurden sie Wochen später in die Schreibhefte übertragen, für jeden Tag zwei- bis dreitausend Wörter. Die in diesen Monaten geschriebenen Tagebücher legen grimmig und unerbittlich Zeugnis ab von der wachsenden Wut, die sie gegen ihre Zwangslage und aufeinander empfanden.

Einige dieser Tagebücher wurden von einer mitleidlosen Aufseherin weggeworfen, die anderen wurden bei den privaten Habseligkeiten der Zwillinge verwahrt und kamen mit ihnen nach Broadmoor. Die Einträge in den erhaltenen Tagebüchern beginnen im März 1982, nachdem die Zwillinge fast drei Monate in Untersuchungshaft verbracht hatten. Sie erstrecken sich über die nächsten drei Monate, während die Zwillinge auf die Verhandlung warteten, von der sie glaubten, daß sie ihnen Ruhm und Hilfe bringen werde.

Das Personal gab das Bemühen auf, die Zwillinge sozial zu integrieren, und man ließ sie über immer längere Zeiträume in ihrer Zelle eingeschlossen. Die Mädchen waren froh, in ihre eigene Welt zu fliehen und ihre Empfindungen in ihre Niederschriften einzubringen, so sehr, daß sie die Aufsicht oft provozierten in der Hoffnung, den ganzen Tag eingesperrt zu werden.

Die Tagebücher sind höchst persönlich: Nichts ist zensiert, jeder Gedanke, jedes Selbstgespräch wurde dem Tagebuch anvertraut. Ereignisse sind mit fotografischer Genauigkeit festgehalten. Menschen wurden mit außerordentlichem Scharfsinn und Feingefühl beschrieben. Nur in einer Hinsicht können die Aufzeichnungen fehlerhaft sein. Die Mädchen schreiben oft »hatte ein gutes Gespräch« mit jemandem. Aber keine der Aufseherinnen, mit denen sie angeblich »sprachen«, erinnert sich an mehr als einige gemurmelte, kaum verständliche Silben, die meistens mißverstanden wurden. In den Tagebüchern gestehen sie durchaus ihre Kommunikationsprobleme und betonen die Schwierigkeit, anderen Menschen begreiflich zu machen, was sie ausdrücken wollten. In den meisten Verhandlungen mit dem Personal fanden June und Jennifer es einfacher, die Technik anzuwenden, die sie zu Hause entwickelt hatten: mimische Darstellung und gekritzelte Zettel.

Das Vergleichen von Junes und Jennifers Schilderung desselben Tages ist ein außerordentliches Erlebnis. Sie waren wie zwei Kameras, jeweils auf die andere eingestellt und jede ihrer Bewegungen und Gesten aufzeichnend. Von Zeit zu Zeit schwenkte die eine oder andere ab zu einem Blick auf die Gefängniswelt ringsum, aber sie kehrten unvermeidlich zu ihrer strategischen Position zurück. Das Schlachtfeld war nun auf eine drei mal zweieinhalb Meter große Zelle reduziert, und die zwei Feindinnen saßen nur einen knappen Meter auseinander, sich gegenseitig musternd und ihre Artillerie zorniger Wörter bereitstellend. June und Jennifer beschreiben dieselben Vorgänge und Emotionen überaus detailliert, und doch stimmen die Tagebücher der beiden nie ganz überein. Die Verzerrungen in der Sicht, die jeder Zwilling vom anderen hatte, machen die doppelte Perspektive so verwirrend wie ein surrealistisches Gemälde. Die Realität liegt ermattet irgendwo zwischen ihren zornigen Wahrnehmungen.

Sogar getrennt, in verschiedenen Räumen, konnten sie den mißtrauischen Gedanken der anderen nicht entkommen. Zusammen oder getrennt, beide Mädchen erlebten eine neue Einsamkeit. Die Dynamik ihrer Beziehung wurde noch instabiler, und sie sehnten sich nach anderen Freundinnen oder Partnern, mit denen sie ihr Leben teilen könnten.

Jennifer war allein. Es war am Abend des 21. März 1982. Sie war nach einer ihrer Speisesaaleskapaden in einem separatem Raum eingeschlossen worden. Ihre Unabhängigkeit genießend zog sie langsam ihr Nachthemd aus und schlenderte umher:

Mir war, als wäre mein Geliebter bei mir. Er betrachtete mich. Ich fühlte mich schlank, feminin und schön. Ich blickte kühl aus dem Fenster, besah das Krankenhaus mit aufmerksamen, milden Augen. Mein Geliebter trat langsam hinter mich, er streichelte sanft meine bloßen Schultern, und wir hielten uns umschlungen. Wir küßten uns, seine warmen Hände umschlossen meine kleinen Brüste. Er führte mich zum Bett. Ich lag traurig und entblößt auf dem Bett, meine Hände streichelten zärtlich, aber ich hatte das Gefühl, es wären die Hände meines Geliebten. Ich war so traurig und allein. Ich zog sanft an meiner nicht angezündeten Zigarette. Ich werde mich an die Nacht erinnern und mir einbilden, daß in der dunklen, einsamen Zelle wirklich ein Liebhaber bei mir war ...

Am nächsten Morgen wurde sie wieder mit June in einen Raum gesteckt, aber das machte ihre Einsamkeit nur noch schlimmer.

Ich fühle mich plötzlich wie eine verlorene Seele. Wäre ich wieder ein Kind, könnte ich die Probleme nicht sehen, die mich umschließen. Ich wünschte, ich wäre zufrieden mit den Dingen, die ich tue, wie etwa dem Schreiben dieses Tagebuches. Ich bin nicht ganz zufrieden mit der Art, wie ich Dinge zu Papier bringe. Ich muß zeichnen. Manchmal fühle ich mich als Versagerin. Etwas lastet schwer auf meinem Bewußtsein, mein Verstand ist gefangen, und ich kann ihn nicht befreien. Ich muß einzig sein, ein Individuum, ich muß wissen, daß ich allein auf der Welt existiere. Meine Schwester ist mir gegenüber kühl geworden, sie scheint so beschäftigt, ich fühle mich abgeschnitten, ganz alleingelassen. Ich glaube, es wäre besser gewesen, wenn ich in meiner Isolierung geblieben wäre.

An diesem Abend war June die Siegerin. Sie war ruhig und friedlich. Sie saß, die Füße in dem Kübel mit warmem Wasser, das den Insassinnen zur abendlichen Einschlußzeit zugestanden wurde, und sah aus dem Fenster auf den kleinen, klösterlichen Garten mit den Frühlingsblumen und dem Mandelbaum im Mittelbeet – eine Schönheit, die sie all die Jahre in Haverfordwest entbehrt hatten.

Ein kühler, mystischer Abend. Ich fühle Heimweh aufkommen und die Empfindung reinen Glücks, das ich letzten Sommer erlebte. Ich erinnere mich an Carl und die Stunden des Rauchens, des Schwebens in trunkener Benommenheit. Draußen der Himmel ist dunkelblau, mein Verstand ist friedlich klar. Was würde ich tun, wenn ich frei wäre? Vielleicht läge ich in den Armen meines Liebsten. Jetzt höre ich Vogelgezwitscher, eine Drossel, ein Spatz. Mit jedem Moment wird es etwas dunkler. Reine Sommerluft umweht mich wie nebliger Dunst, wie ein Glas kaltes Wasser (das ich jetzt trinke).

Junes friedliche Stimmung hielt an, war jedoch von Jennifers Gegenwart überschattet. Die beiden Mädchen tanzten zusammen zu imaginärer Musik, sie führten ihr seltsames Ballett geheimer Gedanken auf.

Ich möchte jemand anderen statt meiner Zwillingsschwester. Ich möchte jemanden, der mich versteht – meine Stimmungen, meine Überzeugungen, meine Zuverlässigkeit. Ich wünsche mir jemanden, der meine Loyalität anerkennt. Ich möchte einfach jemanden, der erkennt, wofür ich geboren bin. Wofür bin ich geboren, verdammt? Welcher Weg war mir bestimmt, und wenn ich das Ende der Straße erreiche, werde ich dann zurückblicken und es bereuen? Werde ich alles anders machen wollen? Vielleicht werde ich mir sagen, wenn ich eine alte Oma bin, ich hätte den anderen Weg nehmen sollen, die andere Richtung, aber dann wäre es zu spät.

June betrachtete ihren mystisch schimmernden, silbernen Armreifen, dann sah sie Jennifer an. Vielleicht, wenn sie eine Zange fände und ihn abschneiden könnte, würde der Fluch, Jennifers Fluch, der auf ihrem Leben lag, weichen.

Er könnte wahrhaftig die Ursache dieses Elends sein. Haben J. und ich uns nicht immer in den Haaren gelegen? Mehr noch, er könnte die Ursache dieser endlosen Barriere in meinem Leben sein; ich sehe das Leben vergehen, möchte verzweifelt teilnehmen und kann es nicht, ständig habe ich dieses Gefühl, abgeschnitten zu sein. Könnte es daran liegen, daß J. und ich nicht imstande waren, mit unseren Eltern zu sprechen? Daß wir ihnen ausgewichen sind? Vielleicht hätte ich das alles nicht getan, Gebäude zerstören. Es könnte alles Einbildung gewesen sein. Angenommen, ich hätte diesen Armreifen nie getragen, wäre mein Leben dann das schreckliche Durcheinander, das es jetzt ist?

Aber June als Dominierende zu sehen war für Jennifer zuviel. Sie hatte streng Diät gehalten, hatte beinahe gefastet, um schlanker und begehrenswerter als June und somit im Vorteil zu sein. Doch am Mittwoch, den 24. März, brach zu ihrer Schande ihr Wille zusammen. Es schien immer an einem Mittwoch zu passieren. Und es war keine geringfügige Entgleisung. Sie nahm zwei komplette Frühstücke zu sich: Zweimal Haferschleim, sechs Scheiben Brot, zwei Würstchen und Tee. »Ich habe zwei Tage gefastet«, bekannte sie, »dabei hätten es drei werden sollen. Ich gebe Satan die Schuld. Er hat mich angestiftet.« Und er versuchte sie abermals zur Mittagszeit, als Jennifer eine große Portion Spaghetti Bolognese, Karotten, Kartoffeln (June überließ ihr ihre mit einer recht doppeldeutigen schwesterlichen Geste), Pudding, Vanillesoße und Tee verzehrte. Jennifer wurde von Schuldbewußtsein geplagt. »Ich will Kontrolle erringen, Kontrolle über meinen Verstand, meinen Körper. Ich muß mit mir selbst Frieden machen. Ich wünsche mir den Tod, wenn ich keinen Frieden finde. Und wer wird bei meinem Begräbnis weinen? Teenager stirbt an *Diät, Fressen, Leben*. Sterben, ohne mein Ziel zu erreichen.«

Und so begann am nächsten Tag das Fasten von vorn, und binnen Stunden war die hungrige Jennifer wieder deprimiert und in Selbstmordstimmung. Unterdessen befand sich June, entnervt, weil noch immer kein Verhandlungstermin feststand, in ebenso düsterer Stimmung.

Dann kam unerwartet eine Ablenkung. Am nächsten Morgen herrschte im Garten quirlige Geschäftigkeit. Gesichter erschienen an allen Fenstern. Ein kahlköpfiger Mann, »stark, schlank und männlich«, mähte das Gras. Dann waren da noch ein kleinwüchsiger, junger Mann, ein Mann um die Fünfzig sowie ein sie beaufsichtigender Beamter. Die Mädchen waren außer sich: Dies war lebendiges Leben. Alison, die Frau in der Zelle nebenan, hatte schon ihr Fenster offen und überschüttete sie mit Obszönitäten. »He, was habt ihr hier drin zu suchen? Los kommt, gebt uns'n Kuß.« Der ältere Mann sah auf. June war überzeugt, daß er ein Kinderverderber oder Vergewaltiger war. Er wirkte stark, als er den elektrischen Rasenmäher schob – richtig stark mit vorquellenden Adern. Ein Mörder? Ein Sexbesessener? Er war womöglich berühmt, aber weder June noch Jennifer erkannte ihn. Der Aufseher wollte die Obszönitäten, die aus den Fenstern der Frauen kamen, übertönen und stellte den Rasenmäher wieder an. June war entsetzt: »Die gehen tatsächlich mit riesigen Gartenscheren, Rechen und Werkzeug um. Sie hätten den Wächter leicht angreifen und herumwüten können. Noch dazu in einem Frauengefängnis. Die Oberaufseherin weiß nicht, worauf sie sich da einläßt.«

Als June aus dem Fenster sah, ging der älteste der drei Gefangenen vorüber und reichte ihnen zwei Narzissen. June hängte sie über ihre Zellentür. Doch das Geräusch des Rasenmähers und der Duft von frisch gemähtem Gras löste neue Verzweiflung aus.

Die Narzissen sind schuld. Die Narzissen sind schuld an dem Jammer und der Niedergeschlagenheit, die mir plötzlich aufgezwungen sind. Wer will schon sommerliche Geräusche hören, wenn er im Gefängnis ist? Wer will überhaupt sommerliche Geräusche hören, auch wenn er frei ist? Ich nicht, ich hasse den Sommer. Immer dieselben Ausflüge, glückliche Menschen (aber sind sie wirklich glücklich?). Fahrten in lange geplante Ferien (die sich als Katastrophe und Tragödie herausstellen). Eis schleckende Kinder; schwangeren Frauen in weiten Flatterkleidern ist stickig und heiß. Männer in Shorts und Westen, mit nackter Brust, Sonnenschirme.

Warum kann es nicht das ganze Jahr Winter sein, oder wenigstens Herbst? Brauchen wir wirklich Sommer? Dir mag das komisch vorkommen. Ich, ein Mädchen aus Westindien, verabscheue den Sommer. Ja, ich hasse die Massen, die an den Strand hasten. Die miesen, abstoßenden Geräusche des Diskjockeys im Radio, der Platten auflegt, verfluchte Platten, an die wir uns eine Zeitlang erinnern müssen, oder wir blicken zurück und fragen, ›was haben wir in diesem Sommer gemacht? Mit wem warst du im Sommer 82 zusammen?!‹ Ganz schön deprimierend, oder? Man muß doch zugeben, daß die halbe Bevölkerung in ihrem Leben eine Krise durchmacht, Scheidung, Tod, Unfälle, Mord; nicht lauter glückliche Ereignisse. Ein Kind kann seine Mutter verlieren, eine Familie getrennt werden. Ein Mann kann sein Augenlicht verlieren. Man muß sich mal überlegen, was Sommer wirklich bedeutet. Ein verdammt verzweifeltes Wettrennen zum September. Wer übersteht wirklich unversehrt und erreicht diesen kühlen, stillen Monat? Wer wird diesen Sommer die Katastrophe überleben und kühlen, lieblichen Regen auf seiner heißen Stirn fühlen? Welche glückliche Familie wird ihr letztes Sommerpicknick zusammenpacken und wahrhaftig heimfahren, um den September zu erleben?

Manchmal bin ich von morbider Düsternis erfüllt, wenn an einem schrecklich heißen Tag anscheinend alle Menschen die ganze Erdoberfläche verlassen haben. Es ist, als sei die Sonne heruntergefallen, und alle seien vor ihr davongerannt. Da bin ich dann, allein und versengt, begegne mir selbst, die wohl ebenso einsam ist wie ich. Gehe barfuß, sehne mich nach Schatten, sehne mich nach Schlaf, aber hasse es, ins Bett zu gehen, weil es da drin wie in einem Wäschetrockner ist. Meine Laken, heiß und stickig, wickeln sich um meinen schweißgebadeten Leib, meine Füße suchen fieberhaft eine kalte

Stelle am Fußende des Bettes. Selbst in der Nacht läßt die Sonne mich nicht in Ruhe. Die Geräusche quälen mich unablässig. Fröhlich lächelnde, jämmerliche Menschengesichter erregen mein ganzes Mitleid; Mitleid mit den Menschen, die jetzt auf- oder nachgeben. Sich diesen dummen Beschäftigungen unterwerfen, Rasen mähen, Unkraut jäten, Mädchen in Bikinis oder Sommerkleidern ansehen. Sie werden von der Tücke des Sommers verschlungen, verhext, vergiftet von seinen Torturen. Seine Strahlen der Hoffnung und Wärme machen mir sengende Kopfschmerzen, ich sehe nur grillendes, kugelförmiges Fleisch in ständigem Gebrauch von Sonnenöl.

Diese Schmähschrift gegen den Sommer kam im März etwas verfrüht, doch trotz allem verbesserte sie Junes Stimmung. Vielleicht war es Junes Überlegenheit, wegen der es am nächsten Abend zur Katastrophe kam. Widerwillig hatten die Mädchen zugestimmt, an diesem Abend am Beisammensein teilzunehmen. Kurz nach sechs Uhr wurden die Türen von Block B aufgeschlossen, und die Mädchen gingen in aufgeregten Grüppchen zum Gemeinschaftsraum. »June, Jennifer«, rief eine Aufseherin. »Zeit zum geselligen Beisammensein. Ihr habt der Chefin versprochen hinzugehen.« Wenn sie die Teilnahme nicht vermeiden konnten, legten die Mädchen Wert auf den Tisch an der Wand gleich hinter der Tür. Abwechselnd setzte sich eine mit dem Gesicht zur Wand, so daß sie den Blicken und der Aufmerksamkeit der anderen Mädchen entzogen war. Heute war June an der Reihe, mit dem Gesicht zur Menge zu sitzen.

Jennifer bemerkte, wie langsam June ging. Wenn sie sich nicht beeilte, würde jemend anders den abgelegenen Tisch besetzen. Als sie hinkamen, war er nicht mehr frei, und sie mußten sich durch den überfüllten Raum einen Weg zu einem Tisch am anderen Ende bahnen. Und da feuerte June die ersten Schüsse in der neuen Schlacht ab. Jennifer ansehend, zog sie sorgsam, bedächtig einen Stuhl hinter sich und stellte ihn so, daß sie beide mit dem Gesicht zur Wand sitzen konnten. Der Pakt war gebrochen. Jennifer wurde von Wut ergriffen, June hatte ihr Spiel verdorben. Sie zitterte vor Zorn, ihr Kopf schwindelte, ihr Herz hämmerte, es verlangte sie, ihre Schwester am Hals zu packen und vom Stuhl zu werfen. Aber sie beugte sich vor und tat, als lese sie in ihrem Buch von Edna O'Brian. June lehnte sich zurück und starrte ihre Schwester an, wartete auf die Reaktion, die ihr Tun hervorrufen mußte. Aber Jennifer war eiskalt in ihrer Wut. Sie war entschlossen, ruhig, überlegen zu bleiben. Sie fühlte, daß Junes Augen sie unverwandt beobachteten, und sie wußte, daß June Angst hatte.

Die Strahlen ihrer Furcht zogen mich an wie ein Netz. Sie wußte es, ich wußte es. Ich mußte nur zupacken. Alle Mädchen würden mich sehen, wie ich kämpfte, schrie, zischte und angriff wie eine Katze, die weiß, daß sie sich an einer sehr schwachen Gegnerin rächt. Sie würde tot sein, und ich würde aus eigenem Antrieb frei sein. Frei, um zu tun, was ich will, um ich selbst zu werden. Ich würde über mich selbst bestimmen, weil ich meine Feindin getötet hätte. Die Leute müssen das doch verstehen. Es ist alles eine Sache von Herz, Seele, Geist. Sie hat Angst. Sie weiß, eines Nachts werde ich aufstehen. Ich werde an ihr Bett treten. Ich werde die Schlinge in meiner Hand zuziehen ... Es wird das Beste sein, was ich je im Leben getan habe. Ich werde über das Vergangene lachen, ich werde auf ihrem Grab herumtrampeln.

Am nächsten Tag waren sie wieder versöhnt.

Im Laufe der Zeit wurden die Mädchen mehr und mehr introspektiv. Sie blickten auf ihre Vergangenheit zurück, sehnten sich nach den Angehörigen, mit denen sie nie gesprochen hatten, sorgten sich um ihre Mutter und vor allem um ihre eigene Zukunft. »Der beste Teil meiner Jugend ist dahin«, schrieb June,

langsam entrinnt sie mir. Nur ältere Leute wie meine Mutter werden sagen, ich bin ungeheuer jung und habe das Leben noch vor mir. Bin ich wirklich jung? Als ich 17 war, hatte ich Angst, 18 zu werden. Es kam mir entsetzlich alt vor; Frau und immer noch Jungfrau. Aber nun werde ich bald 19, ein bitter grausames Alter, fast zwei Jahrzehnte auf der Welt, ich komme mir nutzlos vor. Ich hätte längst etwas Großes vollbringen müssen. Kein Verbrechen. Heirat, ein Kind, die weite Welt bereisen. Ich sollte eine richtige Frau sein – die vor den Altar getreten ist, ein Baby hat, sogar geschieden ist. Wenn ich Kinder, ein Heim und einen Mann hätte, würde ich mich begehrt und geborgen fühlen. Ich würde mich um die Zukunft meiner Kinder sorgen statt um meine eigene. Ich würde mir keine Sorgen wegen meines Alters machen. Zu viele Menschen würden mich brauchen. Und dann, wenn meine Kinder stürben und mein Mann mich verließe, würde ich die Bibel wieder lesen. Ich würde eine Überdosis nehmen oder Hilfe in einer Irrenanstalt finden ...

Bis ich dann endlich die Vierzig erreiche, mich in meinem Haus zurücklehne, aus meinem Fenster schaue, meine heranwachsenden Kinder beobachte. Dann wäre ich zufrieden, ich hätte meine Pflicht erfüllt. Und wenn ich zwei Bestsellerromane geschrieben hätte, wäre ich selig, belohnt für den endlosen Ärger und Kummer. Ich sehe mich schon Ende dreißig, vielleicht kinderlos, vielleicht in einer Irrenanstalt. Meine Eltern werden alt, fast hilflos sein. Meine Nichten und Neffen kommen in die Pubertät. Meine Schwester Rosie wird über zwanzig sein. Meine kriminelle Phase wird vorbei und vergessen sein. Wo wird J. sein? Werden wir, unvorstellbar, immer noch zusammen sein, abgeschieden in einer gemeinsamen Wohnung, Bücher schreiben, unbedeutend für die Welt? Würde die ganze Behandlung uns nichts nützen? Und die Nachrichten in den Zeitungen? Wer wird Premierminister sein? Lady Di's Kind wird zur Schule gehen. Vielleicht wird sie Königin sein. Ich werde mich erinnern und überzeugt sein, daß der beste Teil meines Lebens der ist, den ich jetzt erlebe ...

June freute sich über die Neuigkeit in ihrem wöchentlichen Brief von Gloria, daß ›Der Pepsi-Cola-Süchtige‹ endlich erschienen war. Sie war nun als Verbrecherin und als Schriftstellerin berühmt; vielleicht konnte das den Richter zu einem milderen Urteil bewegen. Die Nachricht war für Jennifer nicht ermutigend. Jedenfalls schien die Verhandlung noch fern. Beide Mädchen waren verzweifelt einsam, es war ihnen nicht gelungen, sich mit den Insassinnen anzufreunden, ausgenommen die bedauernswerte schwachsinnige Alison, die woandershin verlegt worden war. Jede gab der anderen die Schuld, daß sie keinen Anschluß fanden, aber das war kaum verwunderlich, denn sie knüpften keinerlei Verbindung zu den anderen Mädchen. Der einzige Mensch, der sie wirklich beachtete, war Maureen, eine derbe Frau um die Dreißig, doch auch sie wurde es leid, sich zu bemühen, Menschen aus der Reserve zu locken, die in keiner Weise reagierten.

Die Zwillinge beschlossen, ihre einstmals erfolglosen Experimente mit Hexerei wieder aufzunehmen. Doch war das notwendige Zubehör schon in Haverfordwest schwer aufzutreiben, so war es in Pucklechurch nahezu unmöglich. Es gab ein Mädchen, mit dem sie gern Verbindung aufgenommen hätten. Sie schnitten Abbildungen von Ringen und Armreifen aus Illustrierten aus in der Hoffnung, daß sie genauso wirkten wie reale Gegenstände und ihnen das Mädchen zuführten. Aber es funktionierte nicht. Sie versuchten es mit Meditation und Beschwörungsformeln, um ein bestimmtes Mädchen zu bewegen, zu ihnen zu kommen und mit ihnen zu sprechen. Der Zauber schien ein-, zweimal zu wirken, und eine oder zwei ihrer »Zielpersonen« sprachen sie an. Die Zwillinge waren aber viel zu verlegen und verängstigt, um irgendetwas zu erwidern.

In einigen Fällen schien die meditative Konzentration auf ein Mädchen die gegenteilige Wirkung zu haben. »Ich nehme an, wir haben sie tatsächlich vertrieben«, schrieb Jennifer über eine Farbige, zu der sie sich beide hingezogen fühlten. »Statt zu erreichen, daß die gute Seele mit uns sprach, schlug der Zauber auf uns zurück. Sie wurde in ein anderes Gefängnis verlegt.«

Beide Mädchen merkten, daß die anderen Insassinnen sie für unnahbar hielten, und sie sehnten sich danach, aus sich herauszugehen. »Ich bin bestrebt, die Person zu werden, die zu sein mir von Geburt an bestimmt ist«, schrieb Jennifer. »Ich würde meinen Namen ablegen und einen neuen annehmen. Alle Leute tun das, sie häuten sich auf alle mögliche Art, nehmen neue Manieren, neue Nasen, neue Gesichter, neue Frisuren an, lassen ihr Leben hinter sich, fliehen in ein fernes Land und werden neu.«

Aber solche Tagträume halfen in der augenblicklichen Lage nicht. Wieder einmal hatten die Zwillinge sich überreden lassen, am abendlichen Beisammensein teilzunehmen, und obwohl sie sich an ihrem abgelegenen Lieblingstisch über ihre Bücher beugten, zogen sie Maureens lästige Aufmerksamkeit auf sich. »Kommt her, ihr zwei. Habt ihrs eigentlich schon mal getrieben?« Sie grinste höhnisch über den Tisch. Der überheizte Raum war von Zigarettenqualm und Geschwätz erfüllt. Drei Aufseherinnen saßen an einem Tisch bei der Tür und unterhielten sich. Die Zwillinge vertieften sich noch angestrengter in ihre Bücher. Ringsum wurde gelacht, gescherzt, gestritten und gehänselt.

Maureen schien die Zwillinge unbedingt schockieren zu wollen, aber dann entstand helle Aufregung an einem anderen Tisch und sie enteilte dorthin. Indira, Mitte zwanzig, brüstete sich mit dem Baby, das sie bekommen hatte. »Beweis es«, rief Maureen. »Wie biste da dran gekommen? Durch Küsse?« Indira, die die Zwillinge für beschränkt hielten, nickte und lächelte. Maureen sprang vor und hob das Kleid des Mädchens hoch. »Na komm, willste uns deine Schwangerschaftsstreifen nicht zeigen?« Indira machte ein ängstliches Gesicht. Gemeines Gelächter brach aus und verbreitete sich im Raum. »Wie oft habt ihrs gemacht?« Andere gesellten sich dazu. »Du vertrocknest innen drin, wennstes nicht ...« Als die Wärterinnen den veränderten Tonfall bemerkten, schritten sie rasch ein und brachten Indira fort.

June und Jennifer lasen weiter, als wäre nichts geschehen. Aber der häßliche Vorfall löste Erinnerungen an ihre eigenen sexuellen Erlebnisse aus. June dachte daran, wie sie Schnaps auf Carls Penis tun mußte, um ihm zu helfen, in sie einzudringen. Selbst dann noch war es ein qualvolles Gerangel gewesen. Aber es hatte sich gelohnt. Sie war keine Jungfrau mehr. Es konnte kein schlimmeres Schicksal geben, als in diesem Raum voll frustrierter Frauen eingesperrt und noch unberührt zu sein. Nein, die anderen waren nicht überlegener, reifer oder erfahrener. Sie hatte alles erlebt – und noch mehr. Sie sehnte sich danach, diesen angeberischen Mädchen einiges zu erzählen, aber wie üblich konnte sie nicht sprechen. Ihre Zunge lag schwer in ihrem Mund, sie wußte, wenn sie einen Laut von sich gäbe, würde es ein Quietschen sein. Alle würden sich umdrehen und glotzen.

»Schaut, Mädels, wir haben Vollmond. He, so 'ne Nacht macht geil.«

Die Mädchen rannten ans Fenster und sahen hinaus. June wollte soeben die Gelegenheit ergreifen und aufblicken, als sie Jennifers Mißbilligung spürte. Sie las das Buch von D.H. Lawrence, das June ihr herübergereicht hatte. Aber las sie wirklich? Jennifer war regungslos. Kein Blick, kein Heben des Kopfes. June war so besessen, daß sie die Seiten ihres Buches nicht umblättern konnte.

Ich sehe meine Hand sich rühren, um die Seiten umzublättern. Warten auf den richtigen Zeitpunkt, um diese Bewegung auszuführen, eine Seite umzublättern. Stille im Raum, ich warte, bis alle wieder reden. Sie können mich nicht beobachten. Ich bin unsichtbar. Nicht vorhanden, eine Statue, die die Seite umblättert. Jemand gießt Tee in meine Tasse, ich ziehe sie zu mir hin. Ich bin ein normales Mädchen, das Tee trinkt, seine Tasse festhaltend, noch lesend, Augen niedergeschlagen, ins Buch vertieft. Ich nehme meinen Kuchen, beiße ab, ein eckiges Stück Kuchen mit Rosinen. Ich esse ohne richtig zu kauen, selbst die Bewegung meines Mundes ist zu peinlich. Daß Leute mich munter kauen sehen, niemals. Ich esse wie gelangweilt, als wäre es Wasser. Ich schlucke, fast ohne zu kauen, schlinge ihn unter Mühen herunter. J. sieht erbärmlich aus, ein Stirnrunzeln. Ich sehe fast dauernd zu J. hin, versuche, ihre Gedanken zu lesen. Böse, wütend, bereit zu explodieren. Schrecklich, übertrieben selbstbewußt.

»Wie groß ist denn sein Schwanz? Los, schwarze Schönheiten, sagt uns, wer er ist.«

Maureen hatte es satt, sich über Indiras Schwangerschaftsstreifen auszulassen und den Mond zu betrachten, und wandte sich wieder den Zwillingen zu. Ein Schnappschuß, der einem Brief in sauberer, schräger Handschrift beigefügt war, war aus dem Buch gefallen, das Jennifer las. Maureen riß das Bild an sich und zeigte es herum. Es war das Foto eines ghanaischen Jungen von zirka achtzehn Jahren. Mark hatte als einer der ersten auf Jennifers Annonce in der Zeitschrift für Brieffreundschaften geantwortet. Er war 1979 nach England gekommen und hatte in einem Restaurant in Surrey Arbeit gefunden. Er träumte davon, Chefkoch zu werden. Er und Jennifer hatten so förmliche, behutsame Briefe gewechselt, daß sie selbst die Billigung der strengsten viktorianischen Eltern gefunden hätten. Sie hatten sogar eine Heirat verabredet, was bei Jennifer zu einer strengen Gewissensprüfung führte, da sie nicht sicher war, ob es in einem fortschrittlichen Zeitalter ganz richtig sei, sich einem Jungen zu ergeben, dem sie nie begegnet war. Doch sie glaubte an ihn und träumte von ihm. Er schien wie der Held in der Geschichte von D.H. Lawrence, die sie gerade las – ›Die Hauptmannspuppe‹ –, geheimnisvoll, exotisch, anziehend.

Bei der Geschichte mußte ich an Mark denken. Liebe ich ihn wirklich? Ich will und werde ihn kennenlernen. Ich stelle mir uns zwei als vollkommenes Liebespaar vor. Er wird mich bewundern, weil er Löwe ist. Löwen bewundern uns Widder immer. Gib mir einen Kuß, süßer Mark, ich sehne mich danach, diese Worte zu ihm zu sagen. Ich stelle mir vor, wie wir uns an den Händen halten, reden, lachen, schwärmen und uns lieben.

»Los, erzählt schon. Sagt bloß nicht, er ist euer Bruder. Sieht ja 'n bißchen mickrig aus.« Maureen war ausgelassen. Sie hatte es darauf angelegt, diese *poker-face*-Mädchen zu provozieren, seit sie angekommen waren, bloß um zu sehen, ob sie sprechen konnten. Aber die Demütigung machte Jennifer nur noch verschlossener. June freute sich insgeheim. Sie hatte Jennifer um ihren »Verlobten« gleichermaßen bewundert und beneidet. Sie betrachtete die Affäre mit dem Interesse einer älteren Schwester und beriet Jennifer. Sie sagte ihr, sie müßten sich treffen und warnte sie, er könne das Interesse an ihr verlieren, wenn sie jahrelang in einem Gefängnis oder einer Klinik eingesperrt wäre.

»Man hat ihn nie hier gesehen! Ihr habt ihn euch doch nicht etwa eingebildet, wie? Ladet ihn doch mal zu Besuch ein, wie wärs? Dem würds hier gefallen was, Mädels?« All die obszönen Bemerkungen, das Gekicher und Gelächter konnten der Reinheit ihrer Beziehung zu Mark nichts anhaben. Aber ein Besuch? Ihm persönlich begegnen? Sie würde bedenken müssen, ob so ein Schritt klug sei.

Eine Woche später zur Mittagszeit lag Jennifer auf ihrem Bett und wartete auf das Essen. Eine Aufseherin brachte ihr einen Brief.

Mein Herz tat einen Sprung. Ich erkannte Marks Schrift. Sein Brief war herzlich. Er möchte unsere Freundschaft fortsetzen, das möchte ich auch. Er schrieb, wie besorgt er um mich war. Ich hatte monatelang nicht geschrieben, und er dachte, unsere Freundschaft wäre beendet. Er war verwundert über meinen Brief. Er erkannte meine Schrift, aber der Stempel war nicht von meinem Wohnort, sondern ein regierungseigener. Als er ihn gelesen hatte, schrieb er mir, wie besorgt er war. Ich bin in einem Untersuchungsgefängnis, angeklagt wegen Sachbeschädigung. Er rät mir von Herzen, daß ich Gott den Herrn um Freiheit bitten soll. Suchet, so werdet ihr finden. Klopfet an, so wird euch aufgetan. Er hat mir erklärt, wo ich diese Stelle finde. Matthäus 7,7. Ich danke ihm. Er wird diesen Sommer zweiundzwanzig. Das Alter macht mir keine Sorgen mehr. Was zählt, ist die Liebe. Ich fühle, daß ich Mark liebe, und ich werde ihn noch mehr lieben, wenn wir uns begegnen. Wie lange muß ich noch warten? Ich brauche Geborgenheit, Mark wird sie mir geben. Ja, mein lieber Mark, eines Tages werden wir heiraten. In großem Stil. Wir könnten im Gefängnis getraut werden. Es wird keine Rolle spielen, ich werde endlich eine Ehefrau sein. Ich werde jemandem gehören.

Während Jennifer mit ihrer Erinnerung an Carl und ihre Hoffnung auf Mark lebte, plante June, Jennifer aus ihrem Leben zu entfernen. Jennifer war die Böse, die sie an diesen Ort gebracht hatte, die den Pakt geschlossen hatte, der June all die Jahre von ihrer Familie ferngehalten und verhindert hatte, daß sie Freunde gewann. Als die Wochen in Pucklechurch zu Monaten wurden, hatte June das Gefühl, Jennifer beabsichtige, sich ihres Geistes und ihrer Seele zu bemächtigen, und sie fürchtete sie fortan mit neuer Intensität.

In der winzigen stickigen Zelle eskalierte der Machtkampf zwischen den zwei Mädchen. Sie waren feindliche Unterseeboote, die Periskope aufeinander ausgerichtet, beide hielten denselben Kurs, aber unter gegnerischen Kommandos. Das Personal von Pucklechurch erklärte sich ihr seltsames Verhalten mit dem Glauben, daß die Zwillinge wie ein zwiegespaltener Geist seien. Aber ihr Gleichklang war nur ein Kunstprodukt der Jahre, in denen sie Spiele gegen die Welt gespielt hatten. Sie hatten geschickt eingeübt, identisch zu erscheinen. Sogar die Zwillinge selbst glaubten, sie könnten ihre gegenseitigen Gedanken lesen. Aber je tiefer sie in ihr inneres Ich vorstießen, um so deutlicher wurde, daß ihr Verstand nicht aufeinander abgestimmt war.

Trotz der identischen Fassade bestand zwischen den Zwillingen eine beinahe so große Kluft wie zwischen ihnen und dem Rest der Welt. Ständig beobachteten sie die Bewegungen der anderen, interpretierten sie aber meistens falsch. Jede ersann übertriebene Szenarien von dem, was die andere dachte und plante. Der Krieg mußte zwangsläufig ausbrechen.

VIII. Schattenspiele

Niemand leidet so wie ich. Nicht mit
einer Schwester. Mit einem Ehemann –
ja. Mit einer Ehefrau – ja. Mit
einem Kind – ja. Doch diese meine
Schwester, ein düsterer Schatten,
der mich meines Sonnenlichtes beraubt,
ist meine einzige Qual.

June Gibbons

Es war ein träger Sonntagnachmittag Anfang April 1982. Das Personal von Pucklechurch machte eine lange Mittagspause, und die Insassinnen von Block A waren in ihren Zellen eingeschlossen, ausgenommen diejenigen, die aufgerufen waren, um Besuch zu empfangen. Es war ungewöhnlich still. Der Himmel draußen war bleiern, die Luft in der Zelle der Zwillinge schal. Wegen Personalmangels waren sie an diesem Tag stundenlang sich selbst überlassen. Die letzten zwei Stunden hatten June und Jennifer unbeweglich dagesessen und sich über ihre Bücher hinweg angesehen. Keine sprach. Das Radio brachte einige Lieder des Sommers 1981. Die Zeit lastete schwer auf ihnen. Sie waren seit fast sechs Monaten in Pucklechurch in Untersuchungshaft, und am Tag zuvor hatten sie erfahren, daß ihre Verhandlung wieder einmal um mindestens einen Monat verschoben war.

Die Zwillinge waren maßlos gereizt. Den ganzen Tag hatte es Spannungen gegeben, da sie es abwechselnd darauf anlegten, die Konfrontation eskalieren zu lassen. Beim Mittagessen verstieß Jennifer gegen ihre Übereinkunft, sowohl Junes als auch ihre eigene Mahlzeit zu verzehren. Sie war zu weit gegangen: Ein Ausbruch schien unausweichlich. Im letzten Moment gelangten sie zu einem Kompromiß. Jennifer aß Junes Kartoffeln, June aß Jennifers Reisauflauf. Doch das war keine Grundlage für einen dauerhaften Frieden.

Als sie nun kaum mehr als einen halben Meter voneinander entfernt saßen, wußten die Gegnerinnen, daß das

Endspiel begonnen hatte. Während June auf den nächsten Schritt wartete, schrieb sie in ihr Tagebuch. In einer guten Woche würde ihr neunzehnter Geburtstag sein. Sie spürte, wie die Jugend aus ihnen heraussickerte.

»Ich bin vielleicht noch einen Monat hier, zwei Monate, sechs Monate, womöglich ein ganzes Jahr in dieser Zelle. Bekannte Stimmen wechseln: neue Menschen, veränderte Stimmungen; im Sommer, im Winter, im Herbst werde ich immer noch hier sein«, schrieb June.

Jeden Tag analysierten die Zwillinge, scharfsichtiger als die psychiatrischen Berichte, in ihren Tagebüchern, was sie füreinander und im Hinblick auf ihre Gefangenschaft empfanden. Ihre Aufzeichnungen von April und Mai 1982 sind wahre Meisterwerke.

June sah aus dem vergitterten Fenster auf den Garten und den kleinen Mandelbaum im mittleren Blumenbeet.

Ich habe Visionen von diesem Baum, wie er plötzlich die Blüten verliert. Und von mir, wie ich eines Tages aufsehe und feststelle, daß die Blüten, die am Fuß des Baumes liegen, braun geworden sind. Ich werde dann nicht mehr hier sein, oder? Verdammt nochmal. Ich will nicht aufwachen und sehen, wie es Winter wird und kalte Sonnenstrahlen die Wand dieser Zelle bescheinen, wie diese rosa Blüten eines Tages braun geworden sind. Ein kalter windiger Tag. Ich warte immer noch hier in dieser Zelle. Meine Bestrafung – dieses Alter, dieser Wahnsinn, dieses Andauern, diese Wut. Ich bemühe mich von ganzem Herzen, mein Leben hinzunehmen, wie es ist. Meine Mattheit, mein Herzeleid, meine Augenblicke der Spannung, Einsamkeit und Wut; ich versuche, damit zu leben. Jetzt frage ich mich, frage ich meine Seele und auch dich: Wird man eine Lösung finden für meine Probleme, für J.´s Probleme?

Die Melodie im Radio bohrte sich in Junes Kopf, schrille Reminiszenzen an jenen warmen Sommer in Welsh Hook. Sie sah Jennifer an, die unbeweglich las. Hatte sie das Lied erkannt? Wenn ja, müßte ihre Stimmung wechseln, sie würde neidisch sein auf June, neidisch auf ihre Vergangenheit. Sie hätte gern einen anderen Sender eingestellt, traute sich aber nicht.

Jennifer hatte die Melodie erkannt und beobachtete stumm die Schauder, die Junes Unbehagen verrieten. »Sie will es abstellen«, dachte Jennifer. »Sie fürchtet die Erinnerungen, weil sie weniger zu erinnern hat.« Jennifer nahm sich ihr Buch wieder vor, ein frommes Traktat, »Kostbarkeiten für jeden Tag«, das Gloria ihr geschenkt hatte. Aber der Sinn stand ihr nicht nach erbaulichen Gedanken. Wie Mr. Pugh in ›Unter dem Milchwald‹ träumte sie im Stillen davon, wie sie ihre lästige Lebensgefährtin beseitigen könne.

June hegte keineswegs liebenswertere Gedanken. Als sie ihre Schwester ansah, fühlte sie die Lähmung, die Jennifer in ihr bewirken konnte, in ihre Gliedmaßen kriechen. Ihre Lippen und Zunge waren wie taub, ihr ganzer Körper abgestumpft. Nur ihre Wahrnehmung, ihre Intuition blieb klar. Jennifer war die Ursache ihrer Schwierigkeiten. Jennifer hatte sie daran gehindert, mit ihren Eltern, mit der Welt zu kommunizieren. Was würde geschehen, wenn sie vor Gericht standen? Würde Jennifer wieder siegen, so daß sie befangen, unkommunikativ auftraten wie Zombies?

June wollte glänzen. Warum sollte sie nicht allein gehen, reden, vor den Richter treten? Sie malte sich aus, wie ihre Stimme im Gerichtssaal erklang. Sie würde ihre Haare hochstecken, ihre Augen würden funkeln, sie würde beschwingt und elegant aussehen in ihrem geblümten Rock, und alle würden sich über ihre beeindruckende Persönlichkeit äußern. Sie würde sie mit ihren Argumenten für sich gewinnen und ihnen von ihren Problemen erzählen – und wie sie ihr Leben lang von einem bösen Ebenbild ihrer selbst gefangengehalten worden war. Dieses Ebenbild würde nirgendwo in ihrer Nähe sein, um sie niederzumachen und ihren Augenblick des Ruhmes, den Auftritt ihres Lebens zu zerstören. Das gebeugte Geschöpf mit dem vorgereckten Hals und den trüben Augen, das ihr Zwilling war, würde nicht da sein, um ihre Eltern zu kränken, um den Richter, den Anwalt und die Beamten vor den Kopf zu stoßen. Aber sie würde dem Richter keinen Vorwurf machen, sie würde ihm erzählen, daß alles das Werk ihrer Schwester war. Sie würde der Welt von ihrer beider Schwierigkeiten erzählen, von ihrem Spiel. Sie würde freigesprochen werden. June sah sich, wie sie enteilte, um die Welt zu umarmen, die sie die ganzen neunzehn Jahre zurückzuweisen gezwungen war, und die sie zurückgewiesen hatte. Einen Augenblick war sie von Freiheit berauscht.

Dann erblickte sie ihr Gesicht in dem unzerbrechlichen Spiegel, der auf dem Spind stand. Sie sah wieder hin und war überzeugt, daß das Spiegelbild sich veränderte. Der Umriß war derselbe, aber mit den Augen geschah etwas. Sie glitzerten und wurden hart. Sie betrachtete ihren Mund. Auch er bewegte sich, die Mundwinkel verzogen sich zu einem spöttischen Grinsen. Aber ihr Mund bewegte sich nicht, und sie lächelte nicht. Sie sah entsetzt, daß das Gesicht im Spiegel nicht ihres war. Das Grinsen vergrößerte sich zu einem klaffenden Spalt, sie konnte das Lachen ihrer Schwester hören. Aber Jennifer hatte nicht einmal den Kopf gehoben, sie war immer noch über ihr Buch gebeugt und las oder tat jedenfalls so.

Sie sah die Adern in Jennifers Nacken pulsieren. Sie fühlte, wie die Haare auf ihren Armen sich aufrichteten. Langsam schob June ihren Arm über das Spind zum Radio, das auf einem Stapel Bücher aus der Bücherei stand. Sie wartete, dann griff sie nach dem Sendersuchknopf. In einem letzten Akt der Provokation verstellte sie den Sender, der sie ärgerte.

Das war das Zeichen für Jennifer. Während June ihr Gesicht im Spiegel betrachtete, ging Jennifer in Angriffsposition. Sie rückte ihren Stuhl ein paar Zentimeter näher, ließ ihr Buch in den Schoß gleiten und spannte die Finger um die Sprossen von Junes Stuhl. Sie riß ihn zurück und warf June gegen das Pult. Als die wütende June sich daraufhin drehte, packte sie den Stuhl und stieß in ihr ins Gesicht.

»Miststück!« schrie sie.

»Du bist böse, du bist 'ne Hexe«, brüllte June zurück. »Ich hasse dich. Ich habe dich immer gehaßt.«

Jennifer triumphierte; sie begann zu skandieren, weil sie wußte, daß das June zum Wahnsinn trieb: »Die Hexe bringt das Miststück um. Ich bin 'ne fiese Hexe.«

Die bösen Mächte, die June im Spiegel erblickt hatte, füllten die Zelle. Jennifer schien besessen und entschlossen, die Probleme ein für allemal zu lösen. Sie wollte ihre

Schwester mit dem Stuhl bewußtlos schlagen, sie dann mit einem Kissen ersticken und die Zelle in Brand stecken. Jennifer allein würde sich aus der Asche erheben.

June ergriff den Eimer und schleuderte ihn auf Jennifer. »Sei still! Die hören uns. Die hören uns sprechen«, brüllte sie. Jennifer spürte, wie der Klumpen, der ihr gewöhnlich in der Kehle saß, verschwand. Der Haß in ihr hatte ihre Stimme gelöst. »Sollen sie, sollen sie´s alle hören«, schrie sie. Unterdessen hatte sie den Stuhl fallen gelassen und umfaßte Junes Hals.

Die Zellentür ging auf, und Mrs. Murdoch stürmte mit einer Aufsicht herein. Sie sahen die ringenden Mädchen, die umgekippten Stühle, das verschüttete Wasser, die grünen Bettüberwürfe, die sich wie Schlangen auf dem Boden ringelten. Die ältere Aufseherin nahm Jennifer an den Handgelenken, um sie aus der Zelle zu zerren. Die andere packte June an den Schultern und drückte sie auf die Koje.

»Schaff sie nach nebenan«, brummte Mrs. Murdoch. June war nicht gewillt, es dabei bewenden zu lassen. Sie wollte nicht, daß Jennifer lächelnd in einen anderen Raum ging. Sie riß sich von der Aufseherin los und sprang Jennifer an, die rechte Hand gekrümmt, die Nägel gruben sich in das Gesicht ihrer Schwester. Bis die Beamtin ihren Arm zurückgerissen hatte, lief schon Blut über Jennifers Wange.

June wurde in ihrer Zelle alleingelassen. Langsam verging der Haß, und sie legte sich entkräftet auf ihr Bett und sah von Zeit zu Zeit auf die leere Koje über ihr. Sie fürchtete sich vor der bevorstehenden einsamen Nacht, aber sie konnte ihrer Schwester noch nicht verzeihen. Ihre Beziehung zerstörte sie beide, und niemand konnte sie verstehen oder ihnen helfen. Ihr war zum Heulen zumute. Das Radio, vor wenigen Stunden noch Ursache des heftigen Zornausbruchs, war jetzt ihr Trost. Sie hörte Leo Sayer singen ›Have You Ever Been in Love?‹ Die Worte erinnerten sie an Jennifer, vertraute sie ihrem Tagebuch an:

J. und ich sind wie Liebende. Eine Haßliebe. Sie denkt, ich bin schwach. Sie weiß nicht, wie ich mich vor ihr fürchte. Daher fühle ich mich noch schwächer. Ich möchte stark genug sein, um mich von ihr zu lösen. Herrgott hilf mir, ich bin verzweifelt. Können J. und ich wieder zusammenkommen? Ich habe wirklich vor, allein zu sein. Doch während ich das sage, täusche ich mich selbst. Kann ich es ertragen, allein zu sein? Ich brauche jemanden, mit dem ich reden kann, eine Freundin. J.'s Bett ist leer ... Ich wüßte gern, ob sie etwas unternehmen wird, um zu mir zurückzukommen. Mein Herz schlägt jetzt nicht so schnell. Es schlägt nur schnell, wenn J. in der Nähe ist, immer für J.

Als ob sie die Klage ihrer Zwillingsschwester hören könnte, saß Jennifer zufrieden lächelnd gegenüber in Zelle Nr. 6. Die Vorgängerin hatte ihr Radio auf der Fensterbank stehen lassen. Ihre Freiheit auskostend, suchte Jennifer die Sender durch und entschied sich für Opernmusik. Man hatte sie gebadet und ihr Gesicht desinfiziert. Es fühlte sich noch wund an, wo Junes Fingernägel sich in ihre Wange gegraben hatten, aber sie begrüßte das Mißbehagen. Sie hatte nichts dagegen, eine Narbe zu behalten. Die wäre für die Welt ein sichtbarer Beweis für das innere Leid, das June ihr zugefügt hatte. Sie war froh, daß sie gekämpft hatten und sie nun allein war. Sie fragte sich, ob June ihr Benehmen bereute. Würde sie betteln, um wieder mit ihrer Schwester zusammenzukommen? Aber Jennifer wollte ihr nicht so bald verzeihen:

Ich verzeihe zu rasch. So ist es immer gewesen. In der einen Minute streiten wir, in der nächsten sind wir Freundinnen. Zu Hause war mein Schlafzimmer ein Raum voll Blut. Werden J. und ich jemals erwachsen? Hat es etwas mit Erwachsenwerden zu tun, oder sind wir zwei besonders gemeine Frauen? Bete für mich, meine Freundin. Wünsche mir alles Gute. In Liebe, *Jenny*.
P.S. Dies ist der letzte Sonntag, an dem ich achtzehn bin. So eine grausame, grausame Welt.

Am nächsten Tag wurde June bestraft, weil sie Jennifer angegriffen hatte. Sie mußte eine Buße von zwei Pfund zahlen. Mittags waren sie wieder zusammen. »J. und ich sind nun wieder vereint. Kein Kampf mehr. Ich habe zwei Mahlzeiten gegessen. Es gab falschen Hasen mit Kohl und Reisauflauf. J. hat nur Reisauflauf gegessen.«

Das war der Anfang eines »Geburtstagswaffenstillstands«. Ein paar Tage lang herrschte Harmonie, und mit den Zwillingen schien alles gut zu gehen. Jennifer bekam eine Brief von ihrem Brieffreund Mark, worin er sie »jung und schön wie die Farben einer Rose« nannte. Sie waren sich nie begegnet, und er hatte monatelang nicht geschrieben, doch Jennifer war geschmeichelt und bemühte sich um eine passende Antwort. An dem Tag als der Brief kam, hatte sie jedoch von einer Ratte geträumt, was sie interpretierte, daß jemand sie betrog. Konnte es Mark sein? »Mein Instinkt gebietet mir jetzt, auf der Hut zu sein. Nicht, daß ich Mark nicht vertraue. Er wird hoffentlich mein Mann. Ich muß ihm jedoch eine sehr persönliche Frage stellen. Ist er unberührt? Es wäre nicht recht, ihn das so offen in einem Brief zu fragen. Wir haben hier einige sehr naseweise Aufseherinnen.«

Schließlich beschloß sie, ihn zu Besuch einzuladen, und ihr Entschluß wurde belohnt: Mark konnte der Einladung nicht folgen, aber er schickte ihre eine große rote Geburtstagskarte mit einer goldenen Rose.

Am selben Tag wurde June zur Oberaufseherin bestellt. Auf ihrem Schreibtisch lag ein Exemplar des lange erwarteten ›Pepsi-Cola-Süchtigen‹. June betrachtete den glänzenden blauen Schutzumschlag mit der Zeichnung von ihrem Cola trinkenden Antihelden Preston Wildley-King. Sie war erfreut, aber kritisch. Sie selbst hätte es besser zeichnen können. Sie begutachtete die daumennagelgroße Reproduktion ihrer Fotografie auf der Innenseite des Umschlags und bedauerte, daß sie nie in der Lage war, ein glanzvolleres Konterfei zustandezubringen. Aber es war da. Wirklich und wahrhaftig. Mitsamt einigen Zeilen über sie. Sie las das Buch aufmerksam noch einmal ganz durch und fragte sich, ob sie recht daran getan hatte, es in Kalifornien mit »Yankee-Doodle-Dandy«-Dialogen anzusiedeln. Die Amerikaner würden die Sprache bestimmt als falsch empfinden. Würden sie ein von einer englischen Verfasserin geschriebenes Buch nicht lieber mit englischen Dialogen lesen?

In Pucklechurch war es nicht üblich, Romanschriftstellerinnen zu beherbergen, und ›Der Pepsi-Cola-Süchtige‹ verursachte im Untersuchungsgefängnis einen derartigen Aufruhr, daß er das wackelige Gleichgewicht zwischen den Zwillingen, welches den österlichen Waffenstillstand ermöglicht hatte, leicht hätte zerstören können Doch Jennifer hatte ihre Beziehung zu Mark, und beide Mädchen freuten sich auf ihre Eltern, die sie am Karsamstag, dem Tag vor ihrem Geburtstag, besuchen kamen.

Es war eine weite, ermüdende Reise für die Familie Gibbons, deshalb waren ihre Besuche selten. Aubrey und Gloria, Greta mit ihrem Baby Helen-Marie sowie Rosie waren früh aufgestanden, um den Zug zu erreichen, der sich an der Küste von Westwales nach Swansea, Cardiff und schließlich Bristol schlängelt. Von dort nahmen sie ein Taxi nach Pucklechurch, das zehn Meilen entfernt in der Grafschaft Avon liegt. Als sie sich dem Gefängnis näherten, fühlte Gloria die Beklemmung der hohen Mauern und Stacheldrahtzäune. An der Pforte erklärte ein Wächter, daß nur zwei Besucher gleichzeitig hereindürften, daß die Besuche auf fünfzehn Minuten beschränkt seien und Kindern der Zutritt nicht erlaubt sei. Unterwürfig wie stets, akzeptierte Aubrey die Beschränkung klaglos und sagte Greta und Rosie, sie müßten mit dem Baby draußen bleiben. Er und Gloria gingen hinein und warteten, bis sie aufgerufen wurden. Als es so weit war, führte eine Beamtin sie in einen kleinen Raum mit etwa einem Dutzend Tischen, an denen die Gefangenen mit ihren Besuchern saßen.

Bald darauf kamen die Zwillinge, einander an den Armen haltend. Sie setzten sich mit gesenkten Köpfen an den Tisch und murmelten gelegentlich etwas. Gloria bemühte sich tapfer, ein einseitiges Gespräch in Gang zu halten. Sie sah die Kratzer in Jennifers Gesicht, die noch nicht verheilt waren. Das kam ihr sehr bekannt vor. Gloria hatte die Gesichter der Zwillinge früher oft nach Auseinandersetzungen zerkratzt gesehen. Aber in einem Gefängnis waren die Aufseherinnen doch gewiß in der Lage, die Mädchen daran zu hindern, sich gegenseitig zu verletzen? Sie übersah also die Wunden und plapperte unzusammenhängend drauflos, erzählte den Mädchen Neues aus Haverfordwest, sprach über Kleider, über alles, um die Kluft des Schweigens auszufüllen.

Aubrey war weniger geduldig. Seine wenigen, rauhherzlichen Bemerkungen und Witzchen hatten den Zwillingen keine Reaktion entlockt. Er machte sich an dem braunen Koffer mit Kleidern zu schaffen, um welche die Zwillinge in ihren Briefen gebeten hatten: die blaugeblümten Röcke, einige T-Shirts und Turnschuhe. Um den lahmen Besuch zu beleben, holte er die Kleidungsstücke heraus, dazu die zwei silbernen Kruzifixe, die Gloria als Geburtstagsgeschenk mitgebracht hatte, etliche Tafeln Schokolade und zwei Ostereier. Die Augen der Mädchen leuchteten vor Freude. Aber die Köstlichkeiten waren von einer herbeieilenden Gefängnisaufsicht erspäht worden.

»Das dürfen sie nicht haben«, erklärte sie Aubrey. »Sie müssen es wieder einpacken und mit nach Hause nehmen. Es ist nicht erlaubt, etwas mitzubringen, was nicht auf unserem Merkblatt steht.« Mit resigniertem Achselzucken begann Aubrey, die Sachen wieder in den Koffer zu packen.

»Aber sie haben morgen Geburtstag«, sagte Gloria. »Können sie nicht wenigstens etwas davon behalten?«

»Meinetwegen die Schokolade und die Ostereier«, sagte die Aufseherin. »Aber das ist eine Sondervergünstigung, die nicht wiederholt wird. Ihre Zeit ist jetzt leider um.«

Nach einem gedämpften Abschied schlichen Gloria und Aubrey leise hinaus und fuhren nach Wales zurück. Der Besuch mag katastrophal erschienen sein, doch am Abend schrieb Jennifer in ihr Tagebuch: »Etwas ganz Erstaunliches und Wunderbares ist geschehen. Meine Eltern haben mich tatsächlich besucht. Das bedeutet mir mehr als alles andere. Ich habe mir immer gewünscht, daß etwas Großartiges geschieht, bevor ich neunzehn werde.«

Der Geburtstag der Zwillinge war am Ostersonntag. Der Tag begann damit, daß eine Aufseherin einen Stapel Karten von ihren Angehörigen bei ihnen ablieferte. Auf den Betten türmten sich die Süßigkeiten, die ihre Eltern mitgebracht hatten, bereit für ein Geburtstagsfest. Ausnahmsweise genossen June und Jennifer die Beliebtheit, nach der sie sich immer sehnten. Als die anderen Mädchen bei einem Blick durch die Tür die Pracht der Süßigkeiten und die Geburtstagskarten sahen, kam Cathy, ein junges Mädchen, weinend herein; sie sagte, sie sei schwanger, und als ihre Eltern sie das letzte Mal besuchten, hätten sie vergessen, ihr Süßigkeiten mitzubringen. Von der Geschichte gerührt, bot June ihr Schokolade an. Dann kam Indira herein und beäugte die in Goldpapier eingewickelten Leckereien. Sie ließ sich leicht überreden, etwas davon zu essen. Wie so viele Insassinnen, fand Indira die Zwillinge unheimlich und fürchtete sich normalerweise, sie in ihrer Zelle zu besuchen. Aber die Verlockung der Süßigkeiten überwand solche Vorurteile.

»Warum können wir keine Freundschaften schließen, die Barrieren nicht niederreißen? Warum können wir uns der Gruppe nicht anschließen?« grübelte June.

Warum kann ich nicht die freie, glückliche Neunzehnjährige sein, die ich sein möchte? Ich muß mich doch bloß an Cathy halten, mich an sie anhängen. Reden. Lachen. Der Zusammenschluß hätte dann allen Schrecken verloren. Ich würde an einem Tisch sitzen, zu einer Gruppe gehören. J. und ich würden eigene Wege gehen. Ich möchte mich gern ändern. Die Menschen werden nicht abweisend sein, weil ich nicht abweisend bin. Wenn ich jetzt allein wäre, ohne J., hätte ich eine Freundin. Vielleicht hier drin, nebenan. Alle würden sich daran gewöhnen, daß ich und diese Freundin zusammen sind. Ich würde im Speisesaal essen, fröhlich mit spazieren gehen, mich auf das Beisammensein freuen. Das Leben wäre nicht so bedrohlich.

Bald war eine kleine Gruppe Besucherinnen da. Sie versuchten mit den sprachlosen Zwillingen zu plaudern. Aber es kam kein Gespräch in Gang. »Uns allen fehlten die Worte. Es war peinlich«, erinnerte sich Jennifer. Den Gästen wurde es unbehaglich, sie zogen ab und überließen June und Jennifer sich selbst. Die zwei aßen Schokolade, probierten ihre neuen Turnschuhe an, die als Geschenkpaket gekommen waren, und tanzten zusammen in der Enge ihrer Zelle. Der Waffenstillstand hielt an. An diesem Tag konnten sich die zwei angstfrei im Niemandsland treffen. Doch bald schon fand die Waffenruhe ein Ende.

»Los kommt, ihr zwei«, rief Mrs. Murdoch. »Wenn ihr euch nicht bewegt, kriegt ihr Verstopfung, Hämorrhoiden und schlechten Atem. Los, bewegt euch.«

Die Mädchen waren gezwungen worden, in den Gefängnishof zu gehen. Obwohl sie als Untersuchungsgefangene das Recht hatten, die Teilnahme am Spaziergang und Zusammenschluß zu verweigern, bestanden die Aufseherinnen stets darauf, daß die Gibbons-Zwillinge sich den anderen Insassinnen zweimal täglich zum halbstündigen Spaziergang anschlossen. Es war kalt und diesig. June ging los, aber Jennifer weigerte sich, mit ihr Schritt zu halten. Sie schlurfte ein paar Schritte hinterher. June war wütend:

Sie geht nicht im Gleichschritt mit mir. Spannung. Qual. Wir sprechen überhaupt nicht. Zwei richtige Roboter. Ich muß weg von ihr. Ich ertrage es nicht mitanzusehen, wie es mit ihr bergab geht. Ihre Stimmung wirkt sich auf ihre Körperhaltung aus. Aber ich bin nicht so. Ich bin verantwortungsbewußter. Ich fürchte die Gerichtsverhandlung, mit ihr in diesem Zustand. Sie würde mich demütigen, wenn sie mit einer so gräßlichen Figur im Zeugenstand stünde, die Knie leicht gebeugt, den Hals vorgereckt, einen verzagten, irren Ausdruck im Gesicht, die Hände vorn in den Pullover gekrallt. Ich habe mir das schon vor Jahren abgewöhnt. Ich könnte sie stoßen. Ich könnte ihr einfach einen Schubs geben. Mark tut mir leid. Im Geiste sieht er ein reizendes, aufrechtes Mädchen vor sich, ein Lächeln im Gesicht, jung, ansehnlich und gut entwickelt. Aber was ist Jennifer hier? Geduckt, Angst vor Augen, vor beobachtenden Menschen …

Wann immer eine Zwillingsschwester die andere prüfend betrachtete, sah sie nur Lügen und Verzerrungen. In einem Augenblick sah die eine in ihrem Zwilling alle Makel widergespiegelt, die sie selbst zu haben fürchtete. Im nächsten Augenblick sah sie nur das Idealbild und war neidisch darauf – ein junges Mädchen mit sanftem Gesichtsausdruck und einem Profil, das mit Greta Garbo und Audrey Hepburn wetteifern konnte. June, hochmütig in ihrem neuen Selbstvertrauen, porträtierte Jennifer im Geiste in krassen Tönen. Sie beschloß, ihre Taktik des Schweigens gegen ihre Schwester zu wenden. Das Personal war verwirrt, daß ein Zwilling den anderen dermaßen ignorieren konnte.

Nach dem Spaziergang kehrten die Zwillinge schweigsam und unkommunikativ in ihre Zelle zurück. Unabhängig voneinander horteten sie in ihren Tagebüchern ein ganzes Arsenal von Schmähungen. June prüfte eine andere Lösung: Angenommen, es gäbe nur eine von ihnen? Dann könnte von Unterlegenheit und Abhängigkeit keine Rede sein. June blickte zu der kaum einen Meter entfernten Jennifer hinüber, während sie schrieb:

Es ist ein kühler Abend. J. ist ein elendes Miststück, ich könnte sie umbringen. Augenblicklich streiten wir wegen nichts. Mein Buch? Ist sie neidisch? Ich möchte ihr entkommen. Eine von uns plant, die andere zu töten. Ein dumpfer Schlag auf den Kopf an einem kühlen Abend, den leblosen Körper schleppen, heimlich ein Grab schaufeln. Ich bin in einer gefährlichen Situation, es ist ein listiger, heimtückischer Plan. Wie wird das enden? Mit neunzehn möchte ich eine eigenständige Persönlichkeit sein, unabhängig von diesem Miststück. Ich bin sklavisch abhängig von ihr, diesem Geschöpf, das sich in dieser Zelle lümmelt, das zu jeder Stunde meines Lebens bei mir ist.

Wir sind Todfeindinnen geworden. Wir fühlen, wie die tödlichen Strahlen aus unseren Körpern kommen und uns gegenseitig die Haut verbrennen. Wir schmieden böse Pläne, und wer wird gewinnen? Ein Krieg, der schon viel zu lange dauert – wann wird er seinen Höhepunkt erreichen? Heute abend, morgen, Sonntag? Ein tödlicher Tag rückt mit jeder Minute näher hin zu dem baldigen Tod, wie Hände, die schleichend am Nachthimmel entlangstreifen, böse Vorsätze, Blut, ein Messer, ein Beil ... Ich frage mich, wie kann ich meinen Schatten loswerden? Ist es möglich oder unmöglich? Würde ich sterben ohne meinen Schatten? Würde ich endlich leben ohne meinen Schatten? Meine Situation sich verbessern oder verschlechtern? Frei sein oder dem Tod anheimfallen, mich schwach fühlen oder manchmal stark, ohne meinen Schatten, den ich dem Angesicht von Elend, Betrug und Mord gleichsetze.

Tagelang nährte June ihren Haß, aber noch fehlte ihr der Mut, zum Angriff überzugehen. Jennifer schien sich nichts aus der Bedrohung zu machen, und das unterhöhlte Junes Zuversicht. Doch June verstand ihre Zwillingsschwester falsch. Jennifer blieb ruhig, weil sie nichts von der Herausforderung merkte; sie nahm den Haß und die inneren Zwänge nicht wahr, die sich in June aufgestaut hatten. Wie bei Liebenden, die Seite an Seite im Bett liegen, bewirkte ihre physische Nähe nur, daß sich die Kluft des Mißverständnisses infolge mangelnder Kommunikation vergrößerte. Junes Wut war nun mit Zweifeln durchsetzt.

Sie verdient keine Kaution und kein anderes Gefängnis. Sie muß ausgesperrt werden – fort von mir, den anderen Mädchen, sogar von Mark. Wer könnte dieses leidenschaftliche Miststück ertragen, voll ungeheuerem Haß, voll sinnloser Besessenheit von ihrem Aussehen? Diese endlose Hungerei oder Fresserei. Gott helfe ihr! Oder besser, Gott helfe mir. Sie ist ein zehnmal schlimmeres Miststück als ich. Das hat sie von diesem reizenden Carl gelernt. Immer gab er ihr obszöne Namen, weil er sie liebte und sie ändern wollte. Aber liebe ich sie? Herrgott! Was für eine qualvolle Frage. Wie wäre es mit ›Hasse ich sie?‹ Das ist nicht stark genug. Wie wäre es mit ›Würde ich sie töten, wenn ich die Gelegenheit hätte?‹ Wie? Morphium in einem Glas Milch? Einen Prügel auf den Kopf? Oder einen Stich durchs Herz? Ich bin eine Möchtegern-Mörderin. Einer Fliege würde ich nichts zuleide tun. Aber J.?

In dem Bemühen, aus der Sackgasse herauszukommen, versuchte June, Jennifer zum Angriff zu provozieren, damit die Aufseherinnen sie trennen würden. Es gelang ihr, Jennifer zu Aggressionen zu reizen. »Wieder einmal ist der alte rebellische Tiger zum Vorschein gekommen«, schrieb Jennifer. »Ich packte June an ihrem hübschen Kopf und schüttelte ihn. Sie schnappte meine Hand, aber am Ende umklammerte sie meinen Hals. Ich habe sie angebrüllt.«

Jennifer wurde herausgezerrt und in eine andere Zelle gebracht, und am nächsten Tag erhielt sie die übliche Zwei-Pfund-Strafe. Beide Mädchen wurden getadelt. June war zufrieden. Es war beinahe ein Sieg. Aber er war von kurzer Dauer. Wieder einmal allein in ihrer Zelle, grübelte June über ihr Schicksal.

21. April 1982

Die Kümmernisse meines Herzens sind größer geworden, sie schlagen in mir wie eine Feuerflamme, wie eine Rakete vor dem Abheben. Frei sein. Aber ich bin nicht frei. Der Schmerz, der Lebensüberdruß; immer die Sehnsucht nach Frieden. Denn ich sehne mich nach Flucht, aber vor wem? Vor was? Meinem eigenen unverantwortlichen Dasein weltlicher Gedanken, der Suche nach einem besseren Leben, frei von Lasten, frei von Qual. Aber ich glaube, die Hoffnung erweist sich für mich stets als Bumerang. Ich hasse das Leben, das ich jetzt führe. Aber warum sage ich ›führe‹? Denn ich führe mein Leben keineswegs. Es wird an einer unsichtbaren Schnur gezogen. Von wem? Von was? Einem Umstand der Vergangenheit. Einer Macht. Ich bin nur eine Zuschauerin. Aber ich leide, wie kein Zuschauer leiden würde. Denn wenn ich auf zwei bitterlich streitende Menschen stieße, würde ich mich plötzlich meines Daseins freuen; doch als Zuschauerin würde ich für eine der Streitenden Partei ergreifen und großes Mitleid im Herzen haben. Denn eine würde verlieren. Sich selbst als Figur in einer Geschichte betrachten. Zum Verlieren geboren. Eine Figur, die alles Mitgefühl verdient; doch das ganze Mitgefühl der Leser ist auf die anderen Figuren verteilt.

Wer wird je ahnen, daß sie litt? Ihre Augen vielleicht, dunkel und grübelnd. Vielleicht ein unzufriedenes Stirnrunzeln. Vielleicht ein traurig verzogenes Gesicht. Nur ein empfindsamer Mensch würde es merken. Dieser Mensch wäre interessiert. Dieser Mensch würde seine Traurigkeit mit ihrer vergleichen, er wäre verwirrt. Schließlich würde er in ihrer Vergangenheit forschen. Sie wird zögern, ihre Vergangenheit auszubreiten, ängstlich, und doch schrecklich begierig, ihre ganze Qual preiszugeben. Sie wird ein wenig wie eine Märtyrerin sein, eine ganz besondere. Sie wird sich auserwählt fühlen. Ah! wird sie seufzen. Endlich Mitgefühl. Es gibt doch noch Verständnis in dieser Welt.

So werden sie und ich denn hemmungslos weinen: nur um ihretwillen. Als sähe sie einen traurigen Film im Kino. Und sie wird um die Figur weinen, weil sie diese Figur als sich selbst erkennt. Sie wird teils aus Erleichterung weinen, weil sie weiß, daß jemand auf der Welt sie versteht; wie der Mann, den sie auf der Party kennenlernte; wie das eine Mal, als sie lachte und ihre Freundinnen im Lachen übertraf. Warum hat sie gelacht? Teils aus Angst, aus Kummer. Nein, sie hat nicht richtig gelacht. Sie lachte wie ein verstörtes Kind, das zum Kasperltheater geht und lacht; nur diesen Bruchteil einer Sekunde lacht das Kind und vergißt seinen Kummer. Diesen ganzen heftigen Haß. Ein Lachen, so falsch und unrealistisch wie die heiße gelbe Sonne am Abend ...

Junes Phantasien waren nichts anderes als ein Abbild ihrer selbst und ihres eigenen Kampfes. Sie war inzwischen überzeugt, daß, wie im Glauben der afrikanischen Naturvölker, die Erschaffung zweier identischer Menschen ein unerfreulicher Scherz der Natur sei. Sie und ihre Schwester waren das Resultat eines Ahnenfluches. Ihre Schweigsamkeit und mangelnde Kommunikation galten als Ausdruck des Grolls gegen die Welt und insbesondere gegen ihre Eltern. Aber Junes Zorn war nicht gegen ihre Eltern gerichtet. Sie hatten nur einen einzigen Fehler begangen: zuzulassen, daß beide Zwillinge am Leben blieben. »Arme Eltern«, vermerkte sie wehmütig, »sie nehmen für alles die

Schuld auf sich. Das sollten sie nicht tun. Es war das Schicksal: Kismet.«

Im Gegensatz zu June suchte Jennifer Zuflucht in ihrem Zwillingsdasein. Sie kam sich minderwertig vor. Sie konnte Junes Überlegenheit und Unabhängigkeit nicht ertragen.

Irgendwo habe ich einen richtigen Zwilling auf dieser Welt. J. kann nicht mein richtiger Zwilling sein. Mein richtiger Zwilling wurde zu genau derselben Zeit geboren wie ich, hat meinen Aszendenten, mein Aussehen, meine Art, meine Träume, meinen Ehrgeiz. Er oder sie hat meine Schwächen, Fehler, Ansichten. All dies macht einen Zwilling aus – keine Unterschiede. Ich kann Unterschiede nicht ausstehen. J. hat nicht meinen Verstand, mein Aussehen, nicht mal meinen Körperbau. Als meine Mutter uns einmal gemessen hat, sagte sie mir, ich wäre etwas größer als J. Das hat mich nicht gerade gefreut.

Ihre unterschiedliche Einstellung zur Natur der Zwillingschaft festigte die Bande nur noch mehr, mit denen jede die andere gefesselt hatte. Soviel sie auch von Befreiung schrieben, die beiden Mädchen waren in ihrer Zelle gefangen. Eine Zwillingsschwester konnte sich nicht rühren, konnte nicht atmen oder schlucken, ohne die andere zu reizen. In dieser gespannten Atmosphäre wurden ihre Kindheitsrituale zu einem Schema gegenseitiger Tortur. June beschrieb sie:

Heute morgen im Bett. Ich lag da. Ich rührte mich nicht. Ich atmete nicht. Denn ich wußte, es war der Beginn eines Spiels. Ich hörte den Frühstückswagen vorbeirollen. Mein Herz schlug, ich begann zu schwitzen. Ich fragte mich, soll ich sie rufen? Sie war da oben, schnarchend, schwer atmend. Wirklich? Sie lag da wie jemand, der auf die Hinrichtung wartet. Gelähmt. Angst, sich zu bewegen, weil ihr sonst die Guillotine den Hals durchschnitt, weil sie sonst etwas tun würde, was sie den ganzen Tag erzürnte. Sie dachte nicht daran, sich zu rühren. Eine einzige Bewegung wäre der größte Fehler, den sie je beging. Tödlich. So lag sie reglos, ich lag genauso, wie gelähmt durch ihre Stille, ihre Weigerung, sich zu rühren. Denn ich wußte, es war Weigerung; es war nicht Unfähigkeit. Sie hatte die Kraft, sich zu bewegen, nicht verloren. Und ihr Bewußtsein war schärfer als Stahl. So scharf, daß sie mein eigenes Bewußtsein durchschnitt. Sie stießen klirrend zusammen und schnitten sich gegenseitig. Sanken ineinander. Erkannten sich. Und so kam es. Ich las ihre Gedanken, ich wußte alles über ihre Stimmung, in diesem Sekundenbruchteil weckte mich das Geräusch ihres Bewußtseins aus meiner Bewußtlosigkeit; ihr Bewußtsein, das meines zehnmal so scharf machte. Meine Stimmung. Ihre Stimmung. Klirr. Wie verspritztes Blut. Mein Bewußtsein. Ihr Bewußtsein. Zerrend und klirrend, wissend, listig, verschlagen ...

Und wo wird das alles enden? Im Tod? In Trennung? Ich kann nichts dafür. Sie kann nichts dafür. Es überkommt uns wie ein Nebel. Es senkt Mordlust in mein Herz, Wut in meinen Kopf, diesen frühmorgendlichen Zorn. Zeit zum Aufschließen. Die Aufseherinnen sind da, öffnen jede Tür. Ich warte. Gespannt. Wie eine Katze bereit zum Sprung, aber ich springe nicht. Lautlos, das Getöse nutzend, um das Abstreifen der Laken von meinem Körper zu übertönen, gleite ich auf den Boden. Dann rührt sie sich. Wütend, rasend. Denn wer hat den Krieg gewonnen? Ich eigentlich nicht. Ich spüre immer noch Wut in meiner Seele. Aber wenn sie wütend ist, sehe ich keinen Grund, auch wütend zu sein. Denn verlieren sollte nur eine. Nicht beide. Das ist das Spiel.

Streit, Bestrafung und Trennung waren unvermeidlich. Am folgenden Tag, allein in ihrer Zelle, weinte June zum erstenmal seit Wochen. So wie das Leben mit ihrer Zwillingsschwester unerträglich war, so erfüllte sie das Leben ohne sie mit einem entsetzlichen Verlustempfinden. Sie litt so oder so. Allein in der Zelle, auf Jennifers Klopfen an der Tür wartend oder auf die zwei vertrauten Augen, die durch den Beobachtungsschlitz spähten, mußte sie physische Einsamkeit erdulden: Wenn sie mit Jennifer zusammen war, war es anders – die tiefere Einsamkeit zweier Menschen, zusammengesperrt, doch außerstande Kontakt herzustellen.

An diesem Morgen bekam June ihre Periode. In ihrer augenblicklichen Stimmung mußte Jennifer dafür geradestehen. »Es ist J., die mich mit diesem Fluch belegt, dem Fluch des roten, strömenden Flusses«, klagte sie. »Es war, als sei in den Flüssen mein eigenes Kind wie tintige Färbung.« June und Jennifer glaubten beide, daß eine jede die Kinder der anderen stehlen würde. Babys waren zu einer Besessenheit geworden, die ihr Bedürfnis nach Anerkennung symbolisierte. »Denn ich will nicht vierzig werden, ohne Kinder zu haben. Ich will nicht aus dieser Welt scheiden ohne Menschen, die sich meiner erinnern als jemand, der in ihrem Leben etwas bedeutete.«

Sie klopfte an Jennifers Tür. Jennifer klopfte zurück, aber das verstärkte nur die Widersprüchlichkeit von Junes Empfindungen.

Auch sie wird mich vermissen. Nein. So sehr hassen wir uns nicht; denn wenn ich stürbe, würde sie vermutlich zusammenbrechen und auch sterben. Soll ich ihr Gesicht in Stücke reißen, wenn wir wieder zusammenkommen? Oder soll ich ruhig bleiben, meine Lage akzeptieren, hineingestoßen in diese kalte, bittere Zelle. Heute nacht habe ich von einem Spiegel geträumt, und in dem Spiegel war J. Ich sah hinein, wie ein Spion hineinsehen würde, und ich konnte J. sehen. Ein Spiegel bedeutet Krankheit oder Verlust, ja, J. ist von mir gegangen.

Jennifer nebenan war ebenso verzweifelt.

Was June wohl jetzt macht? Wer ist wirklich verrückt, J. oder ich? Ist J. von einem Dämon besessen? Oder ich? Es muß einen Geist geben, der mir keine Ruhe läßt. Mein ganzes Leben ist er bei mir gewesen. Ich nenne ihn das Untier. Ich denke jetzt, ich wäre J. gern für immer los. Sie ist bloß ein Haufen Elend. Weil sie nicht imstande ist, mit meinen Überzeugungen übereinzustimmen, kann ich mir selbst nicht helfen. Sie hält mich für so reserviert, sie merkt nicht, daß ich unter meinem Äußeren auch ein Herz habe. Ich fühle mich so verlassen. Immer scheine ich zu verlieren. June hat alle Kämpfe gewonnen. Ich leide immer unter dem Wissen, daß ich verloren habe. Obwohl sie hinausgezerrt wurde, fühlte ich, daß sie gewonnen hatte. Ich spreche nicht von materiellen Dingen, sondern vom Verstand. Ihre Gedanken, ihre Worte, ihre gemeinen, schönen Worte machen sie zur Siegerin. Ich vergesse die Worte nicht. Sie verfolgen mich. Ihre Kritik verfolgt mich. Ihre Vergangenheit verfolgt mich. Sie ist der Geist, und ich bin die sterbliche Seele, die Seele, die eines Tages sterben muß. Mir ist, als hätte ich J. soeben in ihr Grab gelegt. Ich habe sie hineingeworfen, so daß sie nie mehr heraufkommt, aber ihre Worte werden immer einen Weg finden, um zurückzukommen und mich zu verfolgen. June ist eine zu mächtige Kraft ...

Langsam verging der April, und die Folge von Kämpfen, Trennung und Wiedervereinigung der Zwillinge hielt an, wenn auch mit nachlassender Heftigkeit. June machte keinen weiteren Versuch, ihren Willen durchzusetzen, und die Aufmerksamkeit der Mädchen galt den fortwährenden Aufschüben ihrer Gerichtsverhandlung. Anfangs wurde sie aufgeschoben, weil die Anklage den Prozeß noch nicht fertig vorbereitet hatte. Aber jetzt verzögerte die Verteidigung die Verhandlung.

Die Anwälte Wynn Rees und Michael Jones wußten, daß die Anklage über starke Beweise verfügte, darunter Junes Tagebuch, in dem sie von den Freuden der Brandstiftung schwärmte, so daß es für die Zwillinge keine Aussicht gab, freigesprochen zu werden. Aber das Tagebuch wirkte dermaßen bizarr, daß die Anwälte glaubten, es bestünde die Chance für die Zwillinge, in eine psychiatrische Klinik eingewiesen zu werden. Eine Klinik war dem Gefängnis doch gewiß vorzuziehen?

Michael Jones machte einen Psychiater ausfindig, Dr. William Spry, der sich auf die Behandlung jugendlicher Straftäter spezialisiert hatte, und arrangierte, daß dieser die Zwillinge sowohl im Polizeigefängnis als auch später in Pucklechurch besuchte.

»Miss Gibbons, Sie wissen, daß ich auf Veranlassung Ihres Anwalts hier bin, um mit Ihnen über Ihren Fall zu sprechen. Mr. Jones meinte, ich könnte vielleicht zum Verständnis einiger Ihrer Probleme beitragen.«

June saß allein vor ihm, mit gesenktem Kopf. Dr. Spry war Anfang fünfzig, freundlich, mit grauem Spitzbart und lockigem braunem Haarkranz. Er hatte die Gewohnheit, beim Sprechen langsam zu blinzeln wie ein Nachttier. Durch seine einleitenden Bemerkungen löste er irgendwie Junes Widerstand aus.

»Also, June, die Polizei hat einiges Material in Ihrem Zimmer gefunden. Sie haben zur Zeit Ihrer angeblichen Verbrechen Tagebuch geführt. Sagen Sie, haben Sie und Ihre Schwester immer Tagebuch geführt? Die Oberaufseherin hat mir erzählt, daß Sie die meiste Zeit hier mit Schreiben verbringen.« Er erhielt keine Antwort. »Sie haben sich da in ziemliche Schwierigkeiten gebracht, und wir meinen, ein Aufenthalt in einer Spezialklinik könnte Ihnen und Ihrer Schwester helfen, mit sich ins Reine zu kommen. Dr. Hamilton und ich bemühen uns, eine für Sie passende zu finden.«

Er erhielt immer noch keine Antwort. Dr. Spry blätterte in einem Ordner mit Kopien der Tagebücher, die die Polizei gefunden hatte. »Hmmm. Sie schreiben hier, Sie trugen immer ein Messer bei sich? Wozu diente das?«

»Hält der mich für blöd?« dachte June. »Natürlich weiß ich, daß es ein männliches Sexsymbol ist. Meine Tagebücher erregen ihn, das sehe ich.« Sie murmelte das Wort »Schutz«.

»Falls ein Mann oder Junge Ihnen auflauerte, wollten Sie es benutzen, um sich zu schützen?«

»Wozu denn sonst?« dachte June, antwortete ihm aber nicht. »Der hat doch sicher nicht geglaubt, ich würde es benutzen, um ihn zu zwingen, Sex mit mir zu machen?«

»Ist es nicht etwas ungewöhnlich, wenn ein Mädchen wie Sie so etwas bei sich trägt?« beharrte Dr. Spry.

Immer noch keine Antwort. June fand es allmählich amüsant. »Es war nur ein kleines Taschenmesser«, erinnerte sie sich, »nicht mal scharf. Es steckte in meinem Gummistiefel. Ich hätte nicht gewußt, wie man es benutzt, wenn ich es versucht hätte.«

Im Laufe der Befragung wuchs der unausgesprochene Konflikt an – zumindest in Junes Kopf. Dann sagte Dr. Spry: »Sie schreiben hier etwas von Vergewaltigung. Sagen Sie mal, haben Sie Gefallen am ...?«

June war außer sich. »Ich bin sicher, der hat ›ficken‹ gesagt. Warum nicht ›Liebesspiel‹ oder ›Koitus‹ oder ›Verkehr‹. Aber bloß nicht ›ficken‹. Das klingt so schlüpfrig, wie stinkender Sumpf, wie blubbernder Haferschleim. Klar, ich sage ›fick dich ins Knie‹, aber ›haben Sie Gefallen am Ficken‹, ist so verdammt obszön. ›Ficken‹, das dauert eine lüsterne Sekunde, und schon ist es vorbei. Der Junge ist befriedigt, das Mädchen ganz wund.«

Dr. Spry behauptet, er würde ein solches Wort niemals benutzen, aber was immer er sagte oder was sie glaubte, daß er sagte, verletzte sie. Er fuhr fort, sie nach den Bränden zu fragen.

June triumphierte innerlich. »Aha, endlich kommt er auf den Punkt. Brandstiftung und Sex. Er weiß doch bestimmt, daß wir Brandstifter alle bloß auf sexuelle Erfüllung aus sind? Das weiß doch jeder.«

Nachdem man June weggeführt hatte, war Jennifer an der Reihe. Abgesehen von drei oder vier Befragungen der unkommunikativen Zwillinge, suchte Dr. Spry auch die Schauplätze der Vergehen der Zwillinge auf und traf sich einmal mit den Eltern. Aber seine Hauptquelle war das Tagebuch, das June in den fünf Wochen ihrer Sommerorgie von Sex und Verbrechen geführt hatte. Dieses Tagebuch ist aggressiv und derb, ganz anders als die Tausende von Blättern davor und danach. Spry traf sich weder mit den Lehrerinnen der Zwillinge noch mit dem Psychiater, dem Erziehungspsychologen und dem übrigen Personal von Eastgate, ließ sich jedoch einen Bericht von ihnen kommen. Er erfuhr sehr wenig von der Vorgeschichte der Zwillinge und hielt ihren literarischen Ehrgeiz und ihr intensives Selbstbildungsprogramm für unwesentlich. Er erfuhr kaum etwas von den Kennedy-Jungen und ahnte nicht, in welchem Maße sie die Zwillinge zu Klebstoff, Alkohol, Rauschgift und Sex verführt und ihnen womöglich auch die Idee von Brandstiftung in den Kopf gesetzt hatten. Aber er erkannte den ungeheuren Haß zwischen ihnen. In einer späteren Befragung begann eine von den Zwillingen zu sprechen. Die andere ging sofort auf sie los, und sie kämpften wie Tigerinnen und kratzten sich gegenseitig die Gesichter blutig.

Spry hielt die Zwillinge für geisteskrank und behandlungsbedürftig; eine Gefängnisstrafe sei »total unangebracht.« Aber was war nicht in Ordnung mit ihnen? Er befand, sie könnten als Psychopathen klassifiziert werden. »Psychopathische Störung« ist definiert als »dauerhafte geistige Störung oder Behinderung, die zu abnorm aggressivem oder ernsthaft verantwortungslosem Verhalten führt.« Spry hat vielleicht übersehen, daß die Kriminalität der Zwillinge erst einsetzte, als die amerikanischen Jungen sie verließen, und kaum als dauerhaft bezeichnet werden konnte, und daß sie nicht als aggressiv bekannt waren, außer wenn sie in der Hitze ihrer Rivalität aufeinander losgingen. Er klassifizierte die »Bumspartien«, von denen June in ihrem Tagebuch berichtete, als überaus aggressive Akte gegen Jungen ihres Alters, obwohl die Jungen nicht gerade die unschuldigen Opfer waren. Spry beschrieb die Schweigsamkeit der Zwillinge als »aggressiven Mutismus.« Aber die Argumente waren dürftig und sind kaum mehr als ein Beweis für die unzureichende Definition eines Psychopathen.

Die Anwälte beschlossen, ihre Verteidigung auf Dr. Sprys Bericht aufzubauen. Wenn die Zwillinge mit der Begründung, sie seien Psychopathen, dem Gefängnis entgehen wollten, mußte man eine Klinik mit einem Sicherheitstrakt finden, die sie zur Behandlung aufnahm. Spry war außerstande, eine solche Klinik zu finden. Es gab zwei Probleme. Erstens konnten die Zwillinge nach den Regeln des Gesundheitsministeriums nur in die psychiatrischen Kliniken im Einzugsgebiet ihres Wohnorts eingewiesen werden, und von denen war keine geeignet; zweitens war keiner Klinik daran gelegen, zwei mutistische, psychopathische Brandstifterinnen aufzunehmen.

Schließlich wandte sich Dr. Spry an Dr. John Hamilton, den psychiatrischen Berater am Broadmoor-Krankenhaus. Broadmoor und andere Spezialkliniken können Patienten aus allen Landesteilen aufnehmen. Hamilton war bestrebt, einen guten Ruf für die wirksame Behandlung seiner gefährlichen Patienten zu erlangen, und Broadmoor nicht einfach als einen sicheren Ort gelten zu lassen, wo sie eingesperrt und vergessen wurden. In seinen acht Jahren als Berater hatte er eine Abteilung für junge Männer mit Persönlichkeitsstörungen eingerichtet. Hamilton war nach Sprys Beschreibung an den Zwillingen interessiert und besuchte sie in Pucklechurch. Er hatte keine Abteilung für junge Mädchen, aber Broadmoor beschäftigte eine Kommunikationstherapeutin, die es nach Hamiltons Meinung schaffen könnte, die schweigsamen Zwillinge zum Sprechen zu bringen. Broadmoor war nicht ideal, aber es schien die einzige Möglichkeit, für die Zwillinge eine Behandlung statt einer Gefängnisstrafe zu erreichen. Die Anwälte entschieden sich dafür und kamen überein, daß entweder Dr. Spry oder Dr. Hamilton als psychiatrischer Experte in der Verhandlung der Zwillinge aussagen sollte.

Während diese Vereinbarungen getroffen wurden, wurden die Zwillinge ungeduldig. Sie schrieben Briefe, in denen sie neue Anwälte, die sofortige Gerichtsverhandlung und Erlösung von der Ungewißheit verlangten. Drei- oder viermal wurde die Verhandlung verschoben. Die Zwillinge bereiteten sich weiterhin auf ihren Auftritt vor Gericht vor, indem sie abmagerten, um ihr Aussehen zu verbessern, aber die Aufschübe waren entmutigend.

Ständiges Sehnen nach einem anderen Gesicht; denn ich bin nie glücklich damit. Meine Augen scheinen wie kleine Löcher; wenn ich lächle oder grinse, wird mein Gesicht bloß größer. Nur wenn ich die Wangen einziehe, bin ich vorübergehend zufrieden. Aber ich kann nicht mein Leben lang mit eingezogenen Wangen herumlaufen. Ich hätte so gern diesen Greta-Garbo-Look, diese hohlwangige, knabenhafte Erscheinung.

Der Druck des Wartens und der dauernden Aufschübe begann sich auf die Mädchen auszuwirken. Beide litten unter Alpträumen, oft unter demselben Alptraum, ein besonders erschreckendes Erlebnis, das sie das »Untier« nannten. Es war eine Empfindung, die sie überkam, wenn sie dösten oder gerade aufgewacht oder kurz vorm Einschlafen waren. Am 29. April verzeichnen beide ein solches Erlebnis. Es war kurz nach dem Essen, Jennifer hatte gegessen und sich Nieren, Kohl und zwei Portionen Pudding mit Vanillesoße einverleibt. June hatte ihr Hauptgericht gegessen, aber ihren Nachtisch Jennifer überlassen. Ausnahmsweise schien Harmonie zu walten. Beide Mädchen legten sich auf ihre Betten und schliefen ein.

June wachte nach einer Stunde auf. Sie fühlte sich von einem großen, schwer atmenden Gewicht bedrängt, als habe sich ein dicker Mann auf sie gelegt und ersticke sie in den Falten seines Fleisches. Sie lag verängstigt und steif, unfähig, sich gegen die Hände zu wehren, die sich auf ihren Hals zuschoben. Früher hatte das Untier wie spielerisch ihren Bauch gekitzelt. Sie kam sich vor wie ein winziges Baby, das erstickt wurde, zu schwach, sich gegen die Erscheinung zu wehren. Beide Mädchen verglichen die Empfindungen mit dem, was ein Baby vor Eintritt des plötzlichen Kindstodes fühlen mußte. June hörte Jennifer in der

Koje über ihr stöhnen. Auch sie lag gelähmt unter dem unbekannten Gewicht, aber das wußte June nicht. »Wenn ich mich nicht wehre, werde ich sterben«, schrieb June. »Wird es mich jemals in Ruhe lassen? Wenn ich sterbe, sterbe ich vielleicht im Schlaf, doch nur du und ich werden die Wahrheit wissen; das Ungeheuer hat gesiegt.«

Die Zwillinge konnten sich ihren Alptraum nicht erklären, den sie zum erstenmal vor zwei Jahren gehabt hatten. Er mag einfach eine Ausweitung ihrer Streitigkeiten gewesen sein, oder vielleicht eine unterbewußte Erinnerung an ein Kindheitstrauma. Hatte jemand, ein eifersüchtiges Geschwister, den kleinen Zwillingen ein Kissen auf die Gesichter gedrückt? Oder hatte Junes und Jennifers Rivalität schon in Glorias Leib begonnen, weil nicht genug Platz zum Wachsen und Gedeihen für beide war? Die Stellung, in der sie geboren wurden – June mit dem Kopf, Jennifer mit dem Steiß voran, könnte bedeutet haben, daß June von ihrer Schwester buchstäblich der Kopf zurechtgerückt wurde. Sie hatten sich schon vor der Geburt gegenseitig verdrängt. Das Untier war der andere Zwilling.

Die lange Wartezeit wurde durch einen weiteren Besuch Dr. Sprys erleichtert. Er kam mit Dr. Hamilton, der den Zwillingen eröffnete, daß Broadmoor bereit sei, sie aufzunehmen. Er beschrieb die dörfliche Atmosphäre dort, die verhältnismäßige Freiheit (vorausgesetzt, sie betrugen sich gut), die Therapeutin und die Schwestern, die ihnen helfen würden, ihren Problemen auf die Spur zu kommen, den Friseursalon, den Garten, die Sporteinrichtungen. In den nächsten Wochen webten die Mädchen Hirngespinste um diese wunderbare Klinik, dieses Utopia, wo sie schwelgen und ihre Schwierigkeiten lösen könnten.

Von da an warteten sie jeden Tag auf den Ruf zum Direktor, der ihnen den Zeitpunkt ihrer Verhandlung mitteilte. Die Verhandlung und die Klinik, in die sie danach geschickt würden, wurden ihre einzige Hoffnung. »Wenn ich in die Klinik gehe«, schrieb June, »werde ich nicht leiden. Ich werde bei anderen Menschen sitzen und die Sonne genießen. Ich werde beweglich und umgänglich und *gesprächig* sein. Wenn ich mal einen Tag still bin, dann aufgrund meiner Stimmung; nicht, weil ich langsam verkomme.«

Der Ruf kam Anfang Mai, als sie zur Oberaufseherin bestellt wurden. »June, Jennifer, leider bekamen wir soeben Nachricht von eurem Anwalt, daß Dr. Spry morgen für mehrere Wochen das Land verlassen muß. Eure Verhandlung muß leider verschoben werden.«

»Ich kann mir nicht vorstellen, den ganzen Sommer in Pucklechurch zu sein«, grübelte die verzweifelte June. »Daß mein Leben einfach vergeht mit Essen, Altern mit J.; keine Besucher, kein Kontakt mit der Außenwelt, keine Verhandlung. Bloß dicker und älter und in sich gekehrter werden.« Und Jennifer vertraute ihrem Tagebuch an:

Ich muß dir das einfach erzählen. Ich bin gerade neunzehn und fühle schon die Enttäuschung einer Frau, die alt wird und unglücklich ist, voll Kummer und Schmerz. Liebe Freundin, mein Herz ist verzagt. Ich grüble und erinnere mich und bereue. Mein Zellenfenster beobachtet mich. Meine Zellentür, ach, die glotzt und geht nie ohne Schlüssel auf. Vier weiße Wände, und darin ich. Bete für mich ... Mein Name ist Jenny, und ich lerne mich allmählich kennen. Denk an mich, *Jenny*.

Dann, als die Zwillinge sich ihrem Tiefpunkt näherten, kam eine Beamtin mit einem Brief ihres Anwalts. Die Verhandlung werde in einer Woche sein, am 14. Mai 1982, vorausgesetzt, die Unterbringung in einer Klinik sei bestätigt. Junes Aufregung über den näherrückenden Tag verwandelte sie und glättete die Spannungen mit Jennifer.

Es ist alles Gottes Werk. Er hat meine Probleme halbiert; so bleibt mir nur noch die Hälfte meiner Last. Meine Sorgen, meine Ungeduld, meine Angst haben für eine Weile nachgelassen. Ich zähle die Tage, die Stunden, die Minuten: Ich warte auf Donnerstag. Dann, am Freitag, ist der Morgen da. Ich muß nur noch bis nächste Woche durchhalten.

Gemeinsam planten die Schwestern, wie sie aussehen würden: sie füllten Anforderungsformulare für ihre geblümten Röcke und schwarzen Jacken aus. June begann eine verzweifelte letzte Diät. Sie machten Leibesübungen in der Zelle: Zehen berühren, auf der Stelle laufen.

Am 13. Mai, dem Vorabend des großen Tages, wurden beide Mädchen zur Oberaufseherin gerufen. Sie eröffnete ihnen, daß ihre Verhandlung aufgrund eines fehlenden zweiten psychiatrischen Gutachtens abermals verschoben worden sei. Wieder in ihrer Zelle, riß June die wenigen verspäteten Goldlackblüten herunter, die über der Tür hingen, und warf sie aus dem Fenster. Sie schrieb ihrem Anwalt, bezichtigte den Richter des Rassenvorurteils; er habe ihren Fall nur verschoben, weil sie »schwarz und doof« seien. Die Zwillinge sannen auf Rache.

Es war Montagabend, sechs Uhr. Der Tag war voller Spannungen gewesen. Die Mädchen hatten kaum miteinander gesprochen. Sie gingen ihren Tee holen und bewahrten etwas Butter auf, die sie in ihren Strümpfen versteckten. Wieder in ihrer Zelle, nahm June das Deckblatt von einem Zeichenblock und brachte es vor dem Beobachtungsschlitz in der Tür an, während Jennifer sich hinkniete und Butter auf die Schrauben strich, mit denen ihre Stockbetten an der Wand befestigt waren, in der Hoffnung, sie lockern zu können. Leise zogen sie ihre Betten ab und stopften ihre Nachthemden und Schreibhefte in die Kissenbezüge. June hängte eine von den neuen grünen Tagesdecken vor den unteren Teil des Fensters. Sie warteten, daß die Abendaufsicht ihren Dienst antrat, die Zellentüren aufgeschlossen und die Insassinnen zum Beisammensein gerufen würden.

Nicht lange danach hörten sie die bekannten Schritte der Aufseherinnen und das Klappern der Schlüssel. »Die zwei kommen mit«, hörten sie Miss Neal rufen. Das war ihr Signal. Es war ihnen verhaßt, von allen Aufseherinnen »die zwei« genannt zu werden, und keine von beiden hatte die Absicht, am Beisammensein teilzunehmen. Jetzt wollten sie den Aufseherinnen, dem Richter, den Ärzten, die sie vermeintlich vernachlässigten, und ihren Anwälten zeigen, was sie fühlten. Ausnahmsweise sollte ihr Aufstand mit Aktion verbunden sein.

Als sich die Schlüssel im Schloß drehten, hievten die Mädchen die Matratze aus der oberen Koje und benutzten sie als Barrikade. June stemmte sich dagegen, während Jennifer sich mit dem Rücken an die Tür lehnte, das Bein gegen das Pult gestützt.

»Eins, zwei, drei«, sagte Miss Neal und stieß mit zwei weiteren Aufseherinnen gegen die Tür. Sie gab etwas nach, aber die Zwillinge hatten die Matratze festgeklemmt, und es gelang ihnen, sie festzuhalten. Die Tür wurde wieder abgeschlossen und Hilfe herbeigerufen. June und Jennifer hörten Stimmen draußen im Garten. Jennifer zog eilends ihre Matratze aus der unteren Koje und stellte sie vors Fenster, während June an der Tür die Stellung hielt.

»Kommt schon, Mädchen«, rief eine Männerstimme vor der Tür. »Macht keine Dummheiten. Wir können die Tür in wenigen Minuten aufbrechen, und ihr tut euch weh.«

»Es ist nur eine Matratze«, hörten sie eine andere Stimme vor ihrem Fenster. Darauf folgte Gelächter. »Das sind bloß kleine Würmchen, aber sie halten sich für stark!«

Doch die Zwillinge lebten bei ihrem Tun richtig auf. Sie wußten, daß sie so gut wie keine Chance hatten, aber sie ließen sich von ihren Gegnern nicht beeindrucken. Die Tür wurde wieder aufgeschlossen, und diesmal wurde ein Stück Holz, das aussah wie ein Besenstil, hindurchgeschoben, um sie aufzustemmen. »Wir sind an solche Sachen gewöhnt«, warnte die Männerstimme. »Ein Junge hat das mal versucht, und es endete damit, daß sein Kopf zwischen dem Bett und der Matratze eingezwängt war. Wenn ihr sie nicht wegnehmt, müssen wir ein Stemmeisen holen.«

Es folgte eine kurze Pause, bis der Wärter mit einem Stemmeisen zurückkam. June und Jennifer sahen erschrocken, wie sich die Tür aus den Angeln löste. Sie zogen ihre Jacken an und schnappten ihre Kissenbezüge. Gerade rechtzeitig. Triumphierend trat Miss Neal ein. Sie war begeistert, wie sie die Situation gemeistert hatte.

»Fein! Dich hätten wir.« Sie packte June und zerrte sie aus der Zelle. Die Nachtaufsicht griff nach ihrem Kissenbezug. June wehrte sich.

Zum erstenmal in ihrem sechsmonatigen Aufenthalt schilderten die Mädchen, wie sie körperlicher Schikane unterworfen wurden. Bis dahin hatten die Beamtinnen in Block A und die Schwestern der Krankenabteilung die

Zwillinge gut behandelt. Einige hatten ausgesprochene Güte und Sympathie bewiesen, was von den Mädchen zwar registriert, aber niemals nach außen hin bestätigt wurde. Indem June und Jennifer ihre Proteste aufeinander beschränkten, hatten sie wenig Strafen erhalten – eine Geldstrafe von fünfzig Pence, einem oder auch zwei Pfund – gerade genug, um ihnen ein paar Tafeln Schokolade oder einige Packungen Nüsse aus der Kantine zu entziehen. Schlimmstenfalls wurden sie für längere Zeit in ihre Zelle gesperrt, was bedeutete, daß ihnen das »Privileg« entzogen wurde, mit den anderen im Speisesaal zu essen oder sich ihnen beim Spaziergang oder Beisammensein anzuschließen.

Wenn sie sich gegenseitig bei ihren Streitereien verletzt hatten, wurden sie eine Zeitlang getrennt, was meistens von den Zwillingen beabsichtigt war. Wenn sie irgendwelche Klagen hatten, konnten sie um einen Termin bei der Oberaufseherin bitten, die sie anhörte – oder anzuhören versuchte. Wie die meisten Angestellten konnte sie selten ergründen, was die Zwillinge sagten, und oft mißverstand sie ihre Bitten.

Aber eine Barrikade aufstellen, das war etwas anderes. Das war eine feindselige Handlung gegen die Aufseherinnen und die Vorschriften, ein ernsthafter Angriff, der nach § 20 der Gefängnisregeln bestraft werden mußte. June wurde unsanft den Flur entlang gestoßen und in den »Kerker« in einem Anbau von Block A gebracht. »Es war wie eine Vergewaltigung«, phantasierte sie. »Vergewaltigt von einem Rudel wilder Lesbierinnen.« In einem Vorraum wurde sie ausgezogen, sogar BH und Unterhose wurden ihr genommen, und man zog ihr ein Stück Stoff, das wie braunes Sackleinen aussah, über den Kopf. Sie war wütend und verlegen. Spange und Gummiband wurden ihr aus den Haaren gerissen. »Das hatte etwas Sexuelles. Fast habe ich die ganze Prozedur genossen. Ich war hilflos und doch wehrhaft.« Eine Aufseherin packte sie an den Handgelenken und versuchte ihr den silbernen Armreifen abzunehmen. Ihr Griff war schmerzhaft, und sie ließ nicht los, bis June sicher in der Strafzelle war.

June sah sich um. Fußboden und Wände waren aus Beton. Ein Fenster gab es nicht, nur ein trübes Oberlicht an der Decke. Es gab keine Möbel, bis auf eine am Boden befestigte Holzbank, daneben eine an die Wand geschraubte Tischplatte. Eine Betonplattform in Form einer Matratze war mit einem Lattenrost bedeckt. Zwei zusammengefaltete marineblaue Decken lagen auf dem »Bett«, das eine beklemmende Ähnlichkeit mit den walisischen Grabmälern auf dem St.-Mary-Friedhof in Haverfordwest aufwies, die sie und Jennifer als Tisch für ihre heimlichen Freßgelage benutzt hatten.

Die Tür wurde aufgeschlossen, und als June aufblickte, sah sie sich von drei auf der Schwelle stehenden Aufseherinnen angestarrt. Man behandelte sie wie ein gefährliches Tier, und das amüsierte sie. Sie war neugierig, welche den Mut haben würde, einzutreten. Zu Junes großer Verwunderung kam Miss Neal herein und stellte eine Plastiktasse mit Tee und einen Plastikteller mit einem altbackenen Plätzchen auf die Tischplatte. »Dein Abendessen, June«, sagte sie, ohne das Mädchen anzusehen. June war überzeugt, daß sie verlegen war.

Die Tür wurde abgeschlossen, dann war es still. Jede Viertelstunde sah eine Aufseherin vorschriftsmäßig durch die Löcher in der Tür oder in der Wand nach ihr. June lag auf der Steinplatte, ohne sich zu rühren, und starrte zu dem Oberlicht hinauf, ein Lächeln auf den Lippen. Das Nachtpersonal verstand das nicht. Normalerweise tobten und rasten die Mädchen, wenn sie in die Strafzelle gesteckt wurden. Sie schrien, hämmerten an die Tür oder drückten unaufhörlich auf den Klingelknopf. Dieser schwarze Zwilling gab keinen Laut von sich und bewegte sich nicht. Die Ironie war schwer zu übersehen, daß hier ein Mädchen eingeschlossen war, dessen Hauptvergehen gegen die Gesellschaft darin bestand, stumm zu sein und sich in eine stille Zelle zurückzuziehen.

June lag da und dachte über ihr bisheriges Leben nach. Die Platte war hart, und sie fürchtete sich bei dem Gedanken, daß in den Holzlatten Ohrwürmer herumkrabbelten. Sie sah sich in der Zelle um und entdeckte ein kleines Loch in der Wand, durch das, wie sie meinte, Ratten kommen könnten. Aber es war warm in der Zelle, und allmählich überkam sie Frieden. Sie war entschlossen, jegliche Nahrung und auch Wasser zu verweigern. Als sie etwas eingedöst war, glaubte sie Jennifers Atem hören zu können. Sie sah sich in der leeren Zelle um. Vielleicht hatten sie keinen anderen Platz und hatten Jennifer hier hereingebracht, während June schlief? Wo war Jennifer jetzt? June sprach ernsthaft mit ihrem Unterbewußtsein und meditierte. Sie kam zu dem Schluß, daß Jennifer auf der Krankenstation war. Der Gedanke, daß Jennifer in ihrer Zelle lag und nicht litt, war allzu beunruhigend. Befand sie sich etwa ebenfalls in Sträflingskleidung in einer Strafzelle? Hatte sie eine Matratze? Hatte auch sie die Nahrung verweigert?

In ihrer stillen Zelle in der Krankenabteilung quälte sich Jennifer ihrerseits mit dem Gedanken, daß ihre Schwester es besser getroffen habe. Sie war ganz zufrieden mit der Sträflingskleidung, es war immerhin ein Kleid, wenn auch nicht besonders schmeichelnd. Sie hatte wenigstens eine Matratze, und ein Fenster, das auf den Garten hinausging. Sie lag auf der grauen Matratze mitten im Zimmer, gegenüber dem Beobachtungsloch. Es gab ein Geräusch, als die Klappe am Fuß der Tür aufging und eine Tasse Tee und ein Stück Kuchen durchgeschoben wurden. Schließlich wickelte sie sich in die einzige Decke und schlief ein. Der Tag war ein Erfolg gewesen.

»Guten Morgen, June. Los, aufwachen.« Eine Tagesaufseherin trat in die Strafzelle. June hatte von ihrer Mutter geträumt. Die Morgensonne fiel in Streifen durch das Oberlicht. Junes Augen waren geblendet von der weißen gestärkten Bluse, die Miss Neal trug. Miss Neal blickte auf den ungegessenen Keks und das unbenutzte Nachtgeschirr. Sie reichte June einen gesteppten, rosa Morgenrock und ein Paar lila Pantoffeln. »Zuknöpfen«, mahnte sie. »Wir wollen doch nicht, daß du den Direktor blendest.«

Der Direktor kam aus der Männerabteilung der Haftanstalt. »Es hat mich regelrecht verletzt, in diesem Zustand von einem widerlichen, heimtückischen Kerl gesehen zu werden«, schrieb June später. Die Aufseherin, die am Vorabend Dienst gehabt hatte, las den Bericht mit der Schilderung der Barrikade vor. Es hörte sich äußerst dramatisch an. June war stolz. Dann kamen die Fragen:

»Warum habt ihr das getan? Deine Schwester sagte, weil ihr nicht wieder am Beisammensein teilnehmen wolltet.«

June wußte, es war weit mehr als das. Es waren die Verzögerungen der Verhandlung, die Frustration und die Unmöglichkeit, mit Jennifer in eine Zelle gesperrt zu sein. Aber es lohnte sich nicht, das alles zu erklären.

»Du mußt begreifen, June, daß es keinen Sinn hat, vor der Gesellschaft davonzulaufen.« Der Direktor ließ seine Rede vom Stapel. »Du kannst nach außen hin stur sein, aber du wirst merken, die Gesellschaft ist immer stärker als du. Sie wird am Ende siegen. Wenn du auf dieser Welt leben willst, mußt du ihre Regeln anerkennen. Du wirst in Block A zurückgebracht und bekommst drei Tage Einzelarrest.«

June war enttäuscht. Ist das alles? dachte sie bei sich. Es hätten doch gewiß eine oder drei Wochen werden müssen. Drei Tage Sicherheit, und dann zurück ins Leben mit Jennifer? Sie wollte sich hinlegen, zurückgezogen in ihre eigene Welt, Essen und Trinken verweigern, um dermaßen entkräftet aus dem Arrest zu kommen, daß man einen Gerichtstermin und ihre Verlegung in die Spezialklinik anordnen müßte.

June suchte Rat in dem Horoskop, das sie in einer Zeitung in der Zelle gefunden hatte, in die sie nun eingesperrt war. Es besagte, sie werde eine Freundin verlieren. »Ich hoffe, das betrifft nicht dich«, vertraute sie ihrem Tagebuch an. »Da steht auch, ich kann mich diesen Monat nicht bei meinem Mann durchsetzen. Ich deute »mein Mann« entweder als meinen Anwalt oder als J., denn es ist, als wären wir verheiratet.«

Immer wieder kamen die Zwillinge auf dieses Thema zurück. Sie sahen sich als das einmalige unglückliche Paar; Jennifer als den schrulligen, reizbaren Ehemann, June als das Opfer, die Ehefrau, und obwohl sie in den meisten anderen Spielen die Rollen tauschten, hier blieben sie beständig.

Wenn ein Ehemann zuviel von seiner Frau weiß, können ihre Fehler, ihre Gedanken ihn verrückt machen. Er bekommt Lust, sie zu töten. Wenn die Frau zuviel von ihrem Mann weiß, wenn sie seine Fehler, seine Gedanken, seine Art kennt, wird sie ihn töten wollen. Manche Menschen leben nur zusammen, weil sie sich hassen. Das macht das Leben aufregend.

Als die drei Tage zu Ende waren, war June verzweifelt und einsam. »Herr, rette mich aus meinem stummen Zustand«, betete sie. Sie hörte sich eine Symphonie im Radio an und dachte an Freiheit und Zuhause.

Mein Vater hat immer diese Musik im Radio gehört. Ich sitze irgendwo und sehe aus dem Fenster; es ist einer von diesen lieblichen, windigen, romantischen Tagen, grünes Gras wogt, Mohnkapseln wiegen sich, Autos fahren leise vorbei, Kinder spielen still. Ich warte, daß meine Mutter aus der Stadt zurückkommt. Ach! Sterben, sich aus dieser Welt schleichen. Ich möchte, daß mir mein Herz herausgerissen wird, Erlösung aus diesem Zwiespalt, Erlösung von dieser Einsamkeit. Ich werde dir bald schreiben, wenn ich diese Nacht überlebe. Deine auf immer treue, aber selbstmörderische Freundin *June Alison G.*

Es war für beide Mädchen eine Erleichterung, wieder zusammen in ihrer Zelle zu sein.

Die Tage zogen sich hin. Die Männer aus der offenen Strafanstalt in der Nähe zogen Narzissen und Goldlack aus den Beeten, um demnächst Geranien zu setzen. Die Anwälte Michael Jones und Anthony Evans eröffneten den Mädchen endlich, daß ein endgültiger Termin für ihr Erscheinen bei Gericht festgesetzt worden sei. Sie erklärten ihnen, wenn sie sich schuldig bekennen würden, würde ihnen kein Prozeß gemacht, und der Richter würde sie wahrscheinlich in die Spezialklinik schicken. Aber die Unterhaltung war nicht sehr fruchtbar. »J. und ich hatten die Kraft zu sprechen verloren. Wir beantworteten ihre Fragen, indem wir nickten und unsere dummen Köpfe schüttelten. Wir sind ihnen auf die Nerven gegangen.«

Sie träumten von der Klinik, von der man ihnen erzählt hatte. »Ich hoffe, es gibt dort eine Turnhalle und ein Schwimmbad. Bestimmt haben sie eine Disko. Ich werde jeden Abend hingehen. Es wird wie das Leben in einem

Hotel. Wir werden in kleinen Gruppen essen, wie eine richtige Familie«, dachte Jennifer.

Sie träumten von 27. Mai, dem großen Tag. Sie würden nun doch im Mai ihre geblümten Röcke tragen.

IX. Blindes Urteil

> Es wird ein Leben unter Menschen sein; eine geheime Untergrundgesellschaft, vor der ich mich weder fürchten noch verstecken werde. Denn diese Menschen werden meine Freunde sein.
>
> *June Gibbons*

»Eine Leid, zweie Freud.« Allein in einer Zelle beobachtete Jennifer aus dem Fenster eine einzelne im Gras pickende Elster. »Verdammt, bald ist Sommer, und ich kann keine zweite entdecken.« Auch ihre Träume der vergangenen Nacht hatten für den großen Tag Unglück verheißen: Friedhöfe, Särge, eine schwarze Hand, die ihr nachstellte. »Das alles kann nur eins bedeuten«, dachte sie. »Die Gerichtsverhandlung wird verschoben.« Sie zog ihr Bett ab, behielt ihr Nachthemd an, wie man es sie geheißen hatte, und setzte sich hin, um ihre neueste Bibelbroschüre zu lesen, »Unser täglich Brot«. Die Morgenschelle ertönte.

Es war 7.30 Uhr. Um acht Uhr sollten sie von Pucklechurch aufbrechen. Sie hörte den Frühstückswagen vor der Tür halten. Eine Aufseherin brachte ihr Hafergrütze und ein Butterbrot. »Ich muß heute was im Magen haben«, dachte sie. »Das Opfer heißt Brot.« Nach mehr als zwei Stunden wartete sie immer noch. Jetzt war sie überzeugt, daß dies wieder nicht der große Tag war.

Dann rasselten Schlüssel im Schloß. »Mach schnell«, sagte Miss Humble, »du sollst sofort zum Empfang kommen.« Jennifers Aufregung und Erleichterung sollten sich bald in Wut verwandeln. Auf einem Tisch im Empfangsraum sah sie die Kleider ausgebreitet, die sie zur Verhandlung anziehen sollte, ihren gestreiften Rollkragenpulli, ihre türkisfarbene Strickjacke und eine rehbraune Cordhose. Sie sah entsetzt auf die Sachen. Wo war der geblümte Rock, den ihre Mutter geschickt hatte und den tragen zu dürfen sie gebeten hatte?

»Jetzt ist es zu spät«, sagte Miss Humble, die ihre Gesten

richtig deutete. »Wir haben's eilig. Ich weiß nicht, wie das passiert ist, aber wir haben keine Zeit mehr, ihn zu holen.« Sie öffnete Jennifers Kissenbezug, der vollgestopft war mit Schreibheften und Zeitungsausschnitten. Sie überprüfte hastig eine Liste in ihrer Hand. »So ein Durcheinander!« rief sie aus. Sie nahm die Zeitungsausschnitte und mehrere Schreibhefte heraus, in denen Jennifer ihre Erinnerungen und etliche Gedichte aufgeschrieben hatte. »Das steht nicht auf deiner Liste.« Sie warf die Sachen in den Abfalleimer, bevor Jennifer protestieren konnte, brachte sie in die Kabine und händigte ihr Pullover und Hose aus.

Als Jennifer herauskam, sah sie June kommen. Sie waren die letzten Tage getrennt gewesen, aber davon waren ihre Gedanken an ihre Schwester nicht freundlicher geworden. Sie bemerkte Junes Brüste, die aus dem offenen Morgenrock hervorlugten. In ihren schwesterlichen Augen wirkten sie peinlich schlaff. June starrte ihrerseits verächtlich auf Jennifers Hose und sah dann mit Entsetzen auf dem Tisch neben ihrem rosa Pullover genau dieselbe rehbraune Cordhose liegen. »Wir werden Pucklechurch nun doch nicht in großem Stil verlassen«, dachte June betrübt. »Kein Rock, keine Kniestrümpfe am großen Tag.«

Die beiden Mädchen betrachteten sich unglücklich im Glas der Kabinentür. Jennifers Enttäuschung wegen des Rocks wurde vorübergehend durch einen täuschenden Lichteffekt gemildert, der ihr Gesicht schmaler wirken ließ als das ihrer Schwester. Sie hatte wenigstens die Kraft besessen, die letzten drei Tage Diät zu halten (mit Ausnahme der Scheibe Brot am Morgen). June, die schwache, hatte zweifellos aufgegeben. June sah Jennifers Spiegelbild und machte ihr flüsternd ein Kompliment, weil sie so gut aussah.

Die beiden Mädchen sahen zu, wie Miss Humble Junes Kissenbezug ausleerte und ihre sämtlichen Zeitungen und Schreibhefte ebenfalls in den Abfalleimer warf. Nichts lief nach Plan. Sie hatten gehofft, nebeneinander in dem Kleinbus zu sitzen, mit dem sie zum Strafgericht in Swansea fahren sollten. June mußte sich mit Miss Roberts nach hinten setzen, Jennifer mit der neuen Aufseherin, der sie den Spitznamen »Dachsauge« gegeben hatten, nach vorn. Mrs. Simmonds setzte sich neben den Fahrer.

Die sechs schwiegen, als der Bus die Severnbrücke überquerte. Sie kamen nach Wales und gelangten über die Autobahn nach Swansea. Der Bus fuhr vor einer Rasenfläche vor, über die Männer mit Aktentaschen zum Gerichtsgebäude eilten. Gegenüber war ein Spielplatz, wo etliche junge Mütter saßen und ihre Kinder beim Spielen beobachteten. Es war ein sonniger Maimorgen. Das machte June noch zorniger, weil sie an diesem historischen Sommertag, *ihrem* Tag, nicht in eleganter Aufmachung an den wartenden Polizisten vorbeigehen konnten. Sie stellte sich den Richter vor, ihre Eltern, die Zeugen, die Leute, deren Sachen sie gestohlen und deren Gebäude sie verwüstet oder angezündet hatten – und wie alle sie anstarrten.

Der Bus fuhr in einen Hof hinter dem Hauptgebäude. Sie wurden durch den Hintereingang gebracht und nicht, wie sie geträumt hatten, an Reihen wartender Presseleute und Fotografen vorbeigeführt. Der Fahrer stieg aus, drückte auf eine Klingel, und die Aufseherinnen schoben die Zwillinge in einen düsteren Flur im Kellergeschoß des Gerichtsgebäudes. Man schloß sie in nebeneinanderliegende Zellen ein, jede von ihrer Begleiterin bewacht. Sie wurden zum Mittagessen in einen Raum geführt, und ausnahmsweise gestattete sich jede den Luxus einer kompletten Mahlzeit. Dann wurden sie wieder in separate Zellen geschlossen. Die Zellen ähnelten sehr den Polizeizellen, in denen sie gewesen waren, als man sie erwischt hatte: keine Möbel, ein winziges vergittertes Fenster hoch oben in der Mauer.

Die Zwillingsschwestern warteten, und jede klopfte von Zeit zu Zeit an die Wand der anderen. Mrs. Roberts bot June eine Zigarette an. Die Spannung wich, als Dr. John Hamilton hereinkam, der Berater aus Broadmoor, der die Zwillinge nach Dr. Spry in der Untersuchungshaft besucht hatte. John Hamilton, Ende dreißig, klein und bärtig, war für June keine bedrohliche Gestalt. Seine schmächtige Statur und der schleppende schottische Akzent machten ihn ihr sympathisch.

»Na, wie geht's?« fragte er leise. June nickte.

»Du weißt ja, du mußt dich in allen Anklagepunkten schuldig bekennen.« Als sie nicht antwortete, wiederholte er den Satz. »Es war, als wünschte er verzweifelt, daß ich mich schuldig bekenne«, schrieb sie später.

»Du weißt, du mußt deutlich sprechen, sonst kann dich der Richter nicht verstehen.« June versuchte ihm zu erklären, daß sie ein Mikrophon benutzen wolle.

»Mikrophone sind nicht vorhanden, aber wenn der Richter dich nicht verstehen kann, wird er womöglich gereizt – und das wird dir nicht helfen.«

June kicherte. Aber seine kühle Reaktion gemahnte sie an den Ernst ihrer Rolle. Sie mußte ihn beeindrucken. Er war derjenige, der sie in die Spezialklinik bringen konnte, von der sie träumte. Wie sah es dort aus? Würden sie und Jennifer die Zuflucht finden, die sie suchten?

Als ahne er ihre Gedanken, versuchte Dr. Hamilton ihr von Broadmoor zu erzählen. Es war schwierig zu erklären, da er keine Ahnung hatte, was sie über Spezialkliniken wußte. Ebensowenig ahnte er, welche Visionen seine Worte jetzt in ihr auslösten. Es fiel ihm schwer, ihre Fragen zu deuten, und die meiste Zeit mußte er raten. »Es ist mehr wie eine Stadt«, versicherte er ihr. »Mit Läden und Schule, Friseur und Turnhalle. Eine Frau wird euch beim Sprechen helfen, und ein Team besonders geschulter Leute wird sich um euch kümmern. Ihr werdet die Chance haben, uns von euren Problemen zu erzählen.«

Für June hörte es sich an wie das Paradies; ihre einsame Gewissenserforschung und die Jahre der sklavischen Bindung an ihre Schwester würden ein Ende haben. Sie mußte nur sprechen, das war alles: mit lauter, deutlicher Stimme »schuldig« sagen. Sie fragte sich, ob es in der Klinik eine Kirche gebe. »Ich werde beten, singen und ›Halleluja‹ rufen«, dachte sie. »Ich werde Gott dafür danken, daß ich dort bin. Ich werde die Mädchen und das Personal als meine Familie betrachten. Ich werde keine Angst mehr haben.«

In der Zelle nebenan wartete Jennifer auf die Anwälte Michael Jones und Anthony Evans. Evans, ein etwas großspuriger, distanzierter Mann, hatte anscheinend nicht viel für die Mädchen übrig. »Hallo, altes Mädchen!« sagte er, als er in Jennifers Zelle trat, und klopfte ihr freundschaftlich auf den Rücken. Sie war gekränkt; diese kumpelhafte Art schien ihr unangebracht. Sie konzentrierte sich lieber auf den jungen Anwalt Michael Jones. Während Anthony Evans die sechzehn Anklagepunkte verlas, befaßte sich Jones mit den Schriftstücken und reichte sie Jennifer zur Durchsicht. Jennifer erging sich in ihren Phantasien.

War das eine romantische Geste? Sein Ellbogen berührte bedachtsam meinen Arm. Ich merkte genau, daß es mit Absicht geschah. Er tat, als spiele er mit seinem Kinn. Mittlerweile sah er sich die Papiere an. Mittlerweile ruhte sein Ellbogen auf mir. Ob es ihn elektrisch durchzuckte, als er mich berührte? Ich habe das schon mal erlebt. Diese heimliche Berührung. Carl hat das auch einmal gemacht. Unsere Romanze ... Ich sah, daß Mr. Jones meine Beine betrachtete, die untere Hälfte in Jeans, Strümpfen, Schuhen. Hat er sich vielleicht gefragt, wie ich darunter aussehe? Ich werde die Wahrheit nie erfahren.

Nichts konnte Michael Jones' Gedanken ferner gelegen haben als Jennifers Beine. Für ihn war wichtig, daß jetzt bei dem Fall nichts schiefging. Er war ja nur Assistent bei der Kanzlei Eaton, Evans & Morris. Er hatte zwar an der Universität von Wales Jura studiert, aber nach seinem Praktikum hatte er das Abschlußexamen nicht bestanden. Er mußte sich in der Kanzlei erst bewähren. Der Seniorpartner Mr. Wynn Rees, ein geduldiger und gütiger älterer Herr, hatte ihm den Fall anvertraut, weil er meinte, die Zwillinge würden auf einen jüngeren Mann besser ansprechen.

»Na komm. Du mußt lauter sprechen. »Sag ›schuldig‹ so, daß das Gericht es verstehen kann«, mahnte Anthony Evans. Jennifer gab sich Mühe. Sie wäre ihm gern entgegengekommen, aber die deutliche, selbstsichere Antwort, die sie geben wollte, kam einfach nicht. »Bitte, Jennifer. Du mußt lauter sprechen. Sag ›schuldig‹.«

Kurz nach zwei Uhr wurden June und Jennifer von Mrs. Roberts, Mrs. Simmonds und »Dachsauge« in den Gerichtssaal eskortiert. Die Mädchen wirkten gebrechlich und unscheinbar, sie standen mit gesenkten Köpfen, eingezogenen Schultern, von ihren stämmigen Begleiterinnen flankiert. Ihre Selbsteinschätzung bildete einen traurigen Gegensatz zu ihrem Auftreten. »Ich stand stolz da«, erinnerte sich Jennifer. »Ich wußte, daß die Leute mich beobachteten.« Es war weit beeindruckender als das Theater, das die Zwillinge in Haverfordwest besucht hatten. Kronleuchter hingen an der Decke, ein Mann in roter Robe und weißer Perücke saß auf einem thronähnlichen Sessel; an der Tür standen eine Frau in schwarzer Robe mit Barett sowie ein jüngerer Mann, ebenfalls mit Robe, der ein großes, blaues Buch hielt. Er sah die nebeneinander stehenden Mädchen an und fragte: »Sind Sie Jennifer Lorraine Gibbons, wohnhaft Furzy Park 35, Haverfordwest, Dyfed, Wales?«

Jennifer war bestürzt, weil sie so direkt angesprochen wurde. Sie hatte erwartet, daß June, die ältere, zuerst drankäme. Sie errötete und blickte zu Boden, dann nickte sie und brummte eine Bestätigung.

»Und sind Sie June Alison Gibbons, wohnhaft an derselben Adresse?« June nickte. Der Protokollführer las die Anklagepunkte vor: »... daß Sie gemeinschaftlich zwischen dem 2. und 5. Oktober 1981 in Haverfordwest im Bezirk Dyfed in ein Gebäude eindrangen, nämlich das Schulungszentrum Portfield, und ein Transistorradio, eine elektrische Uhr, eine Schere und einen Karton Playmobil-Figuren im Werte von insgesamt vierzig Pfund fünfzig Pence entwendeten, Eigentum des Schulungszentrums Portfield. Was haben Sie dazu zu sagen, Jennifer Lorraine Gibbons? Schuldig oder nicht schuldig?« Jennifer sah, daß dies ihre Chance war, zu glänzen. Mit einer Stimme, von der sie sich einbildete, sie halle laut durch den Gerichtssaal, murmelte sie ihr Schuldgeständnis. Der Protokollführer wandte sich an June. »Was haben Sie dazu zu sagen, June Alison Gibbons? Schuldig oder nicht schuldig?« Junes Antwort war kaum zu verstehen.

Jennifer sah ihre Schwester mißbilligend an. »Sie beging den Fehler, den die meisten machen, und sagte ›schuldig‹, ehe der Protokollführer seinen Satz beendet hatte. Und sie mußte es wiederholen. Keiner konnte es hören. Meine

Stimme veränderte sich die ganze Zeit, einmal leise, dann wieder laut und ausdrucksvoll. Junes war flach und monoton.«

Der Protokollführer fuhr mit der Verlesung der sechzehn gemeinsamen Anklagepunkte, betreffend Einbruch, Diebstahl und Brandstiftung fort. »Daß Sie gemeinschaftlich zwischen dem 15. und 18. Oktober 1981 in Haverfordwest im Bezirk Dyfed in ein Gebäude eingedrungen sind, nämlich die Tasker-Millward-Schule, und dortselbst Getränke und Lebensmittel im Werte von fünf Pfund vierundzwanzig Pence gestohlen haben, Eigentum des Bildungsministeriums des Bezirks Dyfed. Was haben Sie, Jennifer Lorraine Gibbons, dazu zu sagen? Schuldig oder nicht schuldig?«

Wieder flüsterte Jennifer ihr Schuldgeständnis, gefolgt von June.

Die Stimme des Protokollführers leierte weiter, unterbrochen von Schweigen, wenn das Gericht auf die Antworten der Zwillinge wartete. »... Zwischen dem 17. und 20. Oktober 1981 einen Schlafsaal im Schulungszentrum Portfield, Haverfordwest, Eigentum der Grafschaft Dyfed, durch Feuer zerstörten, in der Absicht, das Anwesen zu zerstören oder unbekümmert darum, ob ein solches Anwesen zerstört würde ... In ein Gebäude namens Haverfordwest-VC-Schule, Barn Street, Haverfordwest, eindrangen, dortselbst fünf Tonbänder, drei Bilderrahmen, eine Schere, ein Taschenmesser, ein Spielzeugmotorrad und eine Anzahl Schlüssel stahlen.«

Bei dem Gedanken an das Messer, das June danach in ihren Gummistiefeln bei sich trug, fiel ihr Dr. Spry ein. Wo war er? Warum war er nicht erschienen? Ob er immer noch im Ausland war? Er hatte sie in letzter Zeit nicht besucht. Sicher hatte er sich verspätet.

Schließlich kam der Protokollführer zum sechzehnten und letzten Anklagepunkt. »Am 9. November 1981 ... in ein Gebäude eindrangen, nämlich das Technische Kolleg Pembrokeshire, Jury Lane, Haverfordwest, und dortselbst eine Schere, vier Tonbandkassetten, eine Packung Klebstoff, drei Reinigungskassetten für Diktiergeräte, eine Anzahl Umschläge sowie Süßigkeiten und eine Tragetasche entwendeten.«

Jede Einzelheit ihrer fünfwöchigen Verbrechensorgie war in einer Sprache ausgedrückt, welche der oft trivialen Natur der Verbrechen heroische Dimensionen verlieh. »Ich war sehr stolz«, äußerte Jennifer. »Ehrlich gesagt, ich habe es regelrecht genossen. Das war ein Tag, an den ich zurückdenken werde, wenn ich alt bin. Ich bin in meiner süßen Jugend.«

Alle setzten sich, und John Diehl, der Anklagevertreter, trug seine Beweise vor. Zu Junes Ergötzen und Entsetzen las er Auszüge aus ihrem Tagebuch vor, das die Polizei bei der Durchsuchung ihres Zimmers gefunden hatte.

»Es befaßt sich mit persönlichen Angelegenheiten, Euer Ehren«, sagte er, »ob es sich nun um wirkliche oder erfundene Vorgänge handelt, und ist ein etwas bizarres Schriftstück.« Diehl reichte dem Richter, Mr. Justice Leonard, das Notizbuch, worin June ihre Tage des Verbrechens geschildert hatte. »Insbesondere June weidete sich an den Straftaten und bekundete besondere Freude über die durch Feuer verursachten Zerstörungen«, fuhr der Ankläger fort. »Sie hatte Spaß an dem öffentlichen Aufsehen, das solche Vorkommnisse erregten.« Er zitierte aus der Abschrift: »Gestern sind wir in die Kantine von der Tasker-Millward-Schule eingebrochen. Wir haben Lebensmittel, Biskuitrollen und Kuchen geklaut.« In demselben Eintrag hatte sie verkündet: »Ich werde die größte Brandstifterin weit und breit.«

Diehl fuhr fort, mit Hilfe von Tagebuchauszügen sein Szenarium von den Verbrechen der Zwillinge zu konstruieren, bemühte sich jedoch auch, deren gute Führung herauszustellen und darauf hinzuweisen, daß die gestohlenen Gegenstände von geringem Wert und fast alle im Zimmer der Mädchen oder in ihrem Versteck auf dem Gelände sichergestellt worden waren. Tatsächlich wirkten ihre Diebstähle durch die mit lauter Stimme vorgetragene Aufzählung eher armselig als kriminell – ein Aschenbecher, ein Diktiergerät, ein Stoffspielzeug, hie und da ein Stift oder Lineal, die Belegabschnitte eines vollen Scheckheftes.

Selbst ihre etwas wertvolleren Diebesgüter, das aus dem amerikanischen Wagen gestohlene Radio und ein Satz Werkzeug, wurden lediglich auf fünfundzwanzig bzw. zwanzig Pfund geschätzt.

Als der Anklagevertreter ihren Einbruch nebst Brandstiftung im Meyler-Haus, dem Hauptsitz der Waliser Wasserwerke, schilderte, war June versucht zu kichern. »Zu den ärgerlichsten Konsequenzen zählte, daß dabei bestimmte Unterlagen vernichtet wurden, die wiederherzustellen es schätzungsweise vierhundertsiebzig Arbeitsstunden bedurfte«, trug der Ankläger vor. Die Zwillinge wußten, daß die Wasserbehörde unbeliebt war. Wie die Schulen und Colleges, ihre anderen bevorzugten Ziele, ist es ein trister roter Ziegelbau, eine von vielen seelenlosen Einrichtungen, die im letzten Jahrzehnt in Haverfordwest entstanden waren. Solche Mausoleen eines bürokratischen Zeitalters in Brand zu stecken war so unpersönlich, daß es den Zwillingen nicht als besonders schlimmes Verbrechen erschien. Bei der Schilderung ihrer Verhaftung im Technischen Kolleg Pembroke, bei der sie Handschuhe getragen hatten und June ein Feuerzeug im Strumpf versteckt hatte, glaubte June, Mrs. Roberts sähe sie mit erschrockener Miene an. June war überzeugt, daß sie dachte: »Wie kann man sich nur so was in die Socken stecken.«

Es wurde still, als Diehl sagte, er könne die Auszüge aus dem Tagebuch nicht fortsetzen, da sie zum Teil zu verwirrend seien, um öffentlich bei Gericht vorgetragen zu werden. »Ich war betäubt von Gefühlen«, erinnerte sich June. »Triumph. Scham. Verlegenheit. Ach, wer ahnt, wie ich litt, als ich dort saß?«

Die Mädchen befanden sich zu weit vorn, um den fast leeren Gerichtssaal hinter ihnen zu sehen. Vielleicht war es besser so. Nur wenige Menschen waren zu ihrem großen Tag erschienen; lediglich Aubrey, Gloria und Tim Thomas saßen in der vorletzten Reihe. June hörte ihre Mutter husten und machte sich Sorgen. War sie etwa krank? Ein Gefühl des Bedauerns überkam sie, weil ihre innig geliebte Mutter sich eine so peinliche Aufzählung ihrer Missetaten anhören mußte.

Gloria und Aubrey waren außer sich. Es fiel ihnen schwer, das alles zu glauben, und sie waren gespannt auf den Ausgang der Verhandlung. Würden die Zwillinge ins Gefängnis kommen? Wie lange? Sie waren immer so brave Mädchen gewesen. Hatten nie Ärger gemacht. Bestand Hoffnung auf Bewährung? Weder die Anwälte noch Dr. Spry hatten sie von dem Plan unterrichtet, die Zwillinge in eine Klinik einweisen zu lassen. Diehl war mit Junes Tagebuch zu Ende. Sie sah ihren Verteidiger, in Perücke und Robe fast nicht wiederzuerkennen, aufstehen. »Wenn Euer Ehren erlauben, rufe ich Dr. Hamilton.«

Junes Aufmerksamkeit wurde nun wieder vom Gericht in Anspruch genommen. »Er wirkte seltsam klein im Zeugenstand; so bescheiden mit seiner Brille und dem Anzug; mein Herz wendete sich ihm zu«, schrieb sie. Sie hörte Dr. Hamilton die Fragen des Richters beantworten. »Da stand er, kämpfte für mein Glück, kämpfte für meinen Erfolg. Einer, der sich etwas aus mir machte. Er stotterte ziemlich viel. Mir scheint, auch er braucht eine Sprachtherapeutin.«

Dann kam der ernste Augenblick. Spannung herrschte im Gerichtssaal. »Befassen wir uns zuerst mit June Alison Gibbons«, hörte sie den Ankläger zu Dr. Hamilton sagen. »Leidet sie an einer Geisteskrankheit, einer psychopathischen Störung, an Anomalität oder schwerwiegender Anomalität … solcher Art oder solchen Ausmaßes, das ihre Einweisung in eine Klinik zur medizinischen Behandlung erforderlich macht?«

Dr. Hamilton erwiderte: »Ich glaube, ja.«

Evans: »Für welchen Zeitraum wäre eine solche Behandlung vonnöten?«

Dr. Hamilton: »Das ist schwer zu sagen, bevor wir Gelegenheit zu einer längeren Beobachtung hatten. Man darf davon ausgehen, daß es einige Jahre sein werden. Weniger gewiß nicht. Dr. Spry und ich sind zu demselben Schluß gekommen, daß nämlich die Einweisung in eine Sonderanstalt die dem Gericht am ehesten zu empfehlende Lösung ist. Es wurde mit der Broadmoor Klinik vereinbart, sie binnen achtundzwanzig Tagen aufzunehmen.«

Ein Schauder durchlief den Gerichtssaal. Aubrey hielt den Atem an, als er den Namen Broadmoor hörte. Er vernahm die Stimme des Richters: »Gibt es in Broadmoor Einrichtungen, wie sie für Menschen dieses Alters erforderlich sind?«

Dr. Hamilton versicherte ihm: »Es ist nicht üblich, daß so junge Menschen nach Broadmoor kommen, aber wir haben eine Anzahl Jugendliche. Wir verfügen über medizinisches Personal, von dem wir annehmen, daß es helfen kann. In ihrem Fall ist Sprechen das Hauptproblem. Sie hat eine ungewöhnliche Sprachstörung. Wir haben eine tüchtige Kommunikationstherapeutin.«

June freute es, daß der Richter sie als jung bezeichnete. »Ich war so stolz, so hilflos. J. und ich die jüngsten im Gerichtssaal. Während sie so mitfühlend über uns sprachen, war ich so traurig, ich bedauerte uns und unsere Eltern. Ach! Was bewirkt Mitgefühl doch bei einer verhärteten, gewalttätigen Verbrecherin; ich hätte weinen können.«

Dr. Hamilton schilderte die Gewalttätigkeit zwischen den Mädchen und fügte hinzu, daß June Selbstmordneigungen zeige. »Ich empfehle eine Anordnung zur Beobachtung über geraume Zeit in einer geschlossenen Anstalt.«

Evans: »Trifft das auch auf ihre Schwester Jennifer Lorraine Gibbons zu?«

Hamilton: »Ja.«

Der Richter: »Ich habe auch eine frühere Stellungnahme zu dieser Situation gelesen, als die Angelegenheit noch nicht so konkret war.«

Der Richter erwartete, daß die Verteidigung den Verfasser besagter Stellungnahme als wichtigen medizinischen Zeugen aufrief. Evans entgegnete eilig: »Dr. Spry befindet sich leider im Ausland und kann nicht anwesend sein.«

»Ich wußte nicht, daß er im Ausland ist«, sagte der Richter gereizt. Er war offensichtlich betroffen. Die Verhandlung war schon einmal aufgeschoben worden, weil Dr. Spry in Amerika war, und Mr. Justice Leonard, der in dem Ruf steht, fair und human mit jungen Menschen umzugehen, wollte den Fall nicht in Dr. Sprys Abwesenheit verhandeln.

Unter den gegebenen Umständen hatte er nun die Wahl, die Verhandlung zu vertagen oder sich mit der Aussage eines einzigen Arztes zu begnügen, obwohl dieser Arzt wenig Gelegenheit hatte, die Zwillinge zu untersuchen, und obendrein die Anstalt vertrat, die sie aufnehmen wollte.

Der Richter beschloß, Dr. Hamiltons Versicherung, daß er und Dr. Spry vollkommen übereinstimmten, zu akzeptieren. Evans sagte sichtlich erleichtert: »Falls Euer Ehren die von Dr. Hamilton vorgeschlagene Anordnung verfügen wollen, ist nichts weiter zu sagen.«

Alle standen zur Urteilsverkündung auf, ausgenommen die Zwillinge, denen der Richter gebot, sitzen zu bleiben. »Dir mir vorgelegten Beweise haben mich überzeugt, daß beide Angeklagten an einer psychopathischen Störung leiden. Ich bin ferner überzeugt, daß es sich um eine Störung handelt, die ihre Einweisung zur ärztlichen Behandlung dringend gebietet. Ich habe alle Umstände des Falles berücksichtigt, einschließlich Art und Anzahl der Straftaten, sowie vergleichbare Methoden, wie mit ihnen zu verfahren wäre, und bin zu dem Schluß gekommen, daß der einzig angemessene Weg eine Verfügung gemäß Absatz 60 der Verordnung über Geisteskrankheiten von 1959 ist. Daher ordne ich ihre Einweisung in die Broadmoor-Klinik an, wo innerhalb der nächsten achtundzwanzig Tage Plätze frei werden. Für die Zwischenzeit ordne ich Fortdauer der Haft an. Ferner halte ich es im Hinblick auf die Natur und Anzahl der Straftaten für wahrscheinlich, daß die Gefahr weiterer Straftaten besteht, wenn sie entlassen würden. Aufgrund der Informationen, die ich hinsichtlich ihrer Neigung, sich selbst sowie sich gegenseitig zu gefährden, besitze, bin ich der Ansicht, daß es zum Schutz der Allgemeinheit notwendig ist, den beiden Delinquentinnen gemäß Absatz 65 der Verordnung über Geisteskrankheiten besondere Beschränkungen aufzuerlegen, und daß im Hinblick auf die Schwierigkeit einer Prognose die von mir getroffene Anordnung zeitlich nicht begrenzt werden darf.«

Das kam einer lebenslänglichen Freiheitsstrafe gleich, wie sie über Mörder, wie etwa den Yorkshire Ripper, verhängt wurde. June und Jennifer zeigten keine Bewegung, als sie ihr Urteil hörten. Der Richter wünschte ihnen alles Gute.

Innerlich waren sie von der Ungeheuerlichkeit ihres Urteils begeistert. Die Jahre ihres Leidens hatten sich aufgelöst, und sie spürten die Erleichterung, die Kranke manchmal fühlen, wenn eine lange unerkannte Krankheit endlich einen Namen hat und damit ein Zustand ist. June schrieb:

Die Worte gingen mir andauernd im Kopf herum. Drehten sich im Kreis. Krank. Geisteskrank. Psychopathisch. Man kann sich denken, wie mir zumute war. Ich? Eine geisteskranke Psychopathin? Solche Sachen kenne ich nur von Alfred Hitchcock oder aus der Zeitung. Eine gefährliche, böse, skrupellose Verbrecherin! Ich! Endlich sind meine Qual, meine Befangenheit, meine Gewalttätigkeit bekannt geworden. Ich bin gebrandmarkt! Ach! Jetzt kenne ich mein Schicksal! June Alison Gibbons, gerade neunzehn Jahre alt, geht als Psychopathin in die Geschichte ein.

June dachte an ihre Kindheit und Jugend zurück und an alle Menschen, die sie gekannt hatten. Was würden sie denken? Wie würde es sich auf sie auswirken – und auf Junes Familie?

Ach! Gut zu wissen, daß meine geliebte Großmutter nie erfahren wird, daß sie psychopathische Enkeltöchter hat. Und doch, irgendwo, irgendwie weiß sie es. Sie ist hier gegenwärtig, mit unserem Großvater. Dies geht in unsere Familiengeschichte ein, den Familienstammbaum. Und was ist mit meinen Nichten und meinem Neffen? Haben sie jetzt tatsächlich zwei geisteskranke Zwillingstanten? Ach! Welch grausames Schicksal!

Erfreut über den glatten Ausgang seines Falles wartete Michael Jones am Fuß der Stufen, die zum Pult der Verteidigung führten, auf die Zwillinge. »So, alles weitere überlasse ich euch, Mädchen. Lebwohl, June. Lebwohl, Jennifer.«

»Er hat ziemlich blöde gegrinst«, vermerkte June. Aber sie war so überwältigt, daß sie ihm nur linkisch zunicken konnte und zu ihrem Verdruß ihren ersten heroischen Augenblick verdarb, indem sie über die Glocke stolperte, mit der die Gefangenen gerufen wurden. Sie spürte Jennifers Mißbilligung.

»War gar nicht so schlecht, was, Mädels?« sagte Mrs. Roberts jovial, als sie und die zwei anderen Aufseherinnen sie, einem Wärter folgend, die Treppe hinunter zu den Zellen führten. »Jetzt haben wir eine Menge zu tun, wir müssen eine Liste von euren Kleidern und Büchern machen. Es sind so viele Schreibhefte, daß man jahrelang ununterbrochen lesen könnte. Was ist euch bloß alles eingefallen?« Da für die Zwillinge zumindest theoretisch die Möglichkeit eines Freispruchs bestanden hatte, hatte man ihre gesamte Habe von Pucklechurch mitgenommen. Da sie nun als Verurteilte zurückkehrten, mußten wieder Listen aufgestellt, Kleider ausgezeichnet und Bücher dem Eigentum des Gefängnisses unterstellt werden.

Mrs. Simmonds brachte den Mädchen Tee. Sie und die anderen Aufseherinnen waren von dem harten Urteil überrascht. Die Zwillinge konnten manchmal unerträglich sein, aber, wie die meisten anderen Angestellten in Pucklechurch, hatte Mrs. Simmonds sie nie für gefährlich oder geistesgestört gehalten. Bedauernswert, ja, und eine Spur sonderlich, vor allem die Art und Weise, wie sie nur füreinander lebten, aber abgesehen von ihrer Weigerung, an gemeinsamen Mahlzeiten und am Beisammensein teilzunehmen, hatten sie eigentlich nichts Unrechtes getan. Die Mädchen starrten schweigend auf ihre Schreibhefte. Es war unmöglich zu sagen, was in ihren Hirnen vorging – oder, wie Mrs. Simmonds vermutete, in ihrem einzigen, gemeinsamen Hirn.

»Ich denke, euer Anwalt und eure Eltern werden jeden Moment hier sein«, sagte sie freundlich.

Aubrey und Gloria wollten unbedingt zu ihren Töchtern. Sie warteten auf der anderen Seite einer Trennscheibe im Besucherzimmer am Ende des Kellerkorridors.

Für June und Jennifer wurde dies der ergreifendste, bitterste Augenblick des Tages. Was sollten sie sagen? Wie die Liebe und das Bedauern ausdrücken, die sie für ihre Eltern empfanden, die sie aufgezogen hatten und nun diese Familienschande ertragen mußten? Sie sehnten sich danach, ihre geliebte Mutter zu küssen und zu umarmen, ihr zu sagen, wie leid es ihnen tat, und all die Jahre ihrer Schweigsamkeit und Distanziertheit wiedergutzumachen. Wie schade, daß sie nicht ihre Röcke und Strümpfe anhatten. Jennifer bereute auch, daß sie am Morgen so gierig die Scheibe Brot gegessen hatte. Wenn sie sich an ihre Eine-Mahlzeit-am-Tag-Diät gehalten oder sich nicht bereiterklärt hätte, Junes Mahlzeiten zu essen, so hätte ihr Gesicht jetzt den zierlichen Knochenbau, der sie schön machen würde.

Die Mädchen drückten die Gesichter an die Trennscheibe und senkten die Augen. Es war, als warteten sie auf den Segen ihrer Eltern, auf die Absolution von ihren Verbrechen.

»Tag June! Tag Jennifer!« hörten sie ihren Vater mit der lauten Stimme sagen, die er annahm, wenn er verlegen war und der Welt versichern wollte, daß in seiner Familie alles in Ordnung war. Sie überschnitt sich mit Glorias schleppender Begrüßung.

»Na, wie gehts euch beiden?« fuhr Aubrey fort. »Seht gut aus. Meine Güte, Jennifer, dein Gesicht ist ja richtig aufgeplustert. Du wirst ja noch dicker im Gesicht als deine Schwester.« Er war erleichtert, weil er das Eis gebrochen hatte. »Eure Mama und ich haben im Gerichtssaal festgestellt, daß ihr beide ganz schön zugenommen habt. Die Verpflegung ist anscheinend recht gut. Oder liegt es am Bier?« Er lachte.

Jennifer war wütend auf die rehbraune Cordhose. Die machte sie dicker, die war schuld. Noch mehr aber betrübte es sie, daß sowohl ihr Vater als auch ihre Mutter sich anscheinend mehr für June interessierten.

»Ihr seht gut aus«, fand auch Gloria. »Wie behandeln sie euch, gut?«

»Ihr entwickelt euch zu richtig hübschen, jungen Damen, wißt ihr das?« sagte Aubrey. Da er sich der Taktlosigkeit seiner Bemerkungen nicht bewußt war, wurde er allmählich entspannter. »Wird es nicht langsam Zeit, daß ihr euch ein bißchen schminkt? Eure Mama könnte euch Schminksachen schicken, wenn ihr in der Klinik seid.«

»Nein, Aubrey, ich finde, natürlich sehen sie am nettesten aus, sie haben so eine schöne Haut.«

Mrs. Roberts, die auf der anderen Seite der Trennscheibe neben den Zwillingen stand, freute sich, daß die Spannungen zwischen den Familienmitgliedern nachließen. Es kam nicht oft vor, daß sie als Aufseherin zugegen sein mußte, wenn junge Menschen, noch dazu zwei junge Mädchen, nach so einem Urteil ihre Eltern trafen. Sie bedauerte die Gibbons', die nette, fürsorgliche Leute zu sein schienen.

»Sie können sie ihnen bestimmt schicken«, versicherte sie. »Broadmoor ist eine Klinik, kein Gefängnis. Ein sehr hübscher Ort. Das Essen dort soll vorzüglich sein.« Sie tätschelte June den Kopf. »Ihr werdet staunen, meine Lieben, in einem Jahr sieht alles ganz anders aus.«

Gloria und Aubrey, die die letzte Stunde möglichst rasch verdrängen wollten, flüsterten miteinander, darauf holte Aubrey zwei wattierte schwarze Jacken aus einem kleinen Koffer und gab sie Gloria.

»Wir haben eure schwarzen Jacken mitgebracht, um die ihr gebeten hattet«, sagte Gloria zu den Zwillingen, »und graue Strumpfhosen. Oh! Wißt ihr, die Jeans, von denen ihr schriebt ...«

»Röcke«, murmelte June. Aubrey verstand ihre einsilbige Sprechweise nicht, aber Gloria erriet sie.

»Bei Tesco gibt es hübsche geblümte. Ich schicke sie euch.«

Der Wärter, der neben Mrs. Roberts stand, sah auf seine Uhr und deutete an, daß der Besuch beendet werden müsse. Es mußte noch etwas über das Urteil, die Verbrechen gesagt werden. »Es wird schon nicht so lange werden«, meinte Gloria. »Ihr habt euer ganzes Leben noch vor euch. Ihr müßt euch nur bessern, und dann seid ihr bald zu Hause.«

Mrs. Roberts winkte June und Jennifer zu. Sie warfen einen letzten Blick auf die zuversichtlichen Gesichter ihrer Eltern und folgten den Aufseherinnen in die Zellen. »Was mag das für ein Gefühl sein, zwei Zwillingstöchter für so viele Jahre zu verlieren?« June dachte, wie trostlos ihre Eltern sein mußten. »Sich vorzustellen, wie sie es ihren Freunden sagen, Gretas Mann, Davids Frau, der ganzen Nachbarschaft! Wenigstens ist die Warterei vorbei. Sie müssen erleichtert sein. Ich hoffe, sie finden ihren Frieden.«

June war keineswegs zufrieden, als ihr nun klar wurde, daß ihr großer Tag vorüber war. Was hatte sich ereignet? Niemand außer ihren Eltern, Tim Thomas und drei oder vier Reportern war Zeuge ihres Dramas gewesen. Es war gar kein richtiger Prozeß gewesen. Bloß eine mickrige Stunde. Es hatte keine Zeugenvernehmungen gegeben, keine scharfzüngigen Argumente, die ihre Misere erläuterten. Sie hätte das Ganze in einem ihrer Bücher viel besser schreiben können.

Als sie in dem Kleinbus den Hof hinter dem Gerichtsgebäude verließen, wurde ihnen eine winzige Kostprobe von dem Drama zuteil, das ihnen entgangen war. Plötzlich sprang hinter einem geparkten Auto ein Fotograf hervor, gefolgt von einer Frau mit einem Notizblock. »Schnell! Runter!« rief Mrs. Roberts. Einen wundervollen Augenblick lang dachten die Zwillinge, Gewehrschüsse würden in die Fenster des Busses gefeuert. *Zwillinge ermordet*. Sie würden doch noch in die Schlagzeilen kommen. Mrs. Simmonds stieß Jennifers Kopf hinunter, während Mrs. Roberts blitzschnell ihren kräftigen Arm vor Junes Gesicht hielt. »Nicht hinsehen! Dreht euch weg!« befahl sie. Der Fotograf rannte neben dem Bus her, gab aber auf, als das Fahrzeug beschleunigte und davonfuhr.

Es war Spätnachmittag, und Wolken verdeckten die Maisonne. Die Landschaft hatte ihre Farbigkeit verloren, und auch das Wasser unter der Severn-Brücke hatte ein melancholisches Grau angenommen.

Ein Gefühl der Leere überkam sie, als sie ins Untersuchungsgefängnis zurückkehrten und ihre Habseligkeiten zum drittenmal an diesem Tag mit einer Liste verglichen wurden. Die ältere diensthabende Beamtin schrieb neue Karten, die an ihre Zellentür gesteckt wurden; weiße Karten für verurteilte Gefangene.

Diesmal gingen die Aufseherinnen kein Risiko ein. June und Jennifer wurden in getrennte Zellen in Block A gebracht. Tee gab es nicht mehr, es war zu spät. Jedes Mädchen, allein in seiner Zelle eingeschlossen, verstaute seine wenigen Kleidungsstücke und Bücher im Spind und dachte über den Tag nach.

»Jetzt brauche ich nur noch zu warten«, dachte June, als sie dasaß und die mit Graffiti bedeckten Wände ihrer schmutzigen Zelle anstarrte. »Warten, daß das Wort ›Erfolg‹ Gestalt annimmt.« Sie malte sich aus, wie der Taxifahrer sie und ihre Schwester fort vom Gefängnis nach Broadmoor fahren würde, zum Beginn ihres neuen Lebens, des Lebens, das sie ersehnte, der endgültigen Geborgenheit. Sie meldete sich in ihrem Tagebuch ab: »In weniger als achtundzwanzig Tagen wird das Leben für J. und mich wunderbar sein. Deine einsame Freundin, verurteilte Einbrecherin und Brandstifterin. *J.A.G.*«

Der Direktor und die Aufseherinnen in Pucklechurch waren überrascht, daß die Mädchen zur Einlieferung in Broadmoor verurteilt worden waren. Normalerweise war es sehr schwer, dort Plätze für Straftäter, auch wenn es sich um äußerst gewalttätige handelte, zu erhalten. Die Gerichte waren im allgemeinen eher abgeneigt, junge Frauen dorthin zu schicken, teils wegen der Kosten (etwa zwanzigtausend Pfund jährlich pro Person), teils weil es dort keine Sondereinrichtungen für junge Mädchen gab. Peter Trafford, der Gefängnisarzt von Pucklechurch, in dessen Obhut sie sechs Monate gewesen waren, wurde nicht zu Rate gezogen. »In der Mehrzahl der Fälle wurde ich um Rat gefragt, aber in diesem Fall nicht. Ich glaube, es wäre besser gewesen, wenn man mich hinzugezogen hätte. Es kam mir etwas sonderbar vor, daß die Verteidigung ein Abkommen mit Broadmoor getroffen hatte, ohne sich mit mir zu beraten.« Dr. Trafford hielt die Zwillinge durchaus nicht für gefährlich und fand auch nicht, daß sie die üblichen Kriterien von Psychopathen erfüllten.

Am Tag nach der Verhandlung ließ die Oberaufseherin June und Jennifer zu sich kommen. Es war üblich, sich zu vergewissern, daß eine Gefangene ihr Urteil begriffen hatte, aber im Fall der Zwillinge war sie besonders beunruhigt. Da sie, wie der Rest der Welt, keinen Zugang zu ihren Gedanken hatte, sorgte sie sich, wie schwer es sie getroffen haben mochte. »Du weißt, daß du nun verurteilt bist und auf unbegrenzte Zeit nach Broadmoor geschickt wirst«, erklärte sie June, während Jennifer draußen wartete. »Möchtest du irgendetwas fragen?« June schüttelte den Kopf. »Glaubst du, du wirst damit fertig? Wie fühlst du dich?«

»Ganz gut«, murmelte June. »Was hätte ich sonst sagen können?« dachte sie. »Ich konnte doch nicht unhöflich sein und sagen, daß ich es nicht erwarten kann, aus diesem stinkigen Loch herauszukommen.«

Als später die Türen zum Beisammensein geöffnet wurden, schlüpfte June in Jennifers Zelle. Jennifer las eine grelle, fromme Broschüre, »Köstliche Versprechungen«, mit einem Bild von Bergen und einem See auf dem Umschlag. Sie war aufgeregt. »Mark hat geschrieben«, flüsterte sie. »Er macht sich Sorgen um mich.«

»Zeig mir den Brief«, zischte June. Sie riß Jennifer die Broschüre aus der Hand. Ein Brief in Marks schmaler schräger Handschrift fiel heraus. Beide Mädchen schnappten danach, aber June war schneller. »Warum kommt er uns nicht besuchen?« fuhr sie in mürrischem Tonfall fort. »Vielleicht würde er denken, du bist ich.«

Jennifer nahm sich insgeheim vor, sich nicht mit Mark zu treffen, wenn ihre Zwillingsschwester dabei war. Mark war ihr geliebter Freund, ihr Verlobter, und sie war nicht gewillt, ihn mit diesem eifersüchtigen Miststück zu teilen. Aber sie war wegen der Beziehung beunruhigt. Sie mußte mit jemandem darüber sprechen. Sollte sie ihm von dem Urteil und der Einweisung nach Broadmoor erzählen? Sollte sie warten, bis sie schlanker wäre und sich die Haare vom Friseur in Broadmoor hatte glattziehen lassen? Sollte sie ihn an die Heiratsabmachung erinnern, die er in seinem Brief nicht erwähnt hatte?

»Meinst du, er wartet, bis ich entlassen werde?« fragte Jennifer besorgt.

»Kommt drauf an«, lautete Junes unbestimmte Antwort.

Während sie auf die Verlegung nach Broadmoor wartete, war Jennifer von Marks Briefen und seinem bevorstehenden Besuch regelrecht besessen. Am 4. Juni nahm sie sich schließlich ein Herz, ihn an die Hochzeit zu erinnern:

»Stehst Du noch zu unserer Abmachung vom letzten Juli?« Sie schrieb ihm auch, es sei angebracht, daß er seinen Besuch verschöbe bis sie in Broadmoor sei. Er wohnte in Wokingham, nicht sehr weit von der Klinik entfernt. In Wahrheit fürchtete sie sich, daß so ein Besuch peinlich werden könnte. »Angenommen, es klappt nicht?« dachte sie. »Bloß nichts überstürzen, sonst geht es schief.« Sie erinnerte sich an die katastrophale Begegnung mit ihrem Brieffreund Peter, als niemand etwas gesagt hatte. Sie hatte Angst, daß die Aufseherinnen sie auslachen würden. Ihr Unterbewußtsein hatte sie durch einen Traum gewarnt, worin sie an der Tür eines Arztes läutete. Als sie aufsah, verwandelte sich das Wort »Sprechstunde« in »Pechstunde«. Nein, sie nahm lieber das Risiko auf sich, Mark durch eine Verschiebung des Besuchs zu verletzen.

Auch June dachte viel über die Romanze ihrer Schwester nach. Sie hatte Marks Brief gelesen, traute jedoch seinen Empfindungen nicht so recht. Er schien Jennifers Antrag vom letzten Jahr vergessen zu haben, dabei hatte er ihn damals angenommen. Vielleicht hatte er bloß höflich sein wollen? June dachte an Jennifer und Carl Kennedy. In diese Woche, die erste im Juni, fiel der Jahrestag ihrer ersten Liebe. Auch damals war es Jennifer gewesen, der Carls Leidenschaft galt. Er kämpfte und stritt mit Jennifer nur, weil seine Liebe zu ihr so wild und ungestüm war; er war wie Tom Brogan in *Der Regenbogen* von D.H. Lawrence. June fürchtete, daß sie Carl nichts bedeutet hatte. Er hatte sie entjungfert, aber das war eine Woche nach ihrer Schwester, in jener sagenhaften Nacht in der Kirche. June erinnerte sich, wie Carl sie einmal hinausgeschickt hatte, während er es mit Jennifer in seinem Bett trieb. Die Kennedys waren an dem Abend fortgewesen, und June ging nach unten und nahm sich von deren Schnaps. Betrunken und unglücklich war sie zurückgekehrt und hatte das wilde Paar beobachtet.

June schauderte. Die Zelle war einsam und öde. Ihre Erinnerungen vermochten sie nicht zu trösten. In allem hatte Jennifer gewonnen. Sie sah aus dem Fenster. Der kleine Garten, noch vor einem Monat so hübsch mit Goldlack und Kirschblüten, war heute trostlos. Gänseblümchen waren unordentlich über das Gras gestreut, die Blumenbeete überharkt, die Sommergeranien noch nicht gepflanzt. In den dürren Zweigen des Mandelbaumes raschelte der Wind.

Baum, Wind, Sonne. Schale Luft und Wind. Stille. Eingesperrt und kann den Wind nicht hören, abgeschnitten von den Geräuschen. Baum, Sonne und Wind sind wie eine Barriere. Ach! Die Einsamkeit einer Gefangenen. Die Nachwirkungen der Gerichtsverhandlung. Draußen scheint die liebe Sonne, aber etwas fehlt. Ich fehle draußen in der Welt.

Die Schande und Enttäuschung, die sie ihren Eltern bereitet hatte, machten sie immer trauriger.

Mein Vater, meine Mutter, waren sie aus dem Häuschen und stolz, weil ihnen zwei süße Zwillingstöchter gelungen waren? Lagen sie nachts wach und dankten Gott für das wunderbare Geschenk? Waren sie neugierig, wie wir uns zu jungen Mädchen entwickeln würden? Was für ein Leben uns erwartete? Kannten sie etwa unser Schicksal, das Schicksal, in das sie verstrickt wurden? Ahnten sie, daß wir anders sein würden als der Rest der Familie, daß wir als Straftäterinnen in der Zeitung stehen würden, daß wir Gesetzesbrecherinnen sein, daß wir verdammt sein würden, krank, untauglich für die Gesellschaft? Haben sie in unsere engelhaften Babygesichter geschaut und die gestörte, böse Gemeinheit gesehen, die Zerstörungswut, die sich einstellen würde? Wie hätten sie das ahnen können? Wir können unmöglich so geboren sein. Es ist im Laufe der Jahre mit uns gewachsen; Befangenheit, Frustration, gescheiterter Ehrgeiz. Am Ende schnappte die Falle zu.

Mit der Zeit wurde Broadmoor immer mehr zum Neuen Jerusalem, nicht nur eine Stätte, wo sie vor der Außenwelt sicher wären, sondern wo sie in eine liebende, fürsorgliche Familie aufgenommen würden.

Ich sehe Broadmoor an einem warmen sonnigen Maitag vor mir. Was werde ich nächstes Jahr tun? Vielleicht im Freien auf einer Wiese sitzen und Limonade schlürfen. Krankenschwestern in Weiß wandlen umher, verweilen. Und ich werde einfach dort sitzen können, vielleicht nähen oder stricken. Noch jung, aber reifer, kommunikativer, anpassungsfähiger.

Junes Träumerei wurde vom Krächzen zweier Krähen unterbrochen, die aufs Gras herabstießen. Sie war überzeugt, daß Jennifer, die in einem Zimmer am Ende des Flurs war, das ebenfalls auf den Garten hinausging, ihr Brot durchs Fenster geworfen hatte. Junes friedliche Ruhe verwandelte sich in Zorn. »Das hinterlistige Miststück!« murmelte sie vor sich hin. »Wir hatten uns geeinigt, daß wir diesen Monat beide unser Brot essen würden.«

Man hatte den Mädchen gesagt, daß sie fotografiert würden, bevor sie nach Broadmoor gingen. Es entstand der unvermeidliche Wettstreit, welche am besten aussehen würde. Sie beschlossen, beide grimmig und streng dreinzuschauen, aber nicht direkt gefährlich. Doch sie kämpften immer noch um den knabenhaften Audrey-Hepburn-Look.

Da über die Zukunft der Zwillinge nun entschieden war, ließ das Personal in Pucklechurch sie in Ruhe. Es gab kein Gerangel mehr, weil sie sich den anderen nicht beim Spaziergang oder Beisammensein anschließen wollten. In diesen letzten Wochen des Wartens begannen sie wieder mit dem unbarmherzigen Auf und Ab von Hungern und Völlerei. Das Essen wurde ihnen meistens in die Zellen gebracht. Einsam und nach Trost dürstend, fiel es ihnen schwer, es zu verweigern: Die Anstrengung des Hungerns wurde unerträglich. In den langen Stunden des Wartens und bei der Erinnerung an Aubreys unangebrachte Witzeleien wurde Essen zur Besessenheit, vor allem für June. »Bin ich ins Essen verliebt?« schrieb sie in einer Passage, die unter die ganz besonders deutlichen Beschreibungen der fünften Todsünde einzureihen ist:

Es ist eine Sache voll Bitterkeit und Reue. Ich verabscheue das Essen, das meine Seele, mein Gesicht, meinen Körper zerstört.Und doch esse ich weiter, aus Pflicht, aus Schwäche. Ich beiße in den Leib meines Feindes, und während ich kaue, siegt das Essen. Ich kann die Herrschaft über mein Fleisch erringen, das mich korrupt und verderbt macht, das mich aufquellen, mein Herz verfetten läßt. Übergesund, wahrhaft befriedigt. Und heute, am ersten Junitag dieses Jahres 1982, esse ich. Die Liebe beginnt wieder ganz von vorn. Ich habe mein Frühstück gegessen. Ach! Diese kalte Hafergrütze. Ich stopfte sie mir in den Hals, sie rutschte in meinen Magen, der aufquoll wie das aufgedunsene Gesicht eines Ertrunkenen. Nein, ich muß meine Energie namens Hafergrütze zerstören. Warum habe ich wieder damit angefangen? Warum war ich versucht, das graue, ekelerregende Zeug anzurühren? Jetzt hat es mich erwischt. Aber ich gebe nicht nach. Morgen werde ich es einfach aus meiner Seele verstoßen. Morgen werde ich meine Liebe nur Brot und Toast schenken. Aber nicht lange, denn dieses gemeine, böse Zeug namens Brot wird bald vertrieben werden. Es war dumm von mir, mich wieder in es zu verlieben, denn es ist gegen mich. Ich bekomme davon Flecken im Gesicht. Und was ist mit Kartoffeln? Ach, ich bin so leichtsinnig! Ich werde schon wie J., so undiszipliniert. Die Kohlehydrate, so viele Kohlehydrate! Ich behandle mich wie eine Kranke, bis diese Periode vorbei ist.

June sah sich immer mehr als eine junge Heldin des 19. Jahrhunderts, die an zerbrochenen Träumen und Magersucht dahinsiecht, zu schwach, um mit jemandem zu sprechen oder ihr Zimmer zu verlassen. In dämmerigem Trancezustand durchmaß sie die zweieinhalb Meter ihrer Zelle, beobachtete die Schatten der Vögel auf den vergitterten Fensterflügeln und sah sich als die Lady von Shalott, die in Erinnerungen an die Welt schwelgte, die zu verlassen sie entschlossen war.

Sie malte sich aus, wie sie in wenigen Monaten aussehen würde, »leicht wie ein Baby, hilflos wie eine Stoffpuppe. Die Haare sind mir ausgefallen, meine Augen sind groß und ausdruckslos. Das bißchen Haut, das ich habe, zieht sich über die Nase.« Sie war besorgt, was nach ihrem Tod mit Jennifer geschehen würde. Würde sie auch verhungern oder an gebrochenem Herzen sterben? Eine tragische Geschichte!

June kleidete sich fortan schwarz. Sie forderte ihre schwarze Strickjacke und Cordhose an, auch ihre schwarzen Schuhe. »Ich bin in Trauer. Ich habe keine Farbe an mir. Soll ich jeden Abend mit den Füßen in einem Eimer mit heißem Wasser sitzen und mein Leben verträumen? Ein für allemal ehelos? Ich möchte wirken wie ein Mädchen aus der Zeit Edwards VII., das leidenschaftlich und lüstern lange Briefe schreibt, die geschätzt und gelobt werden.«

Jennifer grübelte in ihrem Zimmer über Mark nach und wartete auf seine Antwort. Die Tage vergingen, und immer noch kam kein Brief. Sie fürchtete schon das Schlimmste. Vielleicht hätte sie ihn nicht so offen an ihren Heiratsantrag erinnern und sich nach seiner Unberührtheit erkundigen sollen. Andererseits sah sie sich als stürmisch und aufrichtig, mit einem gewissen feurigen Zug, der sich unter einem starken, festen Charakter verbarg.

Allein in ihrer Zelle, nahm sie jeden Abend den geblümten Rock heraus, den sie bei Gericht nicht hatte tragen können, probierte ihn feierlich an, drehte sich damit im Kreis und übte für ihren Hochzeitstag. Jeden Tag wurde sie für wenige Augenblicke eine junge Frau mit einem Geliebten und zukünftigen Ehemann. »Was meinst du, wie soll ich aussehen?« fragte sie ihr Tagebuch. »Wie eine Dame? Meinst du?« Sie sah sich verheiratet mit Mark, mit sechs Kindern. Mark legte Reggaeplatten auf, während sie dem Baby die Windeln wechselte.

Erwartete sie etwa zuviel von ihm? Konnte sie verlangen, daß er eine Frau mit krimineller Vergangenheit heiratete, daß er eine Psychopathin zur Frau nahm? Würde er vier Jahre oder länger warten, bis sie frei wäre, wie ein Baum, der dem Wind lauscht, während die Melodie seines Lebens langsam versiegte?

»Er mag ja Afrikaner sein, aber blöd ist er nicht«, flüsterte June ihr zu, als sie beide ihre Nachttöpfe in die Rinne leerten. Jennifer nahm einen starken Geruch wahr; das mußte der Eintopf gewesen sein, den es zum Abendessen gegeben hatte. June hielt also doch Diät.

»Ich hab dir ja gesagt, du hättest ihm nichts von Broadmoor erzählen sollen. Er fürchtet sich vor dir, vor all dem Gefängniskram!« Jennifer fühlte sich gestraft. Sie mußte ihr aber recht geben.

»Es wird seinen Ruf ruinieren, wenn er sich mit einer irren Kriminellen wie dir abgibt«, behauptete June.

Jennifer ging in ihre einsame Zelle zurück und dachte über das nach, was June gesagt hatte. Sie war von Schuldgefühl übermannt. Armer Mark! Er war den ganzen weiten Weg von Ghana nach England gekommen, bloß um sich an ein Mädchen zu binden, das in Schwierigkeiten war. Er hatte nicht einmal ihr Gesicht gesehen oder ihre Stimme gehört. Hättte sie eine Videoaufnahme machen und ihm schicken sollen? Sie nahm das »Erntedank«-Heftchen, das Mark ihr geschickt hatte, von einer kleinen Büchersammlung auf der Fensterbank und blätterte darin. »Wie oft sind wir rastlos und ängstlich.« Sie unterstrich das Wort »ängstlich« mit ihrem roten Kugelschreiber. »Doch die schlimmsten Sorgen sind die, welche niemals eintreten.« Vielleicht wendete sich ja alles zum Guten. Wenn sie ihn heiratete, wäre es nicht aus Liebe, sondern um des Heiratens willen. June hatte sie gewarnt, die Menschen so auszunutzen. Aber sie mußte Gewißheit haben, so oder so. Sie versuchte sich an einige ihrer okkulten Rezepte zu erinnern. Sie konzentrierte sich auf Marks unbekanntes Bild und wiederholte wieder und wieder: »Mark, bitte schreib zurück. Jenny liebt dich.«

June und Jennifer hatten beide großes Mitgefühl mit der Stellung des Mannes in einer Welt, die von intriganten Frauen beherrscht wurde. »Ach, das Leiden der Männer!« hatte June geschrieben, angeregt durch die Lektüre von ›Der Regenbogen‹ und die Erinnerung an Wayne Kennedy:

»Das Leiden der Männer in einer Welt der Frauen. Die Männer sind von ihnen geblendet und meinen, sie seien ihnen überlegen. Sie sind in einem schmerzlichen Netz aus Gram gefangen, erfüllt von Zorn, Verzweiflung, Einsamkeit. Sie hassen die Frauen, aber können ohne sie nicht sein ...«

June dachte über ihre »Ehe« mit Jennifer nach. Sie erinnerte sich an die vielen Tage und Nächte, als sie zusammen aufwuchsen, sich zankten wie Liebende, bis in die Nacht hinein stritten, sich ausschließlich gegenseitig beachtend. Junes Stift zerriß das Blatt ihres Zeichenblocks, den sie im Gefängnis bekommen hatte. In letzter Zeit hatten beide Mädchen in Pucklechurch zu zeichnen angefangen – meistens traurige Gesichter von weißen Mädchen mit scharf umrissenen Backenknochen, die sie so ersehnten. Jede war neidisch auf das Talent der anderen, wenngleich June aufrichtig anerkannte, daß Jennifer größere künstlerische Fähigkeiten besaß. Jede befestigte die Zeichnungen ihrer Zwillingsschwester an der Wand über dem Tisch, neben

Postern von Prinzessin Diana. In ihren Gefängniszellen, genau wie in ihrem Schlafzimmer in der Siedlung und in ihrem ganzen Dasein, bildete ihr Streben nach Höherem einen bitteren Gegensatz zu der Erbärmlichkeit, in der sie lebten.

Der Juni verging, und immer noch stand kein Termin für Broadmoor fest. Aber das Gericht hatte angeordnet, daß ihre Behandlung binnen achtundzwanzig Tagen beginnen mußte, somit mußte die Qual in Pucklechurch bis zum 24. Juni 1982, also in etwas mehr als einer Woche, ein Ende haben. In dieser Zeit wurden sich beide Mädchen des Ernstes ihrer Lage bewußt, und sie bereuten bitter den Schmerz, den sie ihrer Familie zugefügt hatten.

Insbesondere June verbrachte viele Stunden mit Rückbesinnung auf ihre Kindheit. Sie erinnerte sich an ihre »Verbrechen« – an den Tag, als sie beide die Schule geschwänzt hatten, an den Nachmittag, als sie eine Flasche Cola aus der Kiste gestohlen hatte, die ihr Vater unter seinem Bett aufbewahrte. Sie erinnerte sich, wie verderbt sie sich vorgekommen war, als sie sechzehn Jahre alt waren, Arbeitslosenunterstützung bezogen und ihre Mutter gebeten hatten, zwei Flaschen Stärkungswein zu kaufen, von dem sie sich eine Wunderkur erhofften, die ihnen die Zungen lösen und sie weltoffen machen würde. Arme Gloria! Sie wußte so wenig von ihren kalten, abweisenden Töchtern. June fand, die Verbrechen und ihre Inhaftierung seien insofern etwas Gutes, als es ihren Eltern die Möglichkeit gab, in ihr Inneres zu blicken. June und Jennifer gaben sich beide große Mühe mit ihren Briefen nach Hause. Sie schrieben sie immer wieder um, damit sie echt klangen und ihren Eltern halfen, sie zu verstehen.

Warum bin ich so mutterbesessen? Ich hatte nicht die Möglichkeit, meine Mutter richtig kennenzulernen. Ich meine nicht, daß mir eine Mutter fehlt, aber ich möchte so gern die anhängliche Teenager-Tochter sein, die eine liebevolle schwesterliche Beziehung zu ihrer Mutter hat. Wir sollten zu Hause sein, mit ihr sprechen, zusammen einkaufen gehen, Essen kochen, den Haushalt besorgen und dabei ein liebevolles Gespräch führen mit der Frau, die uns zu denen erzogen hat, die wir jetzt sind.

June schrieb ein Gedicht für ihre Mutter und legte es ihrem letzten Brief aus Pucklechurch bei.

Hier in Bristol denk ich an Wales.
Hier wo Verkehr dröhnt, denke ich ans Land.
Gib mir die kleinen Dinge.
Gib mir die Berge statt der Stadt,
Die Zukunft statt der Dornen,
Ein altes Bauernhaus statt grauem Pudding.
Gib mir Möwen statt der Krähen …

Die Bestrafung bestand nicht darin, von der Welt abgeschnitten zu sein; das hatten sie sich ja beide gewünscht. Sie bestand darin, so weit von ihrer Familie entfernt zu sein. »Ohne sie bin ich ein Niemand«, grübelte June. »Ich muß wissen, daß jemand hinter mir steht und meinen Fortschritt sieht. Ich wünsche mir Menschen, die sich an mich erinnern als eine, die wichtig in ihrem Leben war; Ehefrau, Mutter, Freundin, Kameradin, Tochter. Das ist alles, was ich brauche, um friedlich in mein Grab zu gehen.«

Am Freitag, dem 18. Juni, war das Warten endlich vorüber; die Zwillinge wurden zur Oberaufseherin gerufen, die ihnen eröffnete, daß sie am Montag nach Broadmoor gebracht würden.

Jennifer erhielt an diesem Tag noch mehr gute Nachrichten. Eine Aufseherin brachte ihr zwei Briefe in die Zelle. Auf einem Umschlag erkannte sie die Handschrift ihrer Mutter; der andere war von Mark. Der Herr hatte ihre Gebete erhört. Sie las zuerst den Brief ihrer Mutter. Sie lobte Junes Gedicht und drückte ihre Freude an dem Talent der beiden Mädchen aus. Jennifer spürte den gewöhnlichen eifersüchtigen Stich, aber das verging rasch.

Ein Donnerschlag ertönte, und die Zellenwände wurden vom Blitz gestreift, als sie langsam den zweiten Brief öffnete. Ein neues Foto fiel heraus. Sie hob es auf und begutachtete eingehend ihren zukünftigen Ehemann. Er war förmlich mit einem weißen Hemd, einer Krawatte, offenbar ein Schulschlips, und einer schwarzen Hose bekleidet. Er saß mit dem Gesicht zur Kamera in einem Sessel und sah eher wie ein Fünfzehnjähriger denn ein reifer Mann von einundzwanzig Jahren aus. Er war himmelweit entfernt von dem Ehemann und Vater aus ihren Tagträumen, der für sie und ihre Kinderschar sorgte. Sie betrachtete seine vorstehenden Augen und dicken Lippen, und ihre Augen brannten vor Enttäuschung. Sie sah unentwegt auf das Foto, hielt es in verschiedenen Winkeln in der Hoffnung, es möge sich verändern. Sie konnte schon Junes Verachtung fühlen. Sie las den in geschraubtem Englisch geschriebenen Brief. Sie war verwirrt. Sie verstand nicht ganz, was er meinte. In ihrem letzten Brief hatte sie ihn gebeten, sich deutlicher auszudrücken, aber er äußerte sich immer noch unklar. Er schrieb, er vermisse sie und bedaure, daß sie so lange eingesperrt sei. Was die Übereinkunft betreffe, sei er nicht sicher, worauf Jennifer sich beziehe oder was sie meine.

»Ich hab dir ja gesagt, du sprichst in Rätseln«, sagte June am nächsten Tag zu ihr, als Jennifer sie in ihrer Zelle besuchte. Als Jennifer ihr das Foto reichte, warf ihre Schwester einen einzigen Blick darauf, zunächst schockiert, dann wurde sie übermütig. »Das ist ja gar kein Mann«, kicherte sie. Jennifer war verletzt, mußte jedoch zustimmen. Sie sah, wie naiv sie gewesen war, aber es fiel ihr schwer, sich ihren Fehler einzugestehen und die Hoffnung fahren zu lassen, die sie in diesen sechs Monaten der Haft aufrechterhalten hatte. Sie beschloß, ihn um ein anderes Foto zu bitten und in ihrem nächsten Brief die Frage der Heirat deutlich zu formulieren. Wenn sie sich dann in Broadmoor eingerichtet hatten, wollte sie ihn einladen, sie dort zu besuchen.

Das letzte Wochenende in Pucklechurch wurde für die Zwillinge recht aufregend. Sieben Monate lang hatten June und Jennifer sich von fast allen Insassinnen distanziert. Das Personal in Pucklechurch hörte sie nie mit den anderen Mädchen sprechen. Obgleich die Zwillinge über gelegentliche Kommunikationsversuche schreiben, wurden ihre einsilbigen Bemühungen entweder nicht gehört oder aber mißverstanden. War dies der Fall, so fanden June und Jennifer es bequemer, zu nicken und zu deuten und es dabei bewenden zu lassen.

Eine Frau hatte Zugang zu ihnen gefunden. Sie sorgte stets für Heiterkeit und Gelächter. Alison war vierunddreißig und hatte die meiste Zeit ihres Lebens in Anstalten verbracht. In den Anfangstagen in Block A hatte sie die Zwillinge »adoptiert«, sie zu ihren Romanzen ermutigt und ihnen gesagt, sie seien etwas Besonderes. Sie fanden ihr Verhalten bizarr, waren aber von ihrer Zuwendung geschmeichelt und vermißten sie, als sie woandershin gebracht wurde. Sie war kürzlich nach Pucklechurch zurückverlegt worden. An den letzten Tagen vor ihrer Abreise wollten die Zwillinge das Gefühl haben, sie hätten Freundinnen gewonnen, die sich ihrer erinnern würden. Jennifer bediente sich sogar ihrer alten Hexenrezepte, und mit Alisons Bild im Kopf wiederholte sie wieder und wieder: »Du magst Jennifer.« Sie verfuhr ebenso mit Janet, einer neunundzwanzig Jahre alten Insassin, die sich nach der Verurteilung für die Zwillinge zu interessieren begann. Der Zauber wirkte. Am letzten Wochenende vor Broadmoor wurden sie mehrmals von Alison und Janet besucht.

Es war Sonntagmorgen, und Block A war nahezu verlassen. Die Aufseherinnen und die meisten Mädchen waren in die kleine Kapelle neben der Turnhalle gegangen. Nur eine Aufseherin und eine Handvoll Insassinnen waren dageblieben. Die Frauen hockten zusammen in Jennifers winziger Zelle und tauschten Süßigkeiten und Klatschgeschichten aus. Sie kicherten, erröteten, besprachen intime Themen und mampften Chips und Schokolade wie eine Gruppe Schulmädchen bei einem Schlafsaalfest. Es waren Junes und Jennifers erster Vorgeschmack von einem Gemeinschaftsleben, und sie genossen es.

»Laßt euch von denen bloß keine Spritzen in den Hintern stecken oder mit Pillen vollstopfen«, riet die erfahrene Janet. »Guckt lieber fern und tut euch mit den anderen zusammen, oder die pumpen euch mit Medikamenten voll bis obenhin, und ihr lauft rum wie verfluchte Zombies.«

Alison, die Janet haßte, hatte ihre eigenen Vorstellungen. »Ihr werdet sowieso eingesperrt wie Irre. Ich war dort.« Sie starrte vor sich hin, ihre Gedanken schweiften. »Ich werd euch vermissen. Warum heiratest du nicht Richard

Burton? Der würd für dich sorgen.« June war gerührt. »Ich wußte nicht, daß ihr unsere Freundschaft so viel bedeutete«, dachte sie bei sich. Sie erkundigte sich bei Alison, wie Psychoanalyse vor sich gehe.

»O ja, du liegst den halben verflixten Tag auf ner Couch und quasselst mit nem Quacksalber. Davon kriegst du nen Sprung in der Birne. Aber wenigstens haste nen Mann bei dir!« Sie zwinkerte. June und Jennifer waren peinlich berührt. »Es sei denn, ihr seid noch Jungfrau«, fügte Alison hinzu.

Jennifer schüttelte stolz den Kopf. »Wie oft?« fragte Janet. Jennifer hielt fünf Finger hoch. »Haste Schwänze gelutscht?« fuhr Janet fort. »Ich habs bei meinem Freund gemacht, aber ich finde, masturbieren macht mehr Spaß. Hier machens alle.«

»Und die Wärterinnen?« flüsterte June schockiert.

»Ach, macht euch wegen denen mal keine Sorgen, die sind das gewöhnt. Ich machs sogar, wenn das Licht an ist. Seid ihr zwei Lesben?«

Jennifer wurde heiß im Gesicht. Sowohl sie als auch June schwärmten für einige Mädchen. Eines Tages hatten sie mit Lippenstift einen Liebesgruß auf Alisons Kopfkissen geschrieben. Ob sie ahnte, daß sie das waren? Hielten alle sie für bisexuell?

»Keine Bange«, beruhigte Janet sie. »Wir haben ne Menge Lesben hier.«

»Denkt dran, ihr seid meine Babys.« Alison, die meilenweit weg gewesen war, beteiligte sich wieder am Gespräch. »Ich werd euch vermissen.«

Jennifer wickelte zwei Kaugummistreifen aus und gab sie ihren neuen Freundinnen. Das Einwickelpapier strich sie sorgfältig glatt, um es als Andenken zu behalten. Alles in diesen letzten Augenblicken war wichtig.

In ihren getrennten Zellen eingeschlossen, aßen June und Jennifer ihre letzte Mahlzeit in Pucklechurch. Sie sagten dem kleinen Mandelbaum im Garten Lebewohl, den Fenstern der Krankenabteilung gegenüber, wo sie die meiste Zeit ihrer ersten drei Monate verbracht hatten, den Wänden, der Tür, die sie gefangengehalten hatten. »Lebwohl, Pucklechurch.« June hielt vor jedem Mundvoll Reisauflauf den Löffel in die Höhe. Sie sah die herrliche neue Welt vor sich, die sie erwartete. Sie dachte an ihre Nachfolgerinnen in ihrer Zelle. Würden sie ihr ganzes Leid spüren? Würden sie all die Gespräche mit Jennifer über den Wunsch nach Ehemännern und Babys hören – und ihre bitteren Kämpfe? Sie nahm einen Stift und kratzte ihren Namen in die Wand: »Nach Broadmoor gegangen. 21. Juni 1982. Sie machte ihren letzten Tagebucheintrag in Pucklechurch.

Morgen gehe ich fort von hier, verschwinde wie die Sonne hinter einer Wolke … Aber ich bin nicht die Sonne, ich bin eine vergehende Brise, die die Menschen zaust. Und Pucklechurch wird sich freuen, mich los zu ein; Erlösung von diesen »gräßlichen Zwillingen.« Nur Erinnerungen, die eine Beule am Kopf hinterlassen, ein Stirnrunzeln, eine seltsame, leuchtende Stille, die diese Zelle überfällt.

Auch Jennifer aß in ihrer Zelle ihren letzten Reisauflauf.

Bitte, lieber Gott, laß mich in meinem neuen Leben nicht so leiden, wie ich hier gelitten habe. Laß mich mutig genug sein, um frei zu sprechen. Laß mich Vertrauen zu den Ärzten und Krankenschwestern und keine Angst mehr vor den Menschen haben. In den letzten sieben Monaten war ich eine Seele ohne Hoffnung. Laß dieses Leiden mich nicht noch einmal lähmen, meine Fähigkeiten vernichten, meine Zunge zusammenschnüren wie Feuerholz.

Als die Nachtaufsicht ihren Dienst antrat, wurde Jennifers Zellentür aufgeschlossen, und man schickte sie hinaus, um Wasser für die Nacht zu holen. Sie ging langsam durch den Flur und wollte sich von ihren neuen Freundinnen verabschieden. Sie klopfte an Alisons Tür, erhielt aber keine Antwort. Als sie die Tür öffnete, sah sie Alison auf dem Boden sitzen und zu ihr hinsehen. Jennifer winkte, doch Alison schien sie nicht zu erkennen. Jennifer schloß die Tür und klopfte nebenan. Wieder keine Antwort. Die Insassin, ein Mädchen, mit dem Jennifer nie gesprochen hatte, saß auf einer Matratze auf dem Fußboden über eine Strickarbeit gebeugt. Sie sah nicht auf.

Am Ende des Flurs fand Jennifer Janets Zelle. Ihre Stimmung besserte sich, aber als sie die Tür öffnete, sah sie ihre

Freundin auf dem Bett liegen, die Zudecke bis ans Kinn gezogen, ihre Augen starrten an die Decke. Sie war nicht mehr das erfahrene, lustige Mädchen, das ihr vor wenigen Stunden so viele Ratschläge gegeben hatte; sie sah traurig und verletzlich aus. Jennifer schlich eilig fort und schob einen Zettel, den sie geschrieben hatte, unter die Tür. »Schreib uns. Vergiß uns nicht. J. und J.«

Der Tagesanbruch war grau, ein trüber sommerlicher Nieselregen fiel. Die Vögel hatten unter dem Dach über Junes Zellenfenster Schutz gesucht. Sie lag und lauschte auf die vertrauten Geräusche des Frühstückswagens, des Aufschließens, auf die Rufe der Insassinnen und die Begrüßung der Aufseherin. Sie las ein Stück aus Paulus' Brief an die Thessalonicher sowie die Psalmen 54, 55 und 57. Sie packte ihren Kissenbezug, holte ihr Tagebuch und einen Stift hervor und schrieb:

In wenigen Stunden werde ich zum letzten Mal aus dem Tor von Pucklechurch hinausfahren. Ich werde fortgebracht ins Gelobte Land. Dort werde ich in meinem geblümten Rock und meiner schwarzen Jacke stehen, neunzehn Jahre alt. Und eines Tages werde ich auf jenen Montag, den 21. Juni zurückblicken, und was werde ich denken? Ich werde nichts sehen als meine Schwester und mich, verletzlich wie Blumen in der Hölle, unwichtig und doch wichtig, auf dem Flug in einen neuen Lebensabschnitt.

X. Blumen in der Hölle

> Was für eine schändliche Verwüstung
> habe ich in meinem armen süßen
> Menschenleben angerichtet.
>
> *Jennifer Gibbons*

Broadmoor erwies sich nicht als das Neue Jerusalem, von dem die Zwillinge geträumt hatten, wenngleich die geräumigen, viktorianischen Villen mit den breiten Korridoren, überheizten Räumen und großen, auf die Landschaft hinausgehenden Fenstern anfangs einen angenehmen Gegensatz zu Pucklechurch darstellten. Die Zwillinge waren begeistert, daß sie statt Plastik »silbernes« Besteck bekamen; der Reisauflauf war besser, und es gab zwei Fernsehräume. Statt mit lauten Schellen wurden die Patienten über Lautsprecher gerufen: »In den Speisesaal, meine Damen«, oder »Post für Miss Jones.« Sie freuten sich auch über das große Badezimmer mit Spiegeln und darüber, daß man sie weitgehend ungestört ließ.

In der ersten Nacht waren June und Jennifer in Haus York 2 in getrennten, aber nebeneinander liegenden Zimmern eingeschlossen, so daß sie sich durchs Fenster sehen konnten. Am nächsten Tag durften sie sich im Lagerraum der Klinik drei neue Kleidergarnituren aussuchen, entweder Kleider oder Kostüme, einen Tweedmantel, neue Unterwäsche, Nachthemden und drei Paar Schuhe – ein Paar flache für die Arbeit, ein Paar für die Station und schicke Schuhe für gesellschaftliche Anlässe. Ihr neues geselliges Leben im Sinn, wählte June ein blaues Kleid mit elegantem Bindegürtel. Jennifer entschied sich für ein rotes. Später machte man Videoaufnahmen von ihnen, die Broadmoor zu ihrer Beurteilung benutzte, und sie genossen die Gelegenheit zu »agieren«. Am Abend spielten die Mädchen mit den Pflegerinnen Scrabble. Man bot ihnen Zigaretten an, danach gab es einen Imbiß mit Broten und Keksen. »Eure Belohnung, weil ihr heute brav wart«, sagte die Schwester.

»Ein Fortschritt nach dem anderen«, berichtete Jennifer. »Habe ›Über 21‹ gelesen. Die Sternzeichen sehen ermutigend aus. Habe durchs Fenster mit J. geplaudert. Hoffe, es wird jeden Tag besser.«

Jennifers Zuversicht wurde nicht belohnt. Am dritten Tag befanden sie und June sich wieder im Kampf. Während Jennifer ihre ganze Energie darauf verwandte, das Beste aus ihrem neuen luxuriösen Lebensstil zu machen, zog June sich zurück. Als sie im Speisesaal im Beisein so vieler Fremder essen sollte, beschlich sie wieder die alte Lähmung. Sie ging ganz langsam und weigerte sich schließlich, sich zu bewegen, so daß die Pflegerinnen sie von ihrem Zimmer zum Bad oder in die Halle schleppen mußten. Sie hatte den Kopf gesenkt, die Augen niedergeschlagen, und jeder Versuch des Personals, ein Gespräch anzufangen, wurde mit bedrückendem Schweigen erwidert.

Die Schwestern beobachten uns, ich beobachte June. Sie will meinen Ruf, mein Leben ruinieren. Der Tag muß kommen, an dem wir uns beide normal benehmen, reden, uns fix bewegen, lachen, leben. Ich muß mein Leben, meinen Verstand, mich selbst beherrschen. June ist absichtlich kalt zu den Schwestern. Sie hat zu viele Fehler, und die kommen jetzt besonders zum Vorschein.

»Sieh auf, wenn du antwortest«, wurde June von Schwester Bevan, der munteren, für Haus York 2 zuständigen Spanierin, ermahnt. Jennifer knirschte mit den Zähnen. Wenn June so weitermachte, würden sie nie wie normale Neunzehnjährige behandelt und nie aus Broadmoor herauskommen.

Am Ende der ersten Woche war June wieder in ihre Starrheit verfallen. Jennifer sah sich gezwungen, es ihr gleichzutun, aber sie spürte, wenn sie jetzt nicht entkamen, würde sich die ganze Geschichte wiederholen, und sie würden Jahre später als Zombies hier enden. Sie hatte im Badezimmer ein kleines Fenster ohne die üblichen Gitter bemerkt. Sie könnte ihren schlanken Körper durch das Fenster zwängen. June würde ihr mit einer »Leiter« aus zusammengeknoteten Handtüchern und Kleidern folgen, die sie an die Wasserhähne des Waschbeckens binden würden. Dann würden sie sich in den geteerten Hof herablassen und zur Mauer rennen.

Sie hatten gehört, daß vor einigen Jahren eine Frau auf die Schultern einer anderen Patientin gestiegen und über die Mauer gesprungen war. In der Zeit, als Broadmoor gebaut wurde, hielt man Frauen für schwächer als Männer, und die Mauern des Frauenflügels waren nicht so hoch wie die der Männerabteilung. Die Frau hatte sich den Knöchel verstaucht und war nur einen knappen Kilometer in Richtung des Bahnhofs Crowthorne gekommen, als die Polizei sie aufgriff. Aber sie hatte die Freiheit geatmet.

Jennifer stand June im Flur vor dem Badezimmer gegenüber. Sie hatte versucht, June ein Zeichen zu geben, sie müsse sich beeilen, da sie heute abend ausbrechen wollten. Aber June reagierte nicht. Sie stand da, einen Arm vor dem Gesicht, mit dem anderen ihren Körper abschirmend, und starrte stur geradeaus. Jennifer wußte, es war keine Zeit zu verlieren. Es war kurz vor acht Uhr abends, und sie würden keine Gelegenheit mehr haben, noch einmal ins Bad zu gehen.

»Jennifer und June, was macht ihr da? Zeit fürs Bett.« Samantha Bevan trat zwischen das schweigsame Paar. Schwester Bevan arbeitete seit ihrem neunzehnten Lebensjahr mit den Frauen und Mädchen in der Broadmoor-Klinik. Jetzt, mehr als zwanzig Jahre später, standen die Patientinnen ihr fast näher als ihre eigene Familie; sie verbrachte ja täglich so viele Stunden mit den Eingeschlossenen. June und Jennifer machten es ihr schwer. Nie war sie Mädchen begegnet, die so stumm und steif waren. Sie rief Hilfe und schleppte zuerst June, dann Jennifer den Flur entlang in ihre Zimmer. Wie die Aufseherinnen in Pucklechurch, mußten sie die Mädchen in die Betten hieven.

Samantha Bevan sah in Jennifers teilnahmsloses Gesicht, dann kniete sie sich hin, um sie zuzudecken. Jennifer musterte die über ihr stehende Pflegerin. Sie hatte sie anfangs für freundlich gehalten, doch jetzt schien die Schwester Junes wissende, abweisende Miene anzunehmen. Jennifer sah auf das vergitterte Fenster, und die Wände des Zimmers erdrückten sie. Sie fühlte ihre Finger lebendig werden und ihren Körper vor Energie vibrieren. Es war das erste Mal in ihrem Leben, daß sie ein mächtiges Aufwallen von Zorn spürte, der sich nicht ausschließlich gegen ihre Zwillingsschwester richtete. Doch wie ihr Zwilling hinderte diese Frau sie daran zu atmen, frei zu sein.

In Sekundenschnelle gruben sich ihre Nägel in Samantha Bevans Gesicht. »Ihr Miststücke!« kreischte Jennifer. Erschrocken über die deutlich gerufenen Worte des schweigsamen Mädchens sowie über den Schmerz in ihrem Gesicht, schrie Schwester Bevan auf. Jennifer ließ los, und als sie aufsah, begegnete sie dem verängstigten Blick einer jungen Schwester, die herbeigelaufen war.

Station Lancaster 1 ist die »Intensivstation« der Patientinnen von Broadmoor. Die unteren Räume ähneln den Strafzellen in Pucklechurch: Kahle Wände, vergitterte Fenster hoch oben in der Mauer, eine Matratze auf dem Boden. Wenn eine Patientin auf die Station kommt, wird sie in den ebenerdigen Raum gesteckt, der den gewalttätigsten und gefährlichsten Frauen vorbehalten ist. Dann muß sie sich wie im »Himmel und Hölle«-Spiel ihren Weg durch die dreiundzwanzig Zimmer von Lancaster 1 bis zur nächsten Station, Lancaster 2, bahnen, und von dort zurück zu den offeneren Räumen und Schlafsälen von Haus York, der Abteilung, in die man die Zwillinge bei ihrer Ankunft gebracht hatte. Bei jedem Vorfall, je nach Schwere, wird die Patientin mehrere Räume oder Stationen zurückgestuft, bis sie, im allgemeinen nach sechs Jahren, sofern sie nicht allzuoft in der »Hölle« gelandet ist, in einem der oberen Räume der Rehabilitationsstation, dem Haus York 3, ankommt.

Der Weg nach oben ist mit ständigen Belohnungen gepflastert. Je mehr man sich dem System anpaßt, einen um so besseren »Stand« hat man, nicht unähnlich einem Fernsehdirektor oder Staatsbediensteten. Gute Führung auf Station Lancaster 1 wird mit Beförderung in ein Zimmer mit Bett und Preßspanmöbeln belohnt. Ist man auf Station Lancaster 2 angekommen, kann man durch die zweiundzwanzig Zimmer aufsteigen, bis man sich ein Zimmer mit

Sessel, Kleiderschrank und Schreibtisch (aus Holz), Spiegel und Teppich erobert. In den Vorzugszimmern darf man seine Kosmetika auf der Kommode aufbewahren, wogegen in den gewöhnlichen Zimmern sämtliche Habe draußen in einem Spind untergebracht ist. Auch die Zahl der Freistunden steigt, angefangen auf Lancaster 1, wo die Zimmer mit aggressiven oder zur Selbstverstümmelung neigenden Patientinnen Tag und Nacht verschlossen bleiben, bis zu Haus York 3, wo die Patientin mit einem Paß für das Klinikgelände, einer sogenannten »Freigängerkarte«, versehen wird, die ihr gestattet, sich innerhalb der Klinik frei zu bewegen. Manche Patientinnen, die seit Jahren in Broadmoor sind und wahrscheinlich nie entlassen werden, haben sich so gut wie dauerhaft auf der einen oder anderen Station eingerichtet, doch für andere behält das Vorzugszimmer-System seine Funktion, bis sie fortgehen.

Allein auf ihrer Matratze in der Isolierzelle auf Station Lancaster 1 liegend, erlitt Jennifer die finstersten Augenblicke ihres neunzehnjährigen Lebens. Alle Erwartungen, die sie in den letzten Monaten in Pucklechurch gehegt hatte, waren hinter den Mauern und Türen ihres neuen Gefängnisses verschwunden. »Ich würde den Tod jeden Tag freudig begrüßen, wie ein Kind sich über Bonbons freuen würde«, schrieb sie. »Der Tod steht immer bereit, er lächelt sein süßes Lächeln, begierig, Freunde zu gewinnen.« Sie konnte nicht sprechen. Ihre Zunge fühlte sich zugeschnürt an, wie ein Bündel trockenes Feuerholz. Sonntags, wenn der Aufenthaltsraum auf Lancaster 1 in eine Kirche umgewandelt wurde, sah sie sich außerstande, ihre geliebten Gebete mitzusprechen, und als der Priester ihr die Hostie bot, wollten ihre Lippen sich nicht öffnen. Sie blieben unglücklich zusammengepreßt, als er ihr den Wein reichte. Er segnete sie und ging weiter. Sie erinnerte sich an den vielen Wein und Wodka, den sie letzten Sommer getrunken hatte, und blickte durch den Raum zu ihren Mitinsassinnen auf Station 1. Sie saßen in Reihen, teilnahmslos und mit starrem Blick, wie Soldaten im Begriff, sich erschießen zu lassen. Carl, Lance und Wayne waren weit fort.

Auch June war, von ihrer Zwillingsschwester getrennt, tief deprimiert. Am Morgen des 11. Juli, dreizehn Tage nach Jennifers Ausfall, fand man sie, als sie versuchte, sich in ihrem Zimmer zu erdrosseln. Sie hatte sich den Gürtel ihres neuen blauen Kleides um den Hals gelegt und das andere Ende an den silbernen Reifen an ihrem Arm gebunden, den sie mit so vielen magischen Kräften ausgestattet hatte, und zog daran.

Die Zwillinge wurden ausgetauscht. June erhielt Jennifers Platz auf der »Intensivstation«, während Jennifer die Zwischenstationen übersprang und in einen Schlaftrakt in Haus York 2 zurückkehrte. Der Zustand der beiden Mädchen verschlechterte sich. June zog sich in Apathie zurück wie vor vier Jahren im Carmarthen-Heim, als sie zum erstenmal von ihrer Schwester getrennt war. Sie weigerte sich, im Speisesaal zu essen, und ihr Gewicht sank auf vierzig Kilogramm.

In diesen Wochen Anfang Juli machte ich meinen ersten Besuch in Broadmoor und sah, wie zwei Pflegerinnen June ins Besucherzimmer trugen. Jennifer, die gleich nach ihrer Schwester hereingeführt wurde, war anfangs ebenfalls schweigsam und nicht ansprechbar. Dann sprach sie in atemloser Hast mit mir. »Bitte sagen Sie dem Doktor, daß June zurückkommen muß. So geht das nicht. Wir wollen zusammen sein. Bitte helfen Sie uns.«

Jennifers Kummer war weniger dramatisch als Junes, aber sie sehnte sich nach der Rückkehr ihrer Schwester, wie eine junge Frau, die wartet, daß ihr Mann von der Front heimkehrt. Bei jedem Schritt draußen im Flur dachte sie, June käme zurück. Sie starrte auf das leere Bett neben sich und sehnte sich, daß es von June belegt würde. Sie sah stundenlang aus dem Fenster, um June im Garten zu erspähen. »Ich bin verdammt, bis June wieder da ist«, schrieb sie. »Ich bin verzweifelt, ich muß sie sehen. Etwas Böses ist im Spiel. Will man uns für immer trennen?«

Die Tage vergingen, und selbst die normalsten Bewegungen wurden zur Qual. Sie drückte sich im Flur herum, zu verängstigt, den Aufenthaltsraum zu betreten. Saß sie einmal dort, stets auf dem Stuhl nahe der Tür, hatte sie

Angst wegzugehen. Wenn sie aufstünde und ginge, hatte sie das Gefühl, daß alle sie anstarrten. Wenn sie dagegen wartete, bis jemand anderes ging, ehe sie aufstünde, hatte sie das Gefühl, die anderen dächten, sie könne sich nur bewegen, weil die andere sich zuerst bewegt hatte.

Es war heiß im Garten. Die Temperatur Ende Juli hatte Fliegenschwärme angelockt. Jennifer lauschte auf das Geräusch der Jumbo-Jets, die vom Flughafen Heathrow nach Amerika oder noch weiter flogen. Aber auf dem Platz, den Jennifer in ihren Erholungspausen immer einnahm, saß ein Mädchen und rauchte. Was sollte sie tun? Sie war viel zu verlegen, um sich zu ihr zu setzen. Was, wenn das Mädchen sie ansprach? Oder ihr eine Zigarette anbot? Aber einfach vorbeigehen und sich auf den nächsten freien Platz setzen, das würde überheblich und ungesellig wirken. »Ich hab wirklich genug von meinem Mangel an Selbstbewußtsein. Warum kann ich nicht einfach ›Hallo‹ sagen und die Barriere niederreißen?«

Jennifers Befangenheit wurde so schlimm, daß sie sogar aufhörte, in Anwesenheit der Schwestern oder Patientinnen Tee zu trinken. Das Aufheben des Milchkrugs oder der Teekanne wurde ihr unmöglich, vor allem, wenn sie ungünstig standen und der Henkel auf der falschen Seite war. »Frag sie doch nicht dauernd, sie nimmt sich schon 'ne Tasse Tee, wenn sie eine will.« Vi, ein Mädchen von ihrem Schlaftrakt, sprach über sie hinweg mit Sara. Jennifer hatte das Gefühl, unsichtbar zu sein. Sara brauchte den Teelöffel an Jennifers Platz, aber sie hielt Jennifer entweder für taub oder war selbst verlegen. Jennifer hätte ihn einfach nehmen und hinüberreichen sollen, aber sie konnte sich nicht dazu aufraffen. Warum bat Sara sie nicht einfach, ihn ihr zu geben? Jennifer konnte Schweigsamkeit bei anderen Leuten nicht ertragen. »Das geht mir auf die Nerven«, dachte sie. »Sie treiben ihr Spiel mit mir. Dieses lange, aufreizende Schweigen. Warum sprechen sie nicht und nehmen mir die Scheu?« Sie hatte Angst in den Ruf zu kommen, keinen Tee zu trinken, weil dann die Leute einen zu großen Schrecken bekämen, wenn sie schließlich doch ihren Mut zusammennähme.

Es war Montag, der 26. Juli 1982. Fast ein Monat war vergangen, seit Jennifer die Pflegerin attackiert hatte und die Zwillinge in verschiedene Abteilungen gebracht worden waren. Jennifer, unglücklich wie immer, stieg die Treppe zum Beschäftigungstherapieraum hinauf. Als sie oben angekommen war, rief Vi ihr zu: »Deine Schwester ist da!« Jennifer war wie betäubt. Sie sah June an einem der langen Tische sitzen. Sie trug einen Pullover von Jennifer und den grünen Rock, den ihre Eltern mitgebracht hatten, als sie vorige Woche zu Besuch kamen. Gloria hatte Jennifer die Farbe gesagt und gemeint, Jennifer hätte sicher lieber einen goldgelben. Ohne auf die neugierigen Blicke ringsum zu achten, gingen die Schwestern aufeinander zu und unterhielten sich.

In der Teepause setzten sie sich zusammen und plapperten rasch drauflos. Sie gestanden sich ihr Unglück. »Wenn ich allein bin«, bekannte June, »bilde ich mir ein, ich bin du. Dein Gesicht, dein Körper. Ich bin du.« Jennifer war erstaunt. »Aber das muß *ich* doch tun, mir einbilden, ich bin du.«

»Nein! Du bist die große Unabhängige«, erwiderte June. »Weißt du noch, wie du allein zu dem Treffen mit deinem Brieffreund gegangen bist? Wenn ich daran denke, fühl ich mich stark.«

Sie beschlossen, sich von nun an gegenseitig zu helfen und zu unterstützen.

»Ich habe einen Brief von einem Kerl gekriegt, der in der Zeitung was über uns gelesen hat. Er hat auch eine Sprachstörung und möchte, daß eine von uns seine Freundin wird. Hat Mark dich schon besucht?«

Jennifer hatte keine Zeit zu antworten, weil eine Pflegerin June und die übrigen Patientinnen aus dem Haus Lancaster wegführte.

Auch gut. Jennifer wußte ohnehin nicht, ob sie ihrer Schwester erzählen sollte, daß Mark sie in fünf Tagen besuchen wollte. Sie war so gespannt und aufgeregt, daß die Woche im Nu verging. Sein Besuch brachte etliche Probleme mit sich. Die Patientinnen im Haus York müssen selbst für ihre Gäste Tee machen und ihn auf einem Tablett ins Besucherzimmer bringen. Tee, Tassen, Zucker und Kekse müssen sie in der Kantine kaufen, und Milch muß an dem betreffenden Tag angefordert werden. Jennifer überlegte sich auch stundenlang, was sie anziehen sollte.

Aufgrund der in den letzten Jahren vorgenommenen Reformen an Spezialkliniken dürfen die Patientinnen in Broadmoor sich Schnitt und Farbe ihrer Kleider aussuchen. Ein Londoner Warenhaus hat einen Vertrag mit der Klinik, und einmal jährlich kommen frühmorgens mit Kleidern beladene Lastwagen an. Um neun Uhr rücken die Frauen von jeder Station nacheinander an, suchen sich eine Garnitur aus, die von der Klinik gespendet wird, und eine, die sie sich von ihrem eigenen Geld kaufen. Da jede Patientin drei bis sechs Pfund für gute Führung erhält und keinen Ausgang hat, kann sich das Geld, zusammen mit dem Zuschuß von der Sozialversicherung, auf ihrem Klinikkonto rasch vermehren.

Wenn Jennifer ihr neues rotes Kleid anzöge, würde es dem Personal womöglich auffallen, daß dies ein besonderer Anlaß war. Aber Mark mußte einen guten ersten Eindruck von seiner zukünftigen Frau bekommen. »Er wird merken, wenn ich schüchtern oder befangen bin. Er wird alles an mir bemerken, die ganze Gekünsteltheit. Davor habe ich die meiste Angst«, sagte sie zu sich und sehnte sich nach Junes Rat. Sie grübelte über die Farbe ihres Unterrocks. Weiß wäre hübsch, aber unpassend, weil sie nicht mehr Jungfrau war. Sie würde einen schwarzen anziehen und eine schwarze Strumpfhose. Zur Vorbereitung auf den Besuch traute sie sich sogar zum Friseur, ließ sich die Zöpfe aufmachen, die Haare waschen und zum Pferdeschwanz frisieren.

Der Besuchstag war gekommen. Besuchszeit ist in Broadmoor von 14.15 bis 16 Uhr. Jennifer zog einen grünen Rock mit Strickweste an, deckte ihr Teetablett und wartete, daß sie aufgerufen würde. Um drei Uhr wartete sie immer noch. Wo blieb Mark? Sie gab ihrer Kleiderwahl die Schuld. Grün ist eine Unglücksfarbe. Vielleicht war Mark in eine Massenkarambolage verwickelt. Vielleicht hatte sein Chef ihm nicht freigegeben? Vielleicht war sie in ihren Briefen zu offenherzig und rasch gewesen, und er hatte nie die Absicht gehabt zu kommen? Sie hörte Donnerschläge, und ein düsterer Regenschauer schlug ans Fenster. Ein Gewitter im Juli? Welch schreckliche Nachricht wollte es ihr übermitteln? Sie hörte draußen ein Poltern, vielleicht hatte der Wind ein paar Kisten umgeworfen. Sie döste ein. Als sie aufwachte, war die Besuchszeit vorüber.

Mark war aufgebrochen, erfuhr sie später, hatte sich jedoch mit den Zügen und Bussen von Aldershot vertan. Er mußte dann die zweieinhalb Kilometer vom Bahnhof Crowthorne zu Fuß hügelauf gehen, gerade als der Himmel sich bezog und der Regen fiel. Er hatte ein Päckchen mit Büchern für seine liebe Brieffreundin dabei und eine Postanweisung über zehn Pfund, falls sie etwas kaufen wollte. Er hatte keine Ahnung, was für eine Anstalt Broadmoor war, und er war nervös, weil sein erstes Rendezvous unter solch merkwürdigen Umständen stattfand. Jennifer hatte ihm erzählt, sie werde einige Jahre in einer Klinik sein, aber als sie seine Briefe nicht beantwortete, hatte er in einem Anfall von Groll alle ihre Briefe verbrannt und konnte sich nicht mehr recht besinnen, was sich hinter diesen hohen Mauern befand. Es war halb vier, als er am Haupteingang läutete. Er wartete in dem überfüllten Raum neben dem Empfangspult, während zwei andere Besuchergruppen sich ins Buch eintrugen. Schließlich nahm er seinen Mut zusammen und fragte nach Miss Jennifer Gibbons. »Ach, die muß in der Frauenabteilung sein«, sagte die Empfangsschwester. »Das hier ist die Männerabteilung. Sie müssen hier herausgehen und dann rechts.«

Als Mark in der Frauenabteilung ankam, war es viertel vor vier. Eine große, herrische Schwester, die am Empfang Dienst tat, sah den durchnäßten jungen Schwarzen an. »Sie kommen zu spät«, sagte sie mitleidlos. »Die Besuchszeit endet um vier, und es ist keine Zeit mehr, um eine Begleitung von der Station zu beordern.« Mark fragte, ob er die Bücher und das Geld dalassen könne. »Sie müssen es am Besucherfach abgeben und unterschreiben. Am Empfangstisch können Sie nichts hinterlassen.« Ihre Art schreckte ihn ab, und er wagte nicht zu fragen, wo das Besucherfach sei. Mitsamt den Geschenken machte er sich auf den weiten Rückweg zum Bahnhof.

Während der folgenden Wochen rückte June auf Station Lancaster 2 auf, blieb jedoch traurig und stumm. Jennifer paßte sich dem Tagesablauf der Klinik besser an und bemühte sich um Kommunikation. Sie war jedoch so ungeübt, daß sie sich selten verständlich machen konnte.

»Wirst du die Schreiberei nie leid?« fragte Schwester Bevan. Jennifer saß auf ihrem Stammplatz im Aufenthaltsraum über ihr Schreibheft gebeugt und skizzierte die Handlung für ihre nächste Kurzgeschichte. »Hast du Lust, mit ins Büro zu kommen? Wir könnten nachsehen, ob wir etwas zum Nähen für dich finden.« Jennifer konnte ihr Glück nicht fassen. Sie hatte die anderen Mädchen beim Nähen beobachtet und davon geträumt, eine hübsche Stoffpuppe zu machen wie jene, die sie und June in Eastgate gefertigt hatten, aber sie hatte sich nie zu fragen getraut. »Vielleicht möchtest du ein Stoffspielzeug machen, irgendetwas für die Ausstellung?« meinte Schwester Bevan.

Broadmoor ist auf die Herstellung von Stoffspielzeug spezialisiert. Tiere und Puppen aller Art und Größe sind im Besuchszimmer und im Speisesaal aufgereiht und können vom Publikum oder auch von den Patientinnen selbst gekauft werden. Die Kosten für das Material werden ihrem Klinik-Konto in Rechnung gestellt. Jennifer wollte das mit der Puppe erklären, aber es gelang ihr nicht. Sie folgte Schwester Bevan ins Büro. »Welche Farbe hättest du gern?« Jennifer gab einen Laut von sich, der aus ihrer Nase zu kommen schien. »Dunkelbraun«, murmelte sie. Es erinnerte sie an den Teddybären, den sie zu Hause gelassen hatte. Aber Schwester Bevan verstand sie falsch. »Es ist dir egal? Wie wärs dann hiermit?« Sie gab ihr eine Schachtel mit beigefarbenem Stoff, eine Farbe, die Jennifer nicht leiden konnte, und begann eine Nadel einzufädeln.

Der Teddybär, auf den Jennifer ihre ganze Hoffnung gesetzt hatte, wurde ein beiges Hündchen. Aus Versehen nähte sie ihm den Schwanz ans Bein, was ihm ein schiefes Aussehen verlieh. Aber Jennifer fand es ganz niedlich, taufte es Russell und unterschrieb einen Anforderungsschein, um es zu kaufen. Es wäre zumindest ein Andenken, eine Erinnerung an den Sommer 1982.

Die Zwillinge wurden ärztlich untersucht, und die Tests ergaben, daß sie dieselbe Blutgruppe hatten und tatsächlich eineiig waren. Gloria hatte immer behauptet, sie seien nicht eineiig, und bisher war kein Arzt auf die Idee gekommen, ihre Behauptung zu überprüfen. Der Hauspsychologe besuchte beide Mädchen, stellte mit einer Stoppuhr fest, wie lange es dauerte, bis sie reagierten, und bombardierte sie mit den üblichen Fragen sowie Persönlichkeits- und Intelligenztests. Es war genau wie damals in Eastgate.

Auch der Lehrer besuchte sie, doch es erging ihm wie den anderen – er verstand nichts von dem, was June sagte. »Wenn du die Schule besuchen willst, mußt du dich aber gewaltig bessern!« mahnte er. »Du wirst nicht mit deiner Schwester zusammen sein. Ich wünsche nicht, daß ihr zwei miteinander murmelt und kichert, wie das Personal mir erzählt hat.« Er erklärte ihr, an welchem Unterricht sie teilnehmen könnte, und sie schrieb sich für Englisch, Mathematik, Maschineschreiben und Kunst ein. Die Mädchen erinnern sich an eine unselige Bemerkung von ihm, die, ohne daß es ihm bewußt war, womöglich jegliches Lernbemühen erstickt hat: »Es ist nicht schwer, dich von deiner Schwester zu unterscheiden. Du bist die dickere, nicht?«

Beide Mädchen wurden von Jenny France, der Sprachtherapeutin, aufgesucht. »Warum freut sich die Katze?« Jenny France zeigte ihnen die üblichen in der Sprachtherapie verwendeten Karten; ein Goldfischglas mit einem Fisch, sodann eine Katze, die hinaufsieht, danach eine Katze und ein zerbrochenes Glas. »Was fehlt?« fragte sie. Jennifer kannte den Test gut. Sie hatte das Gefühl, fünf Jahre alt zu sein. Sie kicherte. Sie fragte sich, ob June auch lachte.

Die Zwillinge fanden die Trennung unerträglich. Beide hatten Selbstmordgedanken. »Könnte ich mich in der

Badewanne ertränken?« dachte Jennifer. »Oder soll ich mir aus der Beschäftigungstherapie eine Nadel holen und sie mir ins Herz stechen? Was würde J. tun? Zusammenbrechen? Sie sollte wirklich nicht hinter Gittern sein. Sie ist zu hübsch, um sich das Leben entgehen zu lassen.« Sie beteten täglich und befragten ihr Horoskop, ob Hoffnung auf Veränderung bestehe. »Lieber Gott, du mußt mir helfen«, rief Jennifer eines Tages in der Toilette, wobei sie mit den Fäusten gegen die Wand hämmerte. »Sag mir den Tag, an dem meine Schwester zu mir zurückkommt. Ich brauche sie. Wirst du mir bitte, bitte, helfen?« Die Mädchen trafen sich gelegentlich, wenn beide Stationen denselben Beschäftigungstherapieraum benutzten, und manchmal an Wochenenden zur Belohnung. Die Schwestern hatten einen Handel mit ihnen abgeschlossen. Wenn beide sich in der Woche gut benahmen und zu sprechen bemühten, durften sie sich samstagnachmittags in Schwester Bevans Büro treffen. Die Begegnungen ließen die Trennungstaktik fragwürdig erscheinen: Die Mädchen erwachten so auffällig zum Leben, wenn sie zusammen waren, und verzehrten sich, wenn sie getrennt waren. Aber der Psychiater war unerbittlich.

Dr. Boyce Le Couteur ist der für die Frauenabteilung von Broadmoor zuständige Arzt. Er hatte nach dem ersten Zwischenfall die Trennung der Zwillinge verfügt, und von da an vermochte ihn nichts umzustimmen. Der schlaksige, verdrießliche Mann Ende Fünfzig hatte seine ärztliche Laufbahn in Australien begonnen, wo er geboren war, und war 1960 nach England gekommen, wo er als Gerichtspsychiater praktizierte. Nach fünfundzwanzigjähriger Arbeit in Broadmoor sah er immer noch so vertrocknet aus wie ein Dornenbaum im Busch. Als Psychiater der alten Schule steht er in dem Ruf, bei der Empfehlung zur Entlassung eingewiesener Patientinnen äußerst vorsichtig zu sein.

Als er mit mir über die Zwillinge sprach, machte er nach außen hin einen gleichgültigen Eindruck. Er faßte jedoch den mutigen Entschluß, mich, eine Journalistin, aufgrund eines Artikels, den ich in der ›Sunday Times‹

über die Zwillinge geschrieben hatte, anzurufen und mich nach Broadmoor einzuladen, um mit ihnen zu sprechen. Ihm war daran gelegen, daß ich sie zu Schreibkursen anregte, er gestattete mir Einblick in ihre Tagebücher und förderte – oft entgegen den Wünschen einiger Mitglieder des Verbandes der Gefängnisbeamten, der Gewerkschaft, welcher die Krankenschwestern und das übrige Personal von Broadmoor angehören – über die nächsten drei Jahre meine Besuche. Aber er war und ist unerbittlich davon überzeugt, daß die Zwillinge eine langfristige Behandlung in einer geschlossenen Anstalt brauchen. Vielleicht hat er deshalb kein Mitgefühl mit dieser, wie er es sah, feindlichen Partnerschaft, weil er die mikroskopisch klein geschriebenen Tagebücher nicht gelesen hatte, die die empfindsamere Seite ihrer Persönlichkeiten erst offenbarten.

June und Jennifer schrieben ihm Briefe und baten ihn, sie wieder zusammen zu lassen, aber er war durch Berichte von Eastgate und Pucklechurch vorgewarnt. Sie benötigten langfristige Trennung und Behandlung, ehe er sie wieder zusammen ließ. Die Behandlung in Kliniken wie Broadmoor gründete sich auf Verhaltensänderung. Es ist die einzige für angemessen erachtete Behandlung von Patienten mit Persönlichkeitsstörungen. Belohnung und Bestrafung wirken in jedem Augenblick des Tagesablaufs, sie lassen den Patienten keine Verschnaufpause; es gibt nicht einen Moment, in dem das, was sie tun oder sagen, nicht verzeichnet und dazu benutzt wird, sie eine oder zwei Sprossen auf der Vergünstigungsleiter vor- oder zurückzustufen. Für ihre Mühe, ein Stoffspielzeug zu machen und mit dem Personal zu kooperieren, wurde Jennifer dadurch belohnt, daß sie am Abend baden durfte. »Die nachmittags oder abends baden dürfen, sind besser als die, die morgens baden«, vermerkte sie. Jede Abwechslung im Tagesablauf war willkommen, und sie hatte dadurch mehr Zeit, ihre Morgengedichte zu schreiben, aber die »Beförderung« hatte auch ihre Nachteile. Mark wollte am Wochenende wieder zu Besuch kommen, und nun würde sie vorher nicht baden können.

Samstag, 14. August 1982. Als ich heute aufwachte, zwitscherten die Vögel nahe meinem Fenster. »Hilf mir jemand! Hilf mir jemand!« schienen sie zu sagen. Wird Mark mich wieder versetzen? Alles war bereit – zwei Tassen, Tee, Kekse. Ich hatte acht Kekse abgezählt. Ich wartete Minute für Minute, meine Hoffnung sank. Ich ging aufs Klo, und da drin betete ich, guter barmherziger Gott, bitte verlaß mich nicht. Nicht noch eine Enttäuschung.

Eine Stimme tönte über den Lautsprecher: »Jennifer Gibbons. Besuch.« Jennifer ging so rasch, wie sie es für schicklich hielt, zu dem Büro, wo ihr Tablett wartete, aber in der Aufregung nahm sie das Tablett eines anderen Mädchens. »Wer hat mein Tablett geklaut?« sagte das Mädchen. »Das sind meine Tassen, du dämliches Miststück. Gib sie her!« Sie schnappte sie sich von Jennifers Tablett, und Jennifer mußte das Tablett abladen, ein neues suchen und wieder ganz von vorn anfangen. Die Pflegerin, die sie begleiten sollte, wurde ungeduldig. Gerade als sie gehen wollten, merkte Jennifer, daß der Zucker fehlte. Sie mußte zu ihrem Spind zurückgehen, Zucker holen und sich eine Dose leihen. Die anderen gingen, und sie blieb zurück und mußte auf die nächste Eskorte warten.

Schließlich kam sie mit einem Tablett ins Besucherzimmer. Zuerst erkannte sie Mark nicht, dann sah sie einen nervösen jungen Mann allein an einem Tisch sitzen. Er war angezogen wie auf dem Foto, mit einem schicken, gestreiften Hemd und grauer Hose. Wieder verspürte sie einen Schauer der Enttäuschung. Er sah wie ein ganz gewöhnlicher Schuljunge aus, er hatte nichts von der lässigen Ausstrahlung der Kennedys.

»Hallo!« sagte er und rettete das Tablett gerade noch davor, ihr aus der Hand zu fallen. Jennifer setzte sich und bot ihm eine Tasse Tee an.

»Nein, danke. Ich trinke keinen Tee.« Nach einer verlegenen Pause stieß er hervor: »Heiße Getränke öffnen den Magen und machen hungrig.«

»Kekse?« flüsterte sie.

»Nein, ich esse nachmittags nichts.« Er lächelte. Als Jennifer sich nicht rührte, erbot er sich, ihr eine Tasse Tee einzuschenken. »Bitte, laß mich das machen. Zucker?« fragte er höflich. Jennifer schüttelte den Kopf, der ganze Ärger wegen der Zuckerdose war umsonst gewesen.

Eine Pflegerin kam hinzu, um zu sehen, wie sie zurechtkamen. Sie sah Mark an. »Dein Bruder, Jennifer?« fragte sie. Jennifer machte ein finsteres Gesicht. »Sie werden sich hier schon eingewöhnen«, sagte sie zu Mark in dem herablassenden Ton, den die Zwillinge verachteten. Jennifer empfand dieses krasse Hereinplatzen in ihre erste Begegnung als Demütigung. Sie musterte Marks Gesicht und bewunderte seine vorstehenden weißen Zähne. Sie war entschlossen, ihn attraktiv zu finden.

Er erzählte ihr ein wenig von seinem Leben in Wokingham. Er hatte wenige Freunde und wohnte bei seinem Chef in einem kleinen Haus. Am Wochenende sah er meistens fern oder hörte Schallplatten, vorwiegend Reggaemusik. Sonntags ging er zur Kirche. Sie suchten verzweifelt nach Gemeinsamkeiten. »Ich weiß jetzt, warum er so schleppend spricht«, dachte Jennifer. »Das ist sein Charme. Selbst wenn er nicht zu verstehen schien, was ich meinte, hat er gelächelt.« Sie stellte ihm einige Fragen über sein Sternzeichen und seine Familie. Ihre Begegnung hatte, wie ihre Briefe, die Förmlichkeit einer Teegesellschaft, wie sie Jane Austen beschrieb. Doch das Hauptthema des Nachmittags galt es noch zu besprechen. Schließlich platzte sie in unziemlicher Hast heraus: »Unsere Vereinbarung? Vorigen Juli?«

Mark schüttelte den Kopf. »Ich weiß nicht recht. Ich weiß nicht.«

Jennifer war verlegen. »Heirat?« Sie wurde zutraulich. Er schien tief in Gedanken. Vielleicht hatte er sie nicht verstanden. War er überhaupt reif genug, ihr geliebter Mann zu werden? Er schien ihr noch nicht gefestigt genug. Ob er wußte, daß Heiraten Geld kostete? Sie fand sich viel zu voreilig.

Sie verfielen in Schweigen. Jennifer war sich bewußt, daß ihre Nervosität ihr anzumerken war, sie kicherte und wickelte unentwegt eine Haarsträhne um die Finger. Ob es Mark auffiel? Sahen die Leute am Nebentisch herüber? Sie trank etwas von dem Tee, den er ihr eingeschenkt hatte, und überlegte, was sie ihn noch fragen könnte. »Magst du Fußball?« »Ach, das ist ein Spiel für Weiber«, erwiderte er. Jennifer war verblüfft, meinte aber, er hätte nicht richtig gehört. Sie entkrampften sich beim gemeinsamen Gebiet der Popmusik und ihrer Abneigung gegen Cricket und Golf. Mark machte keine Anstalten zu gehen, bis die Pflegerin das Ende der Besuchszeit verkündete.

Hinterher holte Jennifer Marks Geschenke aus dem Besucherfach ab, darunter ein Heft mit ›Reader's Digest‹-Geschichten sowie ›Anregungen zum täglichen Leben‹ von Dr. Norman Vincent Peale. Auch eine große Schachtel Pralinen war dabei. Die Schachtel stellte Jennifer vor ein Problem. Man würde erwarten, daß sie den Inhalt mit anderen teilte. Sie beschloß, die Schachtel in ihrem Spind zu verstecken und nur ein, zwei Pralinen als abendlichen Trost herauszunehmen. Aber ihr Spind war schon so mit Tagebüchern und Zeitschriften vollgestopft, daß sie die Schachtel kaum noch hineinquetschen konnte. Als sie sich über den Korridor davonstahl, hörte sie, wie die Spindtür mit einem Krach aufflog und die Pralinenschachtel zu Boden fiel. Zwei Mädchen, die beobachtet hatten, wie sie die Schachtel hineinzustopfen versuchte, lachten. Jennifer war niedergeschlagen und enttäuscht. EinTeil von ihr mußte sich eingestehen, daß der Besuch kein Erfolg gewesen war. Mark war durchaus freundlich, aber distanziert gewesen, keineswegs wie ein Verlobter, der seine Braut zum erstenmal zu sehen bekommt. »Er ist schließlich Löwe«, tröstete sie sich in ihrem Tagebuch. »Der majestätische Löwe. Die haben so eine königliche Art.«

Das Vertrauen der Zwillinge in Sternzeichen war eine Woche später ernsthaft gefährdet, als June einen Brief von zu Hause erhielt. Dr. Le Couteur hatte sie gebeten, sich alle Informationen über ihre Geburt zu verschaffen, und Gloria hatte geantwortet. Sie schrieb, daß, im Gegensatz zu dem, was die Zwillinge immer geglaubt hatten, June morgens um 8.10 Uhr geboren war, und Jennifer um 8.20 Uhr. Jahrelang hatten die Zwillinge ihr Horoskop, oft mit erheblichen Kosten, auf der Basis erstellen lassen, daß June um acht Uhr und Jennifer um zehn Minuten nach acht geboren war. Nun war alles, von dem sie glaubten, es mache den Unterschied zwischen ihren Persönlichkeiten und Schicksalen aus, über den Haufen geworfen. June hatte Jennifers Aszendenten geerbt, und alle die Stunden, die sie mit dem Studium von Jennifers verbracht hatten, waren vergebens. »Es ist alles ein Irrtum, eine Tragödie«, schrieb Jennifer, nachdem June ihr die Neuigkeit berichtet hatte.

Mein Horoskop hat nichts mit mir zu tun. June hat meine Position übernommen. Mein armer, geliebter Aszendent ist mir weggeschnappt worden. Das Schlimmste daran ist, daß ich nichts von einem guten, starken Wassermann habe. Sie ist diejenige, die einen Wassermann in sich hat. Ach du meine Güte, so eine Bescherung! Jetzt muß ich die Scherben auflesen. Wer bin ich? Ich werde von jetzt an sehr auf der Hut sein, wenn ich Sternzeichen lese.

Während der Sommer 1982 sich hinzog, konzentrierten sich die Zwillinge zunehmend auf die Stadt innerhalb der Mauern. »Es scheint, daß wir die Leute draußen einfach vergessen«, schrieb June. Die Familie kam nicht mehr so oft zu Besuch. Die Eisenbahnfahrt von Haverfordwest ist lang und umständlich. Man muß früh aufbrechen, in Reading umsteigen und dann noch sehen, daß man irgendwie vom Bahnhof zur Klinik kommt. David, der Bruder der Zwillinge, und seine Frau Vivienne fanden, Broadmoor sei kein geeigneter Ort, um ihre Kinder mitzubringen. Vivienne kam nie mit. Die Zwillinge verziehen es ihr. Sie dachten an Davids und Viviennes Geburtstag und Hochzeitstag, schrieben ihnen Karten und überlegten sogar, ob sie ihnen Geld von ihrem Klinikkonto schicken sollten. Greta, die sie ein paarmal besuchte, schickten sie tatsächlich Geld, und natürlich ihren Eltern, deren seltene Besuche ihnen so viel Freude machten.

Ich kam mit Schreibkursen und Büchern und ermutigte sie, mit ihrem kreativen Schreiben fortzufahren. Anfangs bemühten sich die Zwillinge und schrieben einige Kurzgeschichten. Jennifer begann sogar einen neuen Roman. Als ich vorschlug, ihre Schreibmaschinen von zu Hause kommen zu lassen, war Dr. Le Couteur begeistert. Aubrey und Gloria brachten eine Schreibmaschine mit, die im Ruheraum von Haus York 2 aufgestellt wurde, wo Jennifer sie benutzen konnte, wenn sie wollte. Sie versuchte es kein einziges Mal. Die Klinik zahlte auch einen Fernkurs für Journalismus und Dichtung, den ich vorschlug. June und Jennifer versprachen, es zu versuchen, aber ihr Interesse, etwas anderes zu schreiben als ihre Tagebücher und gelegentlich ein Gedicht, war aktuelleren Betätigungen gewichen. Auch Jennifers Gefühle für Mark verpufften allmählich.

Da sie sich nun entgegenkommender zeigten, wenngleich sie sich nach wie vor weigerten, mit den Ärzten und den meisten Angehörigen des Personals zu sprechen, wurden sie damit belohnt, daß sie mehr Zeit miteinander und mit anderen Patienten verbringen durften. Die Mädchen durften sich am Schwarzen Brett der Station für gesellige Zusammenkünfte, Diskos und Bingo mit der Männerabteilung eintragen; sie waren im Englisch- und Maschineschreibunterricht und im Beschäftigungszentrum, das aus einer Werkstatt und einer Erholungszone bestand, mit Jungen zusammen. Es dauerte nicht lange, bis sie verliebt – und im Wettstreit – waren.

June trank Orangeade und zog linkisch an einer Zigarette. Neben ihr saß Eddy, ein junger Mann mit groben Zügen. Gegenüber kaute Jennifer ein altes Stück Kaugummi, das sie in ihrer Jackentasche gefunden hatte. Es war eine der wöchentlichen Zusammenkünfte mit den Männern.

»Die warten, daß eine der anderen sagt, was sie tun soll. So was Ulkiges!« sagte Eddy zu seinem Freund Ron, einem etwas empfindsamer wirkenden, siebzehnjährigen Jungen. Jennifer war gekränkt, konnte aber nichts unternehmen. June war wieder mal kalt und abweisend. »Ron, das ist June.« Eddy sah Jennifer an. »Wie die heißt, weiß ich nicht.« Wütend, weil er sich Junes Namen gemerkt hatte und ihren nicht, murmelte sie: »Jenny.«

»Debbie? Hübscher Name.« Sie war wie gewöhnlich mißverstanden worden. Die Mädchen rauchten weiter und kauten Kaugummi. Durch Blicke und Zeichen einigten sie sich, daß June Eddy behalten könnte, und Jennifer versuchen würde, sich Ron zu angeln. Aber keine konnte der anderen trauen, und keine sprach. Eddy und Ron fanden das Paar amüsant, hatten aber schließlich genug. »Weiß nicht, welche gelangweilter guckt, die oder die?« Eddys Finger wies auf die Schwestern und verweilte bei Jennifer. »Bis bald«, sagte er und schlenderte von dannen. Ron stand ebenfalls auf, aber bevor er ging, drehte er sich zu Jennifer um. »Kommst du Montag in die Disko?«

»Du bist schuld«, zischte June. »Du hast so aufgeplustert dagesessen, daß Eddy mich im Stich gelassen hat. Miststück!« Am Abend lag Jennifer wach, kaute zornig auf dem Rest ihres Kaugummis und beschloß, ihre eifersüchtige Rivalin zu beseitigen – oder sich selbst. Sie behielt den Kaugummi im Mund und hoffte, sie würde im Schlaf daran ersticken.

Die Disko am Montag war ein Erfolg. June und Jennifer hatten sich geeinigt, tatsächlich zu tanzen, wenn sie aufgefordert würden. »Die Schwestern würden sich nicht wundern«, hatte June murmelnd zu Jennifer gesagt. »Die halten uns doch sowieso alle für plemplem.« Beide Mädchen hatten sich kürzlich bei der Schuhausgabe neue Schuhe ausgesucht und trugen neue Kleider. Eddy und Ron kamen an ihren Tisch. Diesmal war die Musik so laut, daß eine Unterhaltung unmöglich war. Ron stieß Jennifer dauernd unter dem Tisch an. Sie lachten und tanzten. Eddy steckte June eine Zigarette hinters Ohr. »Tschüß, bis bald«, sagten beide, als die Musik zu Ende war und die Pflegerinnen die Mädchen riefen.

Mit dem Quartett wurde es kompliziert, da June und Jennifer beschlossen, sich Ron zu teilen und Eddy als Zugabe zu nehmen. Ron schrieb Jennifer Briefe, und sie antwortete ihm. Schriftlich konnten die Zwillinge jeden Mann betören. Aber die Realität offenbarte sich bald. Die Mädchen erfuhren, daß Eddy wegen Brandstiftung und Überfall in Broadmoor war; Ron war wegen Totschlags verurteilt. Sie waren schockiert. »Welch herzzerreißende Neuigkeit«, schrieb Jennifer.

In was für einen Schlamassel bin ich geraten. Ich war mit einem Mörder zusammen und habe seine Geschenke angenommen. Ich komme mir so erniedrigt und hintergangen vor. Er sagte, er hätte es nicht gewollt. Es wäre bloß ein Unfall gewesen. J. und ich haben früher oft geträumt, daß wir erwürgt wurden. Ich hoffe, Ron hat es nicht mit bloßen Händen getan. Er hätte ein Messer nehmen können ... Ich traue ihm nicht mehr. In seinem Brief hat er geschrieben, ich wäre »sehr hübsch«. Das ist übertrieben. Ich bin eigentlich nicht hübsch, und er weiß das. Lügt er, wenn er sagt, er ist wegen Totschlags hier? Er hat auch von einem Geist gesprochen. Das könnte auch übertrieben sein. So ein Pech! Er ist der einzige Siebzehnjährige weit und breit.

Die Zwillinge schienen wirklich Pech zu haben. Ihr ganzes Leben war es ihnen so ergangen: Kaum hatten sie eine Bekanntschaft gemacht, wurde sie ihnen entrissen. In der Grundschule in Yorkshire hatte der Rektor sich für sie interessiert und ihnen erlaubt, sich zu ihm in sein Arbeitszimmer zu setzen. Dann war Aubrey nach Devon versetzt worden. Danach waren sie nach Haverfordwest gezogen, und dort begannen sie nach Jahren des Schweigens sich ihrer Lehrerin Cathy Arthur zuzuwenden. Gerade als sie Vertrauen zu ihr faßten, ging sie fort, um an der Uni eine Abhandlung über sie zu schreiben, und als sie zurückkehrte, war sie zu sehr mit ihrem ersten Baby beschäftigt. Sie waren von den Berufstätigen abgeschieden und lebten allein von ihrer Unterstützung. Dann kamen die Kennedys, denen die Mädchen sich bereitwillig mit Leib und Seele hingaben. Sie waren ohne große Vorankündigung verschwunden und hatten nie wieder Kontakt aufgenommen. Mit den Jungen an ihrem Wohnort war es dasselbe. Die übliche Dienstzeit in der Siedlung betrug drei Jahre, und Familien kamen und gingen. Jungen, die ihnen gefielen, blieben nie lange. Der schmerzhafte, immer gleiche Ablauf war vorprogrammiert.

Jennifer widerfuhr noch mehr Kummer. Bei meinen vorausgegangenen Besuchen hatte sie mich gebeten, die Manuskripte ihrer drei Romane zu suchen. Ich fand ›Diskomanie‹ und ›Der Pugilist‹, aber es waren weder eine Kopie noch Notizen ihres ersten Romans vorhanden, ›Der Sohn des Taxifahrers‹, den sie an New Horizon geschickt hatte, um ihn drucken zu lassen. Ich erkundigte mich bei New Horizon und erfuhr, daß sie Miss Gibbons am 8. September 1982 nach Haverfordwest geschrieben hatten. Sie hatten innerhalb von 14 Tagen um Antwort gebeten, und als keine kam, das Manuskript vernichtet. »Vernichtet am 23. 9. 82«, stand oben im Brief. »Ich hoffe, Sie haben unseren Rat befolgt und eine Abschrift des Manuskripts aufbewahrt.«

Jennifer zeigte keine Bewegung, als sie die Nachricht erhielt, aber da ich selbst schreibe, wußte ich, wie erschüttert sie war. Von da an fragte sie in jedem Brief und bei jedem Besuch, ob wenigstens die Rohentwürfe aufgetaucht waren.

Als der Herbst in den Winter überging, hatten sich die Patientinnen Nr. 19091 und 19092 an ihre Umgebung angepaßt und sich damit abgefunden, daß die jungen Männer, die sie bei den geselligen Zusammenkünften trafen, Kinderschänder, Vergewaltiger oder Mörder waren. Sie waren sogar recht stolz darauf, mit berühmten Kriminellen wie etwa Ronald Kray an einem Ort zu sein und genossen das ausschweifende Gesellschaftsleben. June und Jennifer verlegten sich auf die Weihnachtsvorbereitungen. In ihren Briefen an mich ging es fast nur um Stationspartys. »Liebe Marjorie«, schrieb Jennifer,

June hat mich Weihnachten besucht. Den ganzen Tag war Disko auf der Station. War gar nicht übel. Das Essen war in Ordnung. Alle haben von Broadmoor ein Geschenk bekommen. Ich bekam ein Buch. (Also weiß jemand, daß ich gern lese.) Es handelt von einem von Schuldgefühlen geplagten Mann, der glaubt, daß er verfolgt wird. Ein seltsames Werk, meist in Form eines Tagebuchs. June und ich sind zusammen auf eine Menge Partys gegangen. June hat mir erzählt, es besteht die Gefahr, daß sie nach Lancaster 1 geschickt wird. Wir glauben, das hängt mit dem Planeten Uranus zusammen, der bekanntlich sehr zerstörerisch ist … Ich freue mich auf Ihren Besuch. Lassen Sie sich's gutgehen. Ihre gute Freundin *Jennifer*

Im März 1983 war ein Mann in ihrer beider Leben getreten. Jennifer hatte Ron, dessen Verbrechen ihre Begeisterung gedämpft hatte, June überlassen und ihre Zuneigung einem anderen jungen Straftäter namens Billy zugewandt. Ihre Beziehung sollte sich als ebenso unglücklich erweisen, entbehrte jedoch nicht einer gewissen Aufregung.

Billy wird mir sein Baby schenken. Süßer Herr Jesus! Der Junge ist einverstanden. Ich habs ihm heute abend beim Tischtennis gesagt. Er hat einen Schrecken gekriegt, aber der wahre Grund dafür ist, daß er von mir geträumt hat – wie eine Vorahnung. Er hat mit mir geknutscht, meine Brüste gelutscht und so. Ist das zu fassen? Ich meine, die Sache läuft. Er will mir Montag sein Sperma in einer Flasche mitbringen. Wenn's nicht funktioniert, macht er's Donnerstag nochmal. O Gott, ich werde wahrhaftig bald Mutter! In meinem Innern herrschen Glück und Zweifel. Angenommen, es klappt nicht? Aber ich bete zu Gott, daß es was wird. Ich habe Billy ein leuchtend gelbes Osterei geschenkt.

Jennifer holte das Foto von Billy heraus, das sie in ihrem BH versteckt hatte, und küßte es. »Der Junge auf dem Bild wird bald Papa.« Sie fügte geheimnisvoll hinzu: »Wieder.«

Am Wochenende nahm sie eine leere Kosmetikflasche und versuchte sie in ihrem Badewasser zu sterilisieren, aber als sie Billy am nächsten Tag traf, hatte er das kostbare Sperma nicht dabei. Er sagte, er habe keinen Behälter finden können und es in einen Beutel getan, wodurch es wässrig geworden sei. Er schlug vor, sie sollten es noch einmal versuchen, falls er am nächsten Wochenende eine Spritze auftreiben könne. Aber weitere Zusammenkünfte konnten vorerst nicht stattfinden. Jennifers schlampige Art, ihre Unfähigkeit, ihre Kleider zu waschen und ihre Schubladen aufzuräumen, führten dazu, daß sie eine Woche lang von allen Geselligkeiten ausgeschlossen wurde. Sie war sehr beunruhigt. Würde June sich mit Billy treffen? Würde er *ihr* die Samenprobe geben?

Diese Befürchtung wurde ihr genommen, als June ihr die Nachricht zukommen ließ, daß Billy nicht bei dem Treffen gewesen sei. Auch er war ausgeschlossen und auf sein Zimmer verbannt worden. Die Samenprobe würde beim Ostertanz überreicht werden müssen. Bald aber stellte sich der wahre Grund für Billys Bestrafung heraus. Die Leute auf seiner Station wußten, daß er sich eine Spritze besorgen wollte, und der Plan wurde unter großer Heiterkeit aufgedeckt.

»Lebwohl, Baby!« schrieb Jennifer verzagt. »Ich hatte eine Fehlgeburt und weine bitterlich um ein Kind, das nie existiert hat. Ich mußte alles verderben, weil ich zuviel verlangte. Ich werde eine Pflegerin überfallen, mich erhängen, mir die Pulsadern aufschneiden und in die Isolierung verbannt werden. Armer Billy! Arme J.! Wir sind an einem toten Punkt angelangt.«

Im April wurde Billy mit vielen anderen Männern in die neueröffnete Park Lane Klinik in Liverpool verlegt.

June fand das Leben auf Lancaster 2 fade und deprimierend. Sie vermißte ihre Zwillingsschwester nach wie vor und hielt keine Verbindung zu Pflegepersonal, Psychologen und Ärzten, die sie jetzt als ihre Feinde betrachtete. Sie bettelte, wieder mit ihrer Schwester zusammensein zu dürfen, aber mit dem Mitgefühl für die Zwillinge war es vorbei. Die Pflegerinnen sahen sie lachen, schwätzen und tanzen, wenn sie zusammen waren oder sich bei den Zusammenkünften mit Männern trafen, und sich wieder in gebeugte schweigsame Schatten verwandeln, sobald sie auf die Station zurückkamen. Solch vorsätzliche Feindseligkeit und ungeselliges Verhalten durften nicht toleriert werden. Vor allem mit June ging es bergab. Sie saß allein im Aufenthaltsraum und hörte den anderen Mädchen zu, die über Freunde, Periode, Masturbation und Babys klatschten. Sie fühlte sich ausgeschlossen und war unglücklich.

Was mag heut nacht mit mir geschehn?
Mir ist als schwimme ich in einem Teich.
Am Meer, das anschwellend um meine Füße spült,
kost' ich den bittersüßen Salzgeruch;
Salzwasser rinnt mir zwischen meine Zeh'n,
Salzwasser rinnt mir aus den Augen
auf meine kalten pergamentnen Hände …
Was kann mit mir geschehn; erstreben kann ich
und berührn die Sterne; ich kann Jupiter
und Venus sehn; ich seh die Galaxie
und sichte dann die Erde, und ich sehe
eine Lücke; meine Lücke; denn ich bin
nicht hier, nicht dort; denn ich bin vielleicht
überall, heut nacht.

Je mehr Druck auf June ausgeübt wurde, um sie zum Sprechen zu bringen, desto abweisender und unglücklicher wurde sie. »Was ich befürchtet habe, tritt ein. Alle wenden sich langsam gegen mich. Ich spreche von diesen sogenannten Pflegerinnen in Blau ... Ich fühle mich so vielschichtig, und meine Seele findet keine Ruhe. Ich bete zu Gott und flehe um Hilfe. Ich stehe vor einem Nervenzusammenbruch.«

Aber das Personal war unerbittlich in seinem Bemühen, June gefügig zu machen. »Du weißt genau, was du tust, du tust es mit Absicht«, sagte Jenny France, die Sprachtherapeutin. Sie gab June zwei Wochen Zeit, um herauszufinden, ob sie zur Zusammenarbeit bereit war und die Besuche sich lohnten. Der Lehrer drohte, sie wegen mangelnder Bemühungen vom Unterricht in Maschineschreiben auszuschließen. Das Personal benutzte ihre Liebe zu Geselligkeiten als die einzige geeignete Waffe, um sie zum Sprechen zu bringen. »Sprich lauter! Sag bitte!« sagte die Pflegerin. »Schön, deine Stimme zu hören«, sagte eine andere sarkastisch, als June um ein neues Schreibheft bat. Wenn sie nicht sprach, durfte sie an dem betreffenden Tag nicht am Unterricht oder an den frühabendlichen Zusammenkünften teilnehmen.

June betrachtete sämtliche Bemühungen des Personals als Erpressung und weigerte sich, darauf einzugehen. Früher hatte sie stets verschieden auf die einzelnen Aufseherinnen und Schwestern reagiert und oft beträchtliches Mitgefühl mit deren Lage empfunden. Ihr Aufenthalt in Broadmoor hatte ihr Herz verhärtet. Sie beurteilte alle als böse, und um sie wissen zu lassen, daß sie das Spiel nicht mitspielte, legte sie sich eine neue Waffe zu – ein unergründliches Lächeln. Es erzürnte die Pflegerinnen noch mehr als ihre bedrückte Miene. »Die schikanieren mich die ganze Zeit. Ich bin ängstlich, fühle mich isoliert und möchte mir am liebsten die Kehle aufschlitzen.« Selbst der Besuch ihrer Familie zu ihrem zwanzigsten Geburtstag wurde durch die erdrückende Gegenwart zweier »Wärterinnen« verdorben.

»Sie sprachen die schönen und doch traurigen Worte: ›Alles Gute zum Geburtstag.‹ Aber ich bin nicht froh. Ich bin zwanzig, ich schwebe im Wind; weder schrecklich jung noch schrecklich alt, sondern auf halbem Weg nach Irgendwo … ich bin unfruchtbar. Ich habe kein Kind, keinen Mann, kein Ziel«, schrieb June in ihr Tagebuch.

Auch Jennifer wurde in die Form des geduldigen Opfers gepreßt. Wie June war sie neun Monate auf derselben Station im Haus York. Es war auf den Tag genau ein Jahr nach ihrer Verhandlung, als sie in der Spezialklinik Heilung und Trost zu finden hofften. Jetzt, nach all den Monaten, war es niemandem gelungen, ihnen zu helfen; sie fühlten sich hier erst recht wie Babys oder Idioten behandelt, indem Pflegerinnen und andere Leute von ihnen und über sie hinweg sprachen. Zum erstenmal siegte das System. Bei ihren gelegentlichen Treffen sannen die Mädchen auf Rache. Sie beschlossen, die Dinge selbst in die Hand zu nehmen – es wurde Zeit, daß sich etwas änderte.

Am 27. Mai 1983, abends um 19.25 Uhr, ertönten die Alarmglocken durch die Gärten und Aufenthaltshöfe des Frauenflügels von Broadmoor. Man sah Personal zwischen den Blöcken hin und her rennen. Eine oder zwei diensttuende Pflegerinnen vom Männerflügel schlossen sich an. Oben auf der Station Lancaster 2 sah June auf die Uhr. Ja, es war genau der richtige Zeitpunkt. »Der Tag des Angriffs. Die Raketen sind gezündet. Sie hat es getan. Gut gemacht, Jen. Du bist mutiger als ich.« Sie hörte Lärm und Schlurfen, als die Pflegerinnen eine Patientin über den Hof zur Station Lancaster 2 schleppten. Sie hörte eine Stimme rufen: »Freiheit. Ich will meine Freiheit!« June war überzeugt, das es Jennifer war. Sie dachte voller Wärme an sie. »Gott segne dich, Jenny. Du bist jetzt bei mir auf Lancaster. Was hast du getan?« June konnte nicht herausfinden, was ihre Schwester getan hatte; sie wußte, daß sie die Alarmglocke geläutet, aber nicht, was sie sonst noch unternommen hatte. Sie hatten ausgemacht, gleichzeitig zuzuschlagen und somit zusammen auf die »Intensivstation« zu kommen. Falls aber die Trennungstaktik noch in Kraft war, würde das Personal, sobald Jennifer ins Haus Lancaster zur Intensivbehandlung gebracht wurde, June ins Haus York schaffen müssen. Sie wollten unentwegt die Häuser wechseln, um das System zu manipulieren und durcheinanderzubringen.

Die ersten Schritte hatten gut geklappt. June und Jennifer hatten ausgemacht, sich an dem Tag, an dem Jennifer die Alarmglocke läutete, an der Tür zu treffen, die die zwei Stationen miteinander verband. Sie hatten durchs Schlüsselloch geflüstert und Briefe unter der Tür durchgeschoben. Aber man hatte June erwischt, bevor sie ihren Teil des Plans ausgeführt hatte.

Jennifer wurde ins Zimmer 23 auf Lancaster 1 gebracht, wieder auf der untersten Sprosse der Leiter. Sie hatte zwei unverzeihliche Vergehen begangen: die Alarmglocke geläutet und eine Pflegerin angegriffen, indem sie ihre Schlüssel schnappte und auf ihr Gesicht losging. Sie wurde eine Woche lang isoliert eingeschlossen. Am Morgen nach dem Überfall fand June ihr Spind leer. Man hatte ihre Tagebücher, Briefe, Gedichte und Kleider entfernt. Sie versuchte mit Hilfe eines Mädchens ihrer Station, das auf Lancaster 1 putzte, einen Brief zu Jennifer zu schmuggeln. Der im Hinblick auf den Feind deutlich geschriebene Brief wurde wie erwartet abgefangen und gelesen.

Liebe Jennifer!
Die wollen sich anscheinend an mir rächen, weil Du die Welt auf den Kopf gestellt hast. Was um Himmels willen hast Du gemacht? Keiner will es mir sagen. Die Miststücke nehmen wohl an, wir hätten das Ganze geplant? Kannst Du Dich erinnern, mit mir darüber gesprochen zu haben? Haben wir einen Zeitpunkt verabredet? Können wir vielleicht Gedanken lesen? Die wissen nicht, was sie glauben sollen. Ich werde nicht auf diese Schlampen eingehen. Ich nehme an, die wollen, daß ich sie zusammenschlage. Dafür bin ich zu schlau, oder? Sie sind sauer, weil ich nicht auf Lancaster 1 bin. Warum nehmen sie mich jetzt nicht? Ich könnte eine lange, lange Ruhepause gebrauchen. Wann werde ich Dich wiedersehen, frage ich mich. Ich frage mich eine ganze Menge, insbesondere, warum die »Räder« stillstehen, oder warum ich die Gelegenheit verpaßt habe. Es ist das Ende eines Kapitels.

In dieser Nacht träumte June von grünem Schnee und Fahrrädern, beides böse Vorzeichen. Sie hätte beim Widerstand ihrer Schwester mitmachen sollen, aber ihr fehlte der Mut. Jennifer ahnte es und verachtete ihre Schwester. Hatte sie bei der Einhaltung ihres Teils der Abrechnung versagt? War sie so ein Feigling, daß sie nicht nur warten mußte, bis Jennifer den ersten Schritt tat, sondern ihr dann nicht folgte?

Eine Woche später wurde Jennifer aus Haus 23 in ein besseres Zimmer befördert. Sie bekam ihre Habseligkeiten zurück, ausgenommen die Tagebücher und goldenen Armreifen, die Rosie ihr zum Geburtstag geschenkt hatte. Sie durfte im Speisesaal von Lancaster 1 essen und ein paar Stunden im Aufenthaltsraum verbringen. Sie wußte nicht, daß June jetzt in einem anderen Isolierraum eingesperrt war. Um eine gewisse Selbstachtung wiederzugewinnen, mußte Junes Angriff auf das Personal in ihren eigenen Augen dramatischer sein als der ihrer Schwester.

Doch diesmal hatte die Obrigkeit die Trumpfkarte in der Hand. Dr. Le Couteur besuchte die beiden Mädchen in ihren Zimmern. Er hatte Papiere bei sich und sagte, er werde sie ausfüllen, um eine von ihnen in die Spezialklinik Rampton verlegen zu lassen, falls sich ihr Betragen nicht besserte. Diese Drohung erfüllte ihren Zweck, die Zwillingsbindung zu zerrütten, und bewirkte, daß sie erneut in einen Kampf gegeneinander statt gegen das System traten. Le Couteur war der Meinung, wenn sie auf die Trennungsangst der Zwillinge setzten, würde jede die andere beschuldigen. »Wenn wir eine auf eine bessere Station verlegen, so daß sie ihren Zwilling überholt, ist die andere vielleicht zur Zusammenarbeit mit uns bereit«, erklärte er mir bei meinem nächsten Besuch.

Im Herbst 1983 befanden sich June und Jennifer auf dem Tiefstpunkt. Unter der stets präsenten Drohung, daß eine nach Rampton käme, hatten sie sich in den Tagesablauf der Klinik gefügt, wobei sie Aufgaben wie Putzen, Waschen und Bügeln geschickt umgingen. Jennifer machte etliche Versuche, mit dem Personal zu kommunizieren, aber June saß stockstill in ihrem Zimmer. Sie wurden inzwischen beide medikamentös behandelt: regelmäßige Injektionen mit Depixol, einem starken Beruhigungsmittel, das gewöhnlich Schizophrenen oder schwer Geisteskranken verabreicht wird, jedoch gelegentlich auch verwendet wird, um aggressive Patienten gefügiger zu machen. Beide schrieben mir, daß ihre Sicht von dem Medikament verschwommen und ihre Konzentration derart beeinträchtigt sei, daß sie fast ganz aufgehört hatten zu lesen und nur noch kurze Gedichte oder Tagebucheintragungen schrieben. Dr. Cyril Levin, einer von den Amtsärzten im Frauenflügel, und Dr. Le Couteur sagten mir, die Zwillinge kennten sich lediglich mit den Nebenwirkungen aus; die Dosierungen seien zu niedrig, um Schaden anzurichten.

Am 19. September 1983 besuchte ich June und Jennifer. Jennifer hatte ein aufgequollenes Gesicht, und ihre Augen waren glanzlos, aber als die Rede darauf kam, ihre Tagebücher für ein Buch zu verwenden, und daß die Möglichkeit bestünde, einige ihrer Werke zu veröffentlichen, erwachte sie rasch zum Leben. June befand sich noch auf der »Intensivstation«. Ihr Gesicht war geschwollen, ihre Hände zitterten, und sie sprach fast nichts, reichte mir jedoch ein Heft mit Gedichten, die sie geschrieben hatte. Als ich sie auf dem Rückweg nach London im Zug las, brannten mir die Augen. Die »Septembergedichte«, zuweilen drei oder vier an einem Tag, waren von einer Bitterkeit und einer Melancholie erfüllt, die weit entfernt schien von dem, was ich von einer gefährlichen Psychopathin erwarten würde.

Ich bin immun gegen gesunden Verstand oder kranken.
Ich bin ein leerer Geschenkkarton;
ausgepackt zu jemand andres Verwendung.
Ich bin eine weggeworfene Eierschale,
ohne Leben in mir, denn ich bin unberührbar,
nur eine Sklavin des Nichts.
Ich fühle nichts, ich habe nichts, denn ich bin
durchsichtig für das Leben; ein silberner Wimpel
an einem Ballon; einem Ballon
der davonfliegt ohne jeden
Sauerstoff in sich. Ich fühle nichts,
denn ich bin nichts, aber ich kann
die Welt sehen von hier oben.

Keine von beiden nahm mehr am Englischunterricht teil. Sie hatten den Prüfungstermin verpaßt, und trotz des Interesses, das sie gezeigt hatten, fiel es dem Lehrer schwer zu glauben, daß sie fähig waren, Worte zu zusammenhängenden Sätzen aneinanderzureihen, geschweige denn Geschichten, Gedichte oder Bücher zu schreiben. Die Schreibmaschine, die Aubrey von zu Hause mitgebracht hatte, stand unberührt im Ruheraum. Dr. Le Couteur sagte mir, das überrasche ihn nicht. Er hatte gehofft, daß meine Besuche sie wieder zu kreativem Schreiben anregen würden, aber sie hatten jede nur eine Kurzgeschichte zustandegebracht, abgesehen von den Gedichten und Tagebüchern, die er nicht gelesen hatte; das Pflegepersonal berichtete ihm jedoch, daß sie mit erotischen Phantasien und Obszönitäten angefüllt seien. »Sie bekommen keine Therapie«, sagte Le Couteur. »Die Sprachtherapeutin erzielt überhaupt keinen Erfolg. Wenn sie mit mir reden wollen, werde ich sie anhören. Aber ich werde keine Zeit verschwenden.«

Das Pflegepersonal war ebenfalls verstimmt. Lennie Dunn, die Oberschwester auf Station Lancaster, wohin man Jennifer gebracht hatte, erzählte mir, wieviel Ärger sie mit ihr hatte. »Sie spricht nie mit mir oder dem übrigen Personal, außer einsilbigen Worten, wenn sie etwas will. Wir haben versucht, ihnen die Tagebücher wegzunehmen, wenn sie sich schlecht benahmen, aber es macht ihnen anscheinend nichts aus. Sie treiben ihr Spiel mit uns wie mit allen anderen. Sie schieben uns auf ihrem Schachbrett herum.«

In den Köpfen der Zwillinge tobten die uralten Schlachten. Jennifer war wütend, weil June nicht sprechen und kooperieren wollte. June machte ihre Schwester für den unglücklichen Verlauf der Dinge verantwortlich. Jennifer blieb oben auf Lancaster 2, June unter ihr auf Lancaster 1. Es war wieder genauso wie in Furzy Park und Pucklechurch, nur daß diesmal die teuerste Bewahranstalt des Landes ihre Mittel dazu verwendete, sie getrennt zu halten.

Im folgenden Jahr rückten June und Jennifer in günstigere Zimmer und bessere Stationen auf. Sie wurden regelmäßig mit Beruhigungsmitteln behandelt und schienen mit sich und der Anstalt zufriedener zu sein. Aber als ich das letzte Mal an einer Fallkonferenz teilnahm, auf der das

Personal darüber diskutierte, ob sie getrennt bleiben sollten (es wurde einmütig beschlossen, daß sie getrennt blieben), war die Prognose immer noch entmutigend. Die Zwillinge erzählten mir zwar, daß sie beschlossen hätten, »sich auszusprechen«, und sie bemühten sich auch freiwillig, aber ihre anderen Talente hatten sie begraben. Ihre Briefe an mich waren voll von Schilderungen des geselligen Lebens und der täglichen Kleinigkeiten, aber sie enthielten keine Gedichte, keine Geschichten, keine Pläne für neue Bücher. »Ich lese nicht viel«, erzählte mir Jennifer. »Ich lese ein paar Seiten nach dem Mittagessen.«

»Was hast du zuletzt gelesen?«

»Junes ›Der Pepsi-Cola-Süchtige‹«

»Aber das hast du doch schon hundertmal gelesen.«

Sie grinste; sie wußte so gut wie ich, daß ihr Beschluß, eine brave Patientin zu sein, seine Auswirkungen hatte. »Ich kann mich nicht konzentrieren, mir verschwimmt alles vor den Augen.«

»Schreibst du?«

Wieder dieses Grinsen. »Nur meine Tagebücher. Wie kommen Sie mit Ihrem Buch über uns voran? Wollen Sie es nicht ›Stoffpuppen‹ nennen?«

»Was tust du sonst noch? Gehst du zum Englisch- oder Kunstunterricht?«

Jennifer schüttelte wieder den Kopf. »Beschäftigungstherapie. Ich darf zum Beschäftigungszentrum im Männerflügel gehen. Ich hab einen Freund ...«

»Was machst du dort?«

»Spielzeug. Und ausmalen.«

»Aber du warst gut in Kunst, malst du keine eigenen Bilder mehr?«

Sie zuckte mit den Achseln und lächelte.

Die Pflegerinnen erklärten, daß Jennifer fügsamer war als June und soeben mit einem Verhaltensänderungsprogramm begonnen hatte, wobei sie gebeten wurde, ihre Gefühle und Reaktionen auf alles, was an dem betreffenden Tag vorgefallen war, aufzuschreiben. »Sie kommt gut voran«, sagte die Schwester. »Sie beginnt, Gefühle auszudrücken. Das scheint ihr zu helfen.«

Trotz ihres offensichtlichen Fortschritts sagt Dr. Le Couteur voraus, daß es noch lange dauern wird, bis sie unabhängig genug sind, um getrennt zu leben, und soweit geheilt, daß sie keine Gefahr für die Gesellschaft mehr darstellen.

Auch die Zwillinge selbst hegen wenig Hoffnung für ihre unmittelbare Zukunft. Nachdem sie sich ihr ganzes Leben bemüht haben, sich abzuheben und aus der Mittelmäßigkeit ihrer Umgebung auszubrechen, wurden sie gezwungen, sich anzupassen. Es ist ihnen bewußt, daß sie, je zufriedener sie mit ihrem Leben in der Klinik sind, um so mehr den Kontakt mit der Außenwelt verlieren, und daß die Welt sie aufgeben wird.

June grübelte in ihrem Tagebuch:

Wir sind vergessen, verblaßt, man sieht uns nie wieder. Was wird das für ein Tag sein, wenn ich frei herumlaufe? Was für ein Wetter? Wie alt werde ich sein? Es jagt mir Schauder über den Rücken. J. und ich sind zwei historische Zwillinge, farbige Mädchen. Das Leben draußen geht weiter, es zieht vorüber, die Erinnerungen an unsere Verhandlung, unseren Fall. Wird man fragen, wo sind sie jetzt? Wie sehen sie heute aus? Und eines Tages werden wir still und heimlich entlassen; reife Frauen. Alles muß ein Ende haben. Etwas Neues beginnt.

Allmählich wurden beide von der Vorstellung beherrscht, nur der Tod der einen könnte der anderen die Befreiung bringen. Kurz vor ihrer Entlassung bauten sich die Schwestern jeden Morgen voreinander auf und schrien sich an, wer als erste sterben dürfe. »Ich sagte zu Jennifer, du bist stark. Wenn ich sterbe, hast du bald alles hinter dir. Du bist ein Kämpfer«, schrieb June. Aber Jennifer sagte mir, wenn sie tot sei, solle ein Mann mein Zwilling werden und sie ersetzen. Wir einigten uns, egal wer stirbt, die Überlebende wird ihr Baby nach dem toten Zwilling nennen, damit wir beide weiterleben können.« Aber Jennifer hatte sich schon entschieden.

Am 9. März 1993 bestiegen sie gemeinsam den Bus, der sie aus Broadmoor wegbringen sollte. »Dem Himmel sei Dank, daß wir hier rauskommen«, sagte Jennifer noch, bevor sie sich gegen die Schulter ihrer Schwester sacken ließ. Die ganze Fahrt über blieb sie schlaff sitzen, so als schliefe sie mit offenen Augen. Als sie in Wales ankamen, konnte Jennifer schon nicht mehr sprechen und war kaum noch in der Lage, ihre Schwester zu erkennen. Vier Stunden später brachte man sie ins Krankenhaus. Um 6 Uhr 15 war sie tot.

Jennifer ist an einer plötzlichen Erkrankung des Herzens gestorben, an einer mysteriösen Entzündung, die innerhalb kürzester Zeit den gesamten Herzmuskel zerstört hat. Ob Jennifer letztlich an den Folgen des jahrelangen Medikamentenkonsums in Broadmoor gestorben ist, sich aus Angst vor dem neuen Leben vergiftet hat oder ob ihr Herz die Aufregung wegen der wiedergewonnenen Freiheit nicht verkraften konnte, wurde nie geklärt.

»Warum mußtest du sterben, Jenny?« schrieb June der Toten. »Warum hast du dir diesen ruhmvollen Tag ausgesucht? Unser Ruhm, unser Traum. Wir haben Broadmoor verlassen. Jetzt bin ich allein. Du bist wie ein Windhauch davongegangen, davongetragen wie eine Fee auf einer Blume. Ich sah die Narzissen in deinem Zimmer, und ich roch den Tod. Ich sah die Narzissen ihre Köpfe neigen, als würden sie mich verspotten.«

»Das war die ersehnte Befreiung«, sagte June einige Tage nach Jennifers Tod zu mir. »Wir haben Krieg geführt. Einen langen Kampf. Eine mußte den Zirkel durchbrechen«.

Wir stehen zusammen vor dem Grab an einem Hang des Friedhofs, nur wenige Meter von ihrem Elternhaus entfernt. June legt ein Bund Tulpen nieder. Wir haben blaue Stiefmütterchen gepflanzt. Jetzt wiegen sich die Blüten in der Brise, die von der Irischen See den Hügel heraufzieht. »Sie ruft mich. Ruft mich leise«, sagt sie. »Aber ich will nicht in dasselbe Grab wie sie. Das wäre wie in unserem alten Etagenbett. Auch wenn sie sich geändert hat, sie würde mich packen und anschreien: ›Jetzt hab' ich dich! Du bist tot. Ich bin zwar als erste gestorben, aber jetzt bist du wieder bei mir, und wir sind eins.‹ Sie hat mir immer das Sonnenlicht geraubt. Wenn sie noch leben würde, dann würde sie mir weiter meine Seele stehlen.«

Die Sonne strahlt, aber June ist kalt, sie zieht ihre Jacke über der Brust zusammen. Als wir uns hinhocken, um den Boden zu harken, und dabei das Papier einsammeln, das der Wind über das Grab verteilt hat, fährt sie fort. »Jennifer hat meinen Geist vergiftet. Wenn sie noch leben würde, dann würden wir immer noch kämpfen, wie Hund und Katze, und sie wäre ein Teil von mir. Erst nachdem sie tot war, habe ich zu mir selbst gefunden.« Vielleicht sieht June in Jennifer alle Fehler, die sie an sich selber fürchtet. »Jennifer war krank«, wiederholt sie bitter. »Sie lebte nicht in dieser Welt. Sie wollte mich zu sich hinabziehen. Sie hatte ein kaltes, kaltes Herz...«

In den ersten Wochen nach dem Tod ihrer Schwester ließ June das Licht nachts brennen, aus Angst, der böswillige Schatten des Zwillings könnte am Ende des Bettes erscheinen. Aber an einem stürmischen Septembermorgen wußte June, daß sie Jennifer endgültig ausgetrieben hatte. Ein Gedicht von Henry Scott Holland hing in ihrem Zimmer an der Wand, Jennifers Stimme las es ihr zum Abschied vor: ›Der Tod bedeutet nichts./ Ich bin nur in einen anderen Raum gegangen./ Was wir füreinander waren,/ das bleiben wir auch jetzt.‹ »Dann machte es Klick, und ich war wieder June. Sie hatte meinen Körper verlassen. Ich war endlich befreit.«

Heute spricht June nüchterner von ihrer neuen Freiheit. Gemeinsam haben sich die Zwillinge nur behindert, aber allein habe sie ihre Hemmungen verloren: die Angst, daß andere sie anstarren könnten, über sie flüstern. Inzwischen lernt June kochen und tippen. Sie will als Schriftstellerin arbeiten. Aber ihr größes Erlebnis war, so vertraut sie mir strahlend an, als ein junger Mann sie in eine Diskothek eingeladen hat. »Er war ein richtiger Mann. Ein normaler Mensch. Ich war niemals vorher in einem Club. Jetzt weiß ich, wie es ist, zu tanzen und einfach Spaß miteinander zu haben.« Nun will sie heiraten und schwanger werden.

Während ihrer Jungend zelebrierten die Zwillinge stundenlang finstere Rituale. Eine legte fest, wer am nächsten Morgen als erste aufstehen durfte. June schrieb dazu: »Ich lag da, wie gelähmt von ihrer Stille. Wo soll das alles enden? Im Tod? In Trennung? Ich kann es nicht ändern, und sie kann es nicht ändern. Aber nur eine soll verlieren, nicht wir beide. Das ist unser Spiel.« Jennifer hat das Spiel verloren. Sie ahnte ihr Leben lang, daß das Geburtsrecht eigentlich ihrer Schwester June zustand. Auch June wußte, daß Jennifer diejenige sein würde, die ihr Leben opfern mußte. »Ihr Geist war so müde, nur mit mir konnte sie sich über Wasser halten«, sagt sie.

Junes Armreifen – es sind mehr als fünfzig – klimpern, als sie den Strand entlangläuft. Hier wollten sich die beiden Zwillinge vor dreizehn Jahren von ihrem Trennungsschmerz erholen. Heute hebt June die Arme zum Himmel, lacht und tanzt im Wind.